KB008232

서산의 모습. 1959년 6월 15일.

서산의 결혼식 사진. 1943년 2월 23일.

1940년 9월 21일, 부친 정두언의 회갑을 기념해 찍은 사진.
뒷줄 왼쪽에서 두 번째가 서산, 가운뎃줄 검은 두루마기 입은 분이 서산의 부친 정두언.

1922년. 독일 뷔르츠부르크에 모인 한국 유학생들. 앞줄 오른쪽부터 민범식, 김의경, 김달수, 임창하, 한 명 건너 김갑수. 둘째 줄 맨 오른쪽부터 정석해, 이희경, 신용식, 이성룡, 이용흡, 이용제, 세 명 건너서 이종성, 김재은. 맨 뒷줄 오른쪽 세 번째부터 이극로, 한수용, 최근우, 맨 끝이 이관용.

1932년 파리 유학시절. 서산이 파리대학을 졸업한 뒤이다. 가장 왼쪽이 서산, 오른쪽에서 두 번째가 이용제.

1936년 8월, 파리 리벨리 거리에서 손기정 선수와 함께. 왼쪽이 서산, 그 옆에 손기정, 장길룡.

1948년 연희대학교 교수 및 직원들의 기념 촬영. 앞에서 두 번째 줄 가장 왼쪽이 서산. 가장 앞줄의 왼쪽에서 두 번째가 한결 김윤경, 그 옆이 백낙준.

1948년 성명 미상 대회에서 우승한 뒤 찍은 기념사진. 가장 오른쪽이 서산.

1950년 6월. 6·25 전쟁 직전 연희대학교 철학과 1회 졸업생들과 함께. 뒷줄 왼쪽부터 연희 철학과 1회 졸업생들인 최석규, 조우현, 함사식. 앞줄 왼쪽에서 세 번째가 서산.

1951년 5월, 전주에서 열린 전시연합대학 개강식에 참석한 서산. 가장 왼쪽. 나머지 두 사람은 성명 미상.

1952년 9월, 부산 연희대학교 교수실 앞에서. 앞줄 가운데가 서산이며
뒷줄 맨 왼쪽은 연희 경제학과 출신으로 미시시피대학 교수를 지낸
오윤복. 가운데는 성명 미상, 그리고 오른쪽이 조의설.

연희대학교 제3회 졸업식에서. 1952년 4월 3일, 부산 영도 남향초등학교.
왼쪽부터 서산, 한결 김윤경, 백낙준.

서울대학교 박물관에서 1951년 3월 13일 훔쳐간 연희의 조선왕조실록 912책을 도로 찾아온 뒤 찍은 기념사진. 1953년 9월 29일. 가장 왼쪽 여성은 성명 미상, 그 옆이 민영규, 백낙준, 서산, 그리고 황원구. 그 옆으로는 성명 미상.

부산에서 신촌으로 환교한 뒤 찍은 사진. 1953년 10월 17일. 좌우의 군인은 성명 미상. 언더우드 동상에 언더우드가 없다.

1950년대 연희대학교 언더우드관 앞에서 교수들과 함께.
왼쪽으로부터 이군철, 고형곤, 서산, 장덕순, 유영.

1953년 8월 부산 바닷가. 가운
데가 서산, 맨 오른쪽 민영규.

1950년대 모습. 옆은 민영규.

1954년 서산의 모습.

1954년 예일대학교에서. 오른쪽에서 두 번째가 서산.

연희대학교 문과대학장 시절인 1956년의 서산. 학자와 혁명가의 모습이 교차되는 인상이다.

1955년 10월, 에드윈 라이샤우어 하버드대학교 교수 방문 때. 라이샤우어 교수는 동아시아학 전공자로 1961~1966년 주일미국대사를 역임.

서산 가족. 1954년 9월 8일.

1956년 3월. 연구실에서 세 아들과 함께.

날짜 미상. 열차에서 서산(왼쪽)

1956년 8월 20일 전라북도 진안군과 무주군의 경계인 율현(밤고개)에서.
왼쪽으로부터 서산, 조의설, 설명 미상. 맨 오른쪽 군복은 박병권 장군.

1959년 4월 연세철학회. 앞줄 왼쪽부터 김홍호, 조우현, 정석해, 최석규. 둘째 줄 왼쪽에서 두 번째부터 고성훈, 송기득, 김창성, 박영식.

1962년 4월 15일 장남 정세훈의 세례학습 입교 예식. 맨 뒷줄 맨 오른쪽이 정세훈.

1962년 6월 행주산성에서. 왼쪽이 서산, 그 옆이 채기엽.

날짜 미상. 역사학자들과의 나들이. 왼쪽부터 민영규, 민석홍, 이홍직, 홍이섭, 서산, 성명 불상, 앉아 있는 이는 이광린.

1963년 8월 24일 고려대학교에서 명예철학박사 학위를 받았을 때.
맨 오른쪽이 채기엽, 왼쪽에서 세 번째가 민영규.

1963년 8월 24일 고려대학교에서 명예철학박사 학
위를 받았을 때.

1963년 9월 14일, 연세대학교를 방문한 프랑스고등연구원의 샤를르 아그노엘 교수와 함께. 아그노엘 교수는 파리 소르본느대학에 한국학연구소를 설립한 이다. 맨 오른쪽부터 서산, 최석규, 아그노엘, 조의설, 민영규, 이광린.

1968년 5월 5일 연세대 교수들과 함께 봉은사 판전 앞에서. 앞줄 왼쪽부터 성백선, 서산, 구본명, 조의설, 둘째줄 왼쪽부터 김형석, 이군철, 조우현, 셋째줄 왼쪽부터 배종호, 전형국, 오화섭, 넷째줄 왼쪽부터 소흥렬, 성내운, 박영식.

1969년 4월 29일 양수리 운길산 수종사에서 권오돈과 함께.

1969년 5월 18일 후배 교수 및 지인들과 남한산성에서. 앞줄 왼쪽에서 네 번째는 김형순(서예가, 오화섭의 부인), 그 옆이 장덕순. 뒷줄 왼쪽에서 두 번째부터 오화섭, 서산, 권오돈, 박두진.

1969년 6월 6일 현충일에 팔당에서 지인들과 함께. 둘째 줄 왼쪽에서 네 번째가 서산.

1971년 3월 1일 전라북도 남원군 명지호텔에서. 앞줄 왼쪽이 서산, 그 옆이 장덕순.

1971년 7월 31일, 동래 정씨 대종회 간부 모임. 정면으로 보이는 이가 서산.

1973년 6월, 민영규 교수와 함께.

1976년 7월 15일 경주 불국사에서. 맨 오른쪽이 서산. 그 옆으로 권오돈, 성명 미상, 채기엽.

1979년 흥사단 장리욱 박사 환영식. 오른쪽 고개 숙인 이가 서산.

1978년 5월, 집에서 찍은 사진.

1985년 5월 3일, 미국 자택에서 장손자와 함께.

1985년 5월 4일, 한국으로 일시 귀국 직전 로스앤젤레스의 자택 앞에서.

1985년 5월 30일, 미국에서 일시 귀국했을 때 부인과 함께 수
유리 4·19 묘지를 방문.

1986년 11월 8일, 미국 캘리포니아 로스앤젤레스 인근의 파노라마시티 소재 문게이트 식당에서
열린 도산 선생 탄신 제108주년 축하회에서 도산의 가족과 흥사단원들이 함께 모였다.

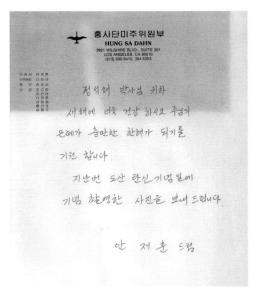

위 행사 후 행사 위원장이었던 안재훈 위원장이 서산에게
사진과 함께 보낸 서신

도산 선생 탄신 축하회
동명학원 대지관계서류전달식도가저

■1986년 11일8일(토) 안재관목사가 안재훈 흥사단 미주위원장에게 동명학원 토지등기서류를 전달하는 모습

도산 안창호선생 탄신제 108주년 기념 축하회가 흥사단 미주 위원부(위원장:안재훈) 주최로 11월 8일(토) 오후 6시 도산 선생의 자녀들이 경영하는 파노라마시티 소재 문게이트 식당에서 김기수 총영사 정석해 박사를 비롯한 흥사단 단우 및 유가족 등 50여명이 참석한 가운데 성대히 개최 되었다.

이날 축하회에서 김기수 총영사는 축사에서 「도산 선생의 나라 사랑의 정신을 이어받아 해외에 나와 있는 우리 교포들이 단결하여 힘을 가르자」라고 말하였다.

안재훈 위원장은 기념사

에서 「민족혼의 화신이요. 독립정신의 증인인 도산의 생애를 통하여 자주 사상의 근본 원리를 본 받는 것이 탄신을 기념 하는 의의」라고 주장했다.

한편 1925년경 도산 선생이 중국 남경에 동명학원 건설을 위하여 구입했던 대지 등 기관계 서류가 최근 중공을 방문했던 안재관 목사(중앙 기독교회 담임)에 의하여 입수, 흥사단에 전달 하는 순서도 있었다.

안위원장은 이 서류에 근거, 앞으로 미국 정부의 협조를 얻어 동 대지에 권리를 행사할수 있는 법적절차를 취할것 이라고 밝혔다.

앞 행사의 신문기사.

1980년대 언론사와 인터뷰하는 서산.

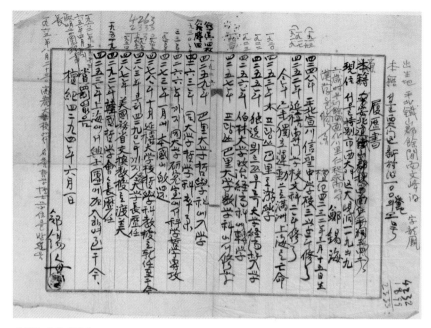

서산의 자필 이력서.

1989년 4월, 전기인 "서산 정석해, 그 인간과 사상" 출판기념회에서의 서산 부부.

진리와 그 주변 Ⅱ

진리와 그 주변 II

Copyright ⓒ 2017 연세대학교 서산기념사업기금

1판 1쇄 발행 2017년 6월 1일

지은이 정석해 외
엮은이 도현철
펴낸이 안희곤
펴낸곳 사월의책

편집 박동수
디자인 김현진

등록번호 2009년 8월 20일 제396-2009-126호
주소 경기도 고양시 일산동구 무궁화로 7-45 451호
전화 031)912-9491 | 팩스 031)913-9491
이메일 aprilbooks@aprilbooks.net
홈페이지 www.aprilbooks.net
블로그 blog.naver.com/aprilbooks

ISBN 978-89-97186-70-9 03100

* 이 책은 연세대학교 서산기념사업기금의 지원을 받아 발행되었습니다.
* 책값은 뒤표지에 있습니다.
* 이 도서의 국립중앙도서관 출판예정도서목록(CIP)은 서지정보유통지원시스템 홈페이지(http://seoji.
  nl.go.kr)와 국가자료공동목록시스템(http://www.nl.go.kr/kolisnet)에서 이용하실 수 있습니다.
  (CIP제어번호: CIP2017012110)

진리와 그 주변 Ⅱ

서산 정석해 자료집

도현철 편

연세대학교 서산기념사업기금

사월의책

책을 펴내며

정석해 선생은 한국에 근대 서양철학을 소개하여 후진 양성에 기여한 철학 교육자였으며, 3·1 운동과 4·19 운동, 한일협정 반대운동 등 한국 근현대사의 중요 현안에 대해 자신의 뚜렷한 소신을 표명함은 물론 이를 행동으로 보여준 실천적 철학자였다. 이런 선생의 학문과 교육 이념을 재조망하면서 연세 철학 나아가 한국철학의 정립에 기여하고자 2016년 연세대 문과대학에 서산기념사업기금이 설치되었다.

서산기념사업기금 운영위원회는 연세대 철학연구소에서 진행해온 '서산철학강좌'를 후원하였고, 정석해 선생이 연세 철학과 관련하여 수행한 학술활동 내용을 정리하여 책으로 출간하기로 하였다. 2016년 제1회 '서산신진철학연구자상'을 제정한 것과 정석해 선생 관련 자료집 및 학술논저를 간행한 사업은 바로 그 결과물이었다.

본 자료집 또한 서산기념사업기금 운영위원회가 해온 학술활동의 일환으로 마련된 것이다. 이 책에는 이미 출간된 『진리와 그 주변』에 지면 관계상 싣지 못했던 선생의 근대 시민의식과 민족의식, 대학 교육에 관련된 글과 함께 선후배 교수와 나누었던 일상적인 삶에 대한 대화, 그리고 동료, 후배, 제자가 쓴 정석해 선생에 대한 회상의 글이 수록되어 있다. 그 때문에 책의 제목 또한 『진리와 그 주변 Ⅱ』라고 명명하였다. 이 책에 수록된 연세대 사학과 민영규 교수와의 대화는 연세대 학술정보원 국학자료실이 소장하고 있는 '민영규 기증도서' 중의 녹취록을 풀어 정리한 것으로, 새로운 자료를 발굴하여 수록하였다는 점에서 특히 의미 있는 자료이다. 이처럼 본 자료집은 정석해 선생의 삶과 사상, 예컨대 홍사단 활동과 선생의 지적 교유 관계 및 학술활동 전반을 탐색할 수 있는 실증적인 사료로서뿐 아니라, 1950년대 연희대학 교수 사회의 일면을 이해하는 데도 크게 도움을 줄 것으로 기대하고 있다.

서산기념사업기금이 설립되고 사업을 추진하는 과정에서 많은 분의 도움을 받았다. ㈜면사랑 정세장 대표는 서산기념사업기금을 설립하는 데 결정적인 기여를 했다. 연세대 사학과 도현철 교수는 국내에 흩어져 있는 정석해 선생 관련 자료를 수집하고 정리하여 책으로 간행하도록 하였으며, 학술정보원 국학자료실의 김영원 실장은 민영규 교수가 기증한 도서 및 자료 가운데서 정석해 선생 관련 녹취록을 찾아 쉽게 풀 수 있도록 도와주었다. 연세대 대학원의 김대현·이상민·최민규 박사생은 자료의 수집과 복사, 한글 입력, 녹취에서 교열에 이르기까지 수고를 아

끼지 않았다. 특히 연세대 철학과 동문으로 시장성 없는 책을 간행해 준
사월의책 안희곤 대표께 감사의 마음을 전한다.

2017년 5월
서산기념사업기금 운영위원회를 대표하여
연세대 철학연구소장 문창옥

차례

들어가기에 앞서

이 책은 일제시기와 해방 후 서양철학의 토대를 마련하고 대학 교육과
사회 활동을 통해 근대 시민의식과 민주주의의 확립에 공헌한 정석해
교수 관련 자료를 모은 것이다. 그 점에서 이전에 출간된『진리와 그 주
변』의 보유편에 해당하는 것이다.

　정석해(1899~1996) 선생은 연희전문학교를 중퇴하고 프랑스 파리대
학을 졸업하였으며 연세대학교 철학과 교수를 역임하였다. 선생은 1920
년대에서 30년대에 걸쳐 독일과 프랑스에서 정치학·경제학·사회학·
심리학은 물론 수학과 철학 등 광범위한 분야의 학문을 연구하였다는
점에서 일본을 경유하지 않고 서양 학문을 우리나라에 직접 전수한 인
물 중의 한 사람이었다. 해방 후 연희대학에서 형이상학과 인식론, 논리
학을 강의하며 서양 근대철학의 본령을 소개하는 한편으로 근대 이념의
확산과 제자 양성에 힘을 기울였다. 또한 근면과 정직, 지행합일을 추구
하여 3·1 운동, 4·19 운동, 대일굴욕외교 반대운동 등 한국 근현대사의

주요 현안에 주도적으로 참여한, 시민의식과 민족의식의 함양 및 그 실천에 누구보다도 앞장섰던 행동하는 지식인의 전형이었다.

이 책은 한국 사회에서 근대적 지식과 지성의 확산을 통해 민주주의의 실현에 기여한 정석해 선생의 사상과 일상의 단면을 보여주는 자료모음집이다. 앞서 출간한 『진리와 그 주변』이 현대 철학사상을 중심으로 정리 소개한 것임과 비교하면, 이 자료집은 철학적 주제 이외에 근대 시민의식과 민족의식, 대학 교육의 방향과 이념 그리고 선생님과 동료 선후배와의 일상적인 삶에 대한 내용으로 채워져 있다. 수록된 내용은 모두 세 부분으로 나뉘는데, Ⅰ부는 특정한 주제에 대한 선생 자신의 글, Ⅱ부와 Ⅲ부는 연세대학교 동료 교수 및 제자들과 선생이 나누었던 대화, 그리고 Ⅳ부는 선생에 대한 동료, 후배, 제자들의 회상을 담은 글이다.

제Ⅰ부는 사회의식과 민족의식, 대학 교육의 방향과 이념과 관련한 선생의 성찰을 담고 있다. 시기적으로 보면, 연세대학교 교수 시절의 글과 대학을 그만둔 이후 미국으로 떠나기 전까지의 글로 구분된다. 전자는 대학 강의를 통해 근대 시민의식과 인권, 민주주의 정신을 개진한 내용이 중심이다. 프랑스 유학시절 배웠던 데카르트의 전집을 한국에서 발간하면서 자유에 기초한 무한한 인간의 가능성을 통해 새로운 문화의 창조를 전망한 글, 교육 방법의 측면에서는 문답식 교육법에 충실한 미국식 교육제도를 소개하면서 1950년대 당시의 주입식 교육 방법의 전환을 역설한 글, 그리고 연세 대학의 설립자인 원두우와 연세 대학의 나아갈 방향을 제시하고 아울러 연세 학생들이 시민의식을 함양하여 미래 한국의 짊어진 인재로 성장하기를 바라는 대담의 글이 대표적이다.

대학을 그만둔 이후 미국으로 떠나기 전까지의 시기에 해당하는 글들은 흥사단 활동을 통해 한국 사회가 나아갈 방향을 제시하는 내용이 중심을 이루고 있다. 흥사단의 무실역행, 곧 인격수양과 진실한 삶의 실천으로 제2, 제3의 도산 안창호가 되자고 역설한 글, 친일파 청산과 민족 반역자 처단을 통한 사회정화를 강조한 글, 특히 1965년 한일협정과 관련하여 조국의 미래를 염려하며 민족 주체성과 민족의식을 고양할 것을 주장한 글 등이 있다. 그밖에도 1977년 80이 넘은 나이에 쓴 '나의 스승'은 소학교 시절 은사이셨던 이기당 선생, 선천 신성중학교의 윤산온(尹山溫, George S. McCune) 교장, 연희전문학교에서 논리학을 배웠던 백상규(白象圭) 선생 등을 소개하면서, 선생과 학생의 대화가 특히 학생의 성장에 얼마나 영향을 주는지와 참된 스승은 어떠해야 하는지를 감동적으로 보여주는 글이다.

제Ⅱ부와 Ⅲ부는 연세대학교 동료 교수, 제자와의 대화록이다. 정석해 선생은 글로 자신의 행적과 생각을 발표하였지만, 글로는 다 표현하지 못했던 곡진한 내용들에 대한 구어체의 대화록도 일부 남기고 있다. 선생의 제자였던 박영식(1932~2013) 연세대 전 총장과의 대화는 강의 시간에 듣지 못한 내용이나 궁금한 사항을 대담을 통해 제시함으로써 근대철학의 내용은 물론 선생의 생각과 마음을 생생하게 읽을 수 있게 해준다. 1900년대 한 세기 동안의 철학적 흐름에 대한 선생의 조망, 철학의 문제에 대한 소박하지만 근원적인 선생의 성찰을 통해 철학이 갖는 보편성과 현재적 의미를 되새기게 한다.

특히 제Ⅲ부에 실은 1974년 민영규(1915~2005) 교수와의 대담은 학술정보원 국학자료실에 있는 '민영규 기증도서'에서 새로 발견된 자료로, 선생의 삶과 생각을 잘 보여주는 자료이다. 3·1 운동 당시의 생생한 모습에 대한 증언, 나라를 찾는 길에 동참한 이름 없는 사람들의 헌신,

예컨대 연희전문학교의 대표였던 김원벽의 활약은 현재는 잘 알려져 있지 않지만 국가를 다시 찾겠다는 간절한 마음을 잘 보여준다. 이와 함께 프랑스 유학시절, 말도 통하지 않고 경제적으로도 어려운 가운데 뜻을 세워 학업을 마치기까지 선생의 역정은 국제화가 진전되어 국제교류가 활발하게 진행되는 현 시점에서 시사하는 바가 매우 크다.

제Ⅳ부는 후배 제자들의 정석해 선생에 대한 회상의 글이다. 선생과 연희대학에서 같이 근무한 국문학자 장덕순 교수의 회고는 선생의 교수로서의 면모뿐 아니라 1950년대 대학 교수들의 일상사를 살피는 데도 도움이 된다. 연희대학의 교수 모임인 경로회에는 정석해·김윤경·권오돈 선생과 함께 영문학자 오화섭과 이군철, 국문학자 정병욱과 장덕진, 시인 박두진 등이 참여하였다. 사적인 만남이기는 하였지만, 삶의 지혜를 나누고 현실 문제를 토론하며 의기투합하던 1950년대 연세대 문과 교수들의 일상의 모습이 구체적으로 제시되어 재미를 더하고 있다. 그밖에도 선생의 강의를 직접 듣고 철학을 전공하게 되었을 뿐 아니라 인생의 방향 설정과 관련해서도 큰 영향을 받았던 제자 교수들의 글은 선생의 면모를 확인하는 데 매우 중요한 자료들이다.

정석해 선생 관련 자료를 집성한 이 책은 한국 근대철학과 근대지성의 확립에 기여한 선생 개인의 면모를 보여주는 자료일 뿐 아니라, 일제시기와 해방 이후 대한민국의 철학계 및 학술계, 그리고 대학사회의 일상사를 파악하는 데 기여할 의미 있는 유산이 될 것이다.

책을 출간하는 과정에서 많은 분의 도움이 있었다. 서산기념사업기금의 취지와 기획 의도를 설명하고 부족함이 없이 작업할 수 있도록 도와주신 철학과 이재경 교수, 민영규 교수와 정석해 선생의 녹음 자료를 제공해주고 입력된 자료의 교정까지도 담당해 주신 학술정보원 국학자료

실의 김영원 실장, 정석해 선생 관련 자료를 수집하고 녹취록을 정리하
는 수고로운 작업을 마다하지 않은 대학원 사학과의 김대현·이상민·
최민규 박사생, 이 모든 분들에게 고마운 마음을 전한다.

2017년 3월
도현철

일러두기

1. 원전의 표현을 최대한 살리되 현대 맞춤법에 맞게 수정하였고, 지나친 옛 말투나 강연
   중의 구어체는 현대어로 바꾸었다.
2. 본문의 자료 인용이나 서술상의 다른 글 인용은 원문 그대로 살렸다.
3. 명백한 오자는 수정하였고, 한글 쓰기를 했으며, 이해하기 어려운 한글은 ( )로 한문
   또는 외국어를 병기하였다. 원문에 대한 해설이 필요한 경우는 [ ]로 풀이하였다.
4. 원문에서 책과 논문 표시는 책(신문, 잡지)은『 』, 논문은「 」로 통일하였다.

I

정석해의 유고

1. 민족과 국가

흥사단과 민족 주체성 문제

민족이라는 개념은 우리가 가지고 있으면서 실상 생각하자면 막연하다. 민족의 기본요소는 동일한 인격과 언어에서 이루어진다. 그러나 역사적으로 살펴보면 다른 인종과 언어로 이루어진 서서(瑞西, 스위스)도 한 민족이라 하며, 캐나다와 영국은 같은 민족과 언어를 가졌으면서도 한 민족이라고 하지 않는다. 이와 같이 민족이 지니는 의미는 혈통과 언어에서만 이루어지는 것이 아니다. 민족과 같은 관습을 지닌 생활단체이어야 하며 같은 역사적 배경을 지녀야 하는 것이다.

동일한 생활 단체라고 하는 것은 외면적 의식주의 형태뿐만 아니라 내면적인 정신적 주체성도 포함된다. 주체성이란 자기가 의지하는 대로 사상과 행동의 방향을 바꾸고 전진할 수 있는 행위자를 전제로 성립한다. 민족이 주체성이 있다는 말은 스스로 자립한다는 뜻이다. 정치 경제 사회 문화 등 모든 면에서 민족은 자기대로의 특징이 있고 자라온 발자취가 있는 것이다. 민족이란 타민족에 예속되고 타민족의 문화나 전통을 모방하는 피동적인 존재는 아닌 것이다.

민족이 역사적 배경을 갖고 있다는 것은 인간의 역사를 통해서 형성되었다는 뜻이다. 고대의 민족은 어느 족속이고 '하느님'의 명령만을 받드는 피조물로서 민족이라는 개념은 갖지 못하였다. 민족이라는 개념은 인간사회가 형성되면서부터 있었던 것은 아니며, 중세까지도 민족이라는 뚜렷한 의식은 없었다.

서양의 민족적 주체성은 산업이 발달하고 새로운 식민지가 생김으로부터 시작되었다. 영주가 위주인 사회로부터 상인이 생기고 외교를 하기 위해서는 '자기'를 보조할 수 있는 큰 힘, 즉 국가적 권력의 필요성을 느끼게 되었다. 여기에서 생긴 것이 제국주의다. 서양의 제국주의는 동양 민족에게 영향을 주어 특유의 민족정신을 갖게 하였으니 첫째 외국의 정치에서 벗어나려고 했으며, 둘째 빈부의 불평등에 대한 반항의식을 갖게 했고, 셋째로 서양인을 배척하게 하였다.

이와 같은 역사의 흐름에서 자라온 동양의 민족성은 앞으로 또 다른 양상으로 변화할 것이다.

흔히 한국인에게는 민족의식이 결여되어 있다고 말한다. 사실 한국인에게는 긍지가 결여되어 있으며, 민족을 위하여 일하겠다는 참된 지도자를 얻지 못하고 있다. 이러한 경지에서 한국 민족성을 개조하고 우수한 일꾼을 양성하기 위해 힘쓰고 있는 우리 흥사단은 충의 용감의 정신을 바탕으로 밀고 나가는 보람된 단체가 되도록 하여야 한다.

현대의 사회는 극도로 분업화하여 대중의 가치와 인격을 잃게 되고 물질화 비인간화하고 있다. 또 하나의 목표를 달성하기 위하여 국민은 카리스마적 위인을 섬겨가며 한 개의 기능에만 종사한다. 결국 산업에 필요한 기계에 불과한 것이다. 이러한 현실은 민족으로 하여금 그것을 타개할 수 있는 지도층을 요구하게 된다.

민족은 개념이 아니요 현실이다. 그러기에 우리 흥사단원은 이러한 역사를 방관하지 말고 그 속에 뛰어들어서 인격을 도야하고 민족을 이

끌 수 있는 성품을 갖추어야 하는 것이다. 자신의 주체성을 갖고 피동적
자세를 벗어나 이념을 세우고 현실과 투쟁해야 되는 것이다.

이 글은 1967년 1월 21일 동기수련회시 강론요지를 발췌한 것임

(필자 · 公議會 議員 · 哲博)

『기러기』 32, 1967. 3, 흥사단 본부

사회정화와 흥사단

흥사단 54차 대회 강연회에서

오늘날 우리 사회가 부정부패되었다 하는 것은 자타가 다 인정하는 것입니다. 외국 사람이나 국내 사람이나 우리 지도층 또는 거기에서의 부정부패의 피해를 입은 사람들이나 누구나가 다 같이 이 사회는 부정부패되었다고 하는 모양입니다.

또 이 부정부패를 없애겠다고 칼을 들고 일어섰든 이도 이제는 머리를 숙이는 모양입니다. 그 부정부패를 없애려고 사람을 잡아 가두어도 보고 여러 가지 방법을 강구했지만 다시 그 시대가 재연되지 않았는가 하는 것을 자기네 자신들도 느끼는 모양 같습니다.

그러면 우리의 이 부정부패라 하는 것을 인정하는 가운데에는 은연히 그래도 정의감이 말살되지는 않았구나 하는 이러한 생각이 듭니다.

만일 그 정의감이 없으면 부정부패를 전연 느끼지도 못했을 것입니다.

그것은 우리의 다행입니다만 왜 해방 후에 이렇게 부정부패가 우리에게 횡행하게 되었는가 하는 문제입니다. 아마 이것은 오래 전까지 올라가지 않더라도 해방 후에서 민족정기의 잘못된 점이 나타난 것이 아닌가? 이민족의 압박에서 우리가 스스로 갱생하겠다고 기쁘게 날뛰고 그러든 그때에 일반 사회에서 요구하는 것이 있었습니다.

민족 반역자 처단이라 하는 것은 어느 길목에서든지 이번에 처단해야 된다고 떠들었든 것입니다.

그래서 민족반역자를 처단하는 기구까지 만들었던 것입니다.

그러나 그 결과는 어떻게 되었습니까? 그네들은 다 고대로 돌아가고 다시 어느 사람이 깨끗한 사람, 어느 사람이 흐린 사람, 어느 사람이 진실한 애국자, 어느 사람이 독립 운동하던 자, 않던 자, 다 소용없이 되어 버렸습니다. 여기서 벌써 이 나라는 혼탁이 드러났던 것입니다.

아마 우리 동지 가운데에도 함흥에 가서 한글학회 사건으로 고생한 이가 여기 계신 줄 압니다.

그네들을 체포, 그네들에게 악형을 가하던 그 사람들이 다시 재건 국가의 경찰 책임자로 나섰던 것입니다.

독립지사가 무엇이드냐? 애국자가 무엇이드냐? 다 소용없이 되었던 것입니다. 그래 왜놈에게 아부하고 친일해서 학술도 기술도 배운 그 사람들과 학문도 깨닫지 못하고 기술도 얻지 못한 독립지사들의 후예들이 오늘날 어떻게 되었나 비교해 보십시오. 이와 같이 민족의 정기가 첫 번부터 벌써 멀어지기 시작한 것입니다.

오늘날 혼탁이라는 것이 돈 하나 먹고 안 먹고에 있는 것이 아닙니다.

벌써 민족의 정기는 첫 번부터 흐려진 것입니다. 이로 인해서 소위 독립운동자를 체포하던 자들이 지당대신(至當大臣)으로 등용되고 이리해서 우리에게 민족의 정의감은 위축되고 만 것입니다.

그 다음 둘째로 무엇이 등장되었습니까? 소위 정당으로 첫 번에 선 정당, 한민(韓民)이라든지 또는 무슨 그네들 다가 그럴려고 한 것은 아니겠지만, 개중에는 그때 많은 사람이 제일 열중한 것이 귀속재산 나누어 먹는 일입니다. 어떤 깨끗한 이는 자기가 돈이 있어서 일본 사람의 집을 살 수 있는 데에도 이것은 국가의 재산이므로 국가에서 공평하게 처결하기를 기다리고 오히려 손을 대지 아니한 것이에요.

하지만, 일반적으로 그때에는 공정한 국가의 처분을 기다릴 것이 없이 내가 일본 사람에게 소위 그때 말로 연고관계를 먼저 맺겠다고 해서 보따리를 들고 왜놈에게 가서, 우리가 때려서 내쫓지 못하는 것도 원한인데 오히려 왜놈에게다가 돈을 가져다가 주면서 나하고 매매계약을 또는 해방 전에 매매했다고 하는 증서를 써 달라는 등 이렇게 해서 귀속재산을 빼앗겠다는 국민이었습니다. 또 군정 시대에 와서는 군정청에 대다수 유대사람 사상을 가진 미국 사람들이 여기에 와서 일했는데 이들은 한 해 동안 있다가 혹은 이태 있다가 불려갈 자리었기 때문에 자기 지갑만 두둑이하다 가면 좋다고 하는 그런 유대인 근성으로 서로 수회(收賄)하고 서로 얻어먹고 하는 것이 우리나라의 둘째로 등장한 사건인 것입니다.

정의고 뭐고 다 없이 그저 어떤 수단을 부려서든지 내가 재산만 빼앗아 부자만 되면 제일이라고 하는 사고방식이었습니다. 이것이 바로 우리 국가건설 첫 번째부터 정의감을 망치기 시작한 것입니다.

그 후에 우리의 쓰라린 6·25 사변을 당하고 있건만 자유당 시대에는 또 어떠했습니까? 이미 갈라먹지 못한 적산—서로 국가에 아직도 자기의 부분을 완납하지 못한 것—을 다시 빼앗아서 다른 사람에게 불하하기 시작해 가지고 돈 먹기 시작하는 여기서부터는 정부 관리와 협잡배들 하고 서로 연락되는 그때이었습니다.

이것이 다 지금 우리 혼탁이 내려오는 근본정신에 위배되고 민족정신에 위배되는 것입니다. 우리가 들은 놀랄 만한 극단의 말은 평양이나 원산에 진주했을 때에 평양 원산이 그것이 이민족의 땅이 아니언마는 거기에 가서 어떤 일부 사람들 중에는 통일전쟁을 하면서 현주민의 생활 안정이라든지 또는 치안확보라든지, 이런 데에 눈뜨는 것보다는 벌써 문패 깎아가지고 가서 이쪽에 문패 부치고 저쪽에 문패 부치고 했다는 것을 우리가 듣고 있습니다.

이것은 벌써 우리의 정신의 부패를 말하는 것입니다.

이렇게 정신이 부패되어 가지고서는 삼천만 또는 우리가 지금 이북 동포 일천 오백 만까지 합해서 근 오천만의 정신 자세가 되지 못하는 것입니다. 벌써 우리는 어느 것에 하나이다, 하는 우리가 가질 민족정신을 잃어버렸던 것으로 생각을 합니다.

그 다음에 지금 우리 사회를 돌아볼 때에 어느 사회, 정치계나 또는 교육계나 산업계에서나 각 방면에서 그 생활태도를 좀 봅시다.

가만히 보면 내가 그 자리에 들어갈 적부터 어떤 일로 들어갔느냐? 학교에 입학할 적부터 뒷문 입학이 앞문으로 들어온 사람보다 몇 배가 되는 것입니다.

또 취직하는 데에도 그렇습니다. 그것은 유능한 사람을 적재적소에 유능한 사람으로 등용하는 것이 아니라 벌써 나에게 와서 무엇을 바친 사람을 등용하기로 하여 그렇게 취직되면 그 다음에는 십만 원 드려서 들어왔으면 십만의 본전을 빼내야 될 것입니다.

관청에서는 계장 과장이 한번 서류를 되돌려 보낼 것 같으면 그 다음에는 거기 서류에 따르는 것이 있다고 합니다. 거기에 뭐를 부치지 않으면 위로 올라가지 않는다는 것입니다.

이러한 부정부패, 이것은 벌써 전 국민이 다 알다시피 되었습니다. 나는 언제인가 사석에서 이런 말을 들었습니다. 어떤 이는 높은 자리를 올라가기 위해서 삼천만 원이라는 것을 썼다는 것입니다. 미군의 연회비

만 해도 여러 천만 원을 썼다는 것입니다. 아직까지도 미군이 여기 와서 어느 자리는 동의하지 않으면 안 되는 자리가 있답니다. 이렇게 모든 것이 다 아직 부정의 길로 올라가 가지고서 한번 올라가면 국민에게는 아주 다시 없는 최고의 자격자같이 위풍을 떨치고 있으나 속으로는 그만치 들은 자본이 있으니까 그 자본을 빼내려고 하는 것입니다.

지금 사회는 이와 같이 어느 면에서 보든지 부정으로 되어 있습니다.

심지어 신성해야 될 교육계도 마찬가지인 것 같습니다.

어느 사람하고 한번 대화하다가 이런 말을 들었습니다. "나는 경제계에 있는 사장입니다. 나는 교육계에 있는 사람은 좀 나을 줄 알았더니 우리 경제계보다 나은 것은 아무것도 없습니다. 지금 모 학교의 교장이 날더러 하는 말이 자네 사장이라고 해보았지만 내 재산이 자네 재산에 지지 않네, 만약 이제라도 문교부에서 어디에서 여러 가지로 시끄럽게 한다면 나는 그 학교는 문 닫고 팔고서 호텔을 만들어서 영업을 할 것 같으면 자네 가진 지금 재산보다 많아." 이런 말을 교육자가 입으로 하는 말을 들었다고 합니다. 학교를 건설하고 기부한다고 하지마는 다른 나라 같으면 기부자는 기부자대로 있고 교육을 하는 사람이 주장할 것입니다. 그네들은 기부자가 아니라 지금 자본주의로서 뒤에 앉아서 모든 것을 지도하고 있습니다.

입학생이 만 명이면 만 명이 내가 먹을 양떼 같이 보고 있는 것입니다. 피교육자를 보기를 다 먹을 수 있는 고기로 보고 있습니다.

언제 한번 길가에 비오는 날 사람들이 많이 서있었습니다.

운전자가 자기 차를 보노라니 비오는 날이므로 차 속이 다 찼습니다.

그러나 거기에 열 몇 살 난 어린 차장은 문을 열고서 사람을 태우려고 합니다.

그러나 안에 탔든 사람들은 차장이 그래도 다른 사람 비 맞는 것을 생각해서 문을 열고 있겠거니 하고 생각했습니다.

그러나 운전수는 법이 무서우니까 이제는 만원이 되었으니까 태우지 말라 그랬더니 그 차장의 대답이 "아이구 돈이 길가에 저렇게 굴러 뎅구는데 아니 저것을 태우지 않으면 어떻게 되느냐"고 했습니다.

밖에 있는 사람들이 다 그 아이의 눈에는 십오 원짜리로 보이는 것입니다.

교육계에 입학원서를 가지고 간 사람은 다 아마 육만 원짜리로 볼 것입니다.

그와 마찬가지로 인격을 만들어 내겠다는 교육계가 오늘날에 영리사업으로 전락한 것은 우리가 다 거의 시인할 만한 사실입니다.

이러한 모든 부정이 다 우리의 정신적 태도의 근본이 물질 숭배자로 변해버린 것입니다. 사실상 많은 자유진영에서 정신, 정신, 그럽니다.

그러나 그 사람들 마음속에 섬기는 신은 물질입니다. 오히려 이념이나 이상을 가지고서 인간 사회를 재건하려는 마음은 없습니다. 그 다음에 얼마 동안 우리가 겪은 것은 무엇입니까? 우리보다 나은 층의 사람들보면 한때에 소위 외환 외국돈 얼마를 받을 수 있는 그 권리를 가지려고 합니다.

그래 가지고 외환 불하하는 그 권리만 얻게 되면 외국에 무역을 해서 외국 물건을 드려다가 팔아가지고서 한때에 치부한 시대가 있었습니다.

그 사람들은 마음의 무엇을 위하려고 민생이라는 문자를 쓰고 민생문제를 해결한다고 물자 결핍을 해결해주고 생활을 풍족하게 하겠다고 말로는 그럽니다.

그러한 수입상들이 대개는 무엇을 했습니까? 외환을 얻으면 그 반은 벌써 저편 나라의 은행에다가 동경이나 일본이나 와싱톤이나 뉴욕에 자기 이름으로 저금해 놓고 그 다음에 기계는 고물이나 중고 된 물건을 헐은 값으로 사가지고 드려왔습니다. 드려다가는 우리가 공장을 시설한다고 이름만은 좋게 내세웠습니다.

그러나 그 결과는 벌써 중고품을 가지고 여기 와서 시설한 공장에 우리나라 노동 임금은 다른 나라에 비해서 말할 수 없이 낮은데 생산품의 코스트는 높았습니다. 그래서 다시 외국에 수출을 하려면 경쟁이 되지 못하도록 하였습니다.

그러면 그네들이 하는 일과 하는 목표는 명칭으로서는 좋았으나 실상 그 마음속에는 한국을 버리고 여기에 정치적 불안이라든지 어떤 시기가 올 것 같으면 나는 비행기 타고, 배를 타고 도피하겠다는 것입니다. 그래서 일부 사랑하는 가족을 외국에 건너 보내놓고 재산은 거기 갖다가 대피해놓고 나라도 민족도 벌써 그네들 마음에는 없는 것입니다. 이것이 한때의 우리나라의 풍조가 되었습니다.

오늘날은 조금 나아져서 그래도 그때보다는 제나라를 위해서 일하려고 하는 그런 마음이 생긴 것은 고마운 일입니다마는 이와 같이 우리 국민정신이 타락하였던 것은 사실입니다. 유대사람이 세계에 흩어져서 자기 조국을 잊어버렸었지만 그네들은 지금 다 잃어버린 그 성경 구약 그것을 항상 한결같이 갖고 있으면서 그 신앙 또는 그 민족의 정신을 끌고 왔던 것입니다.

오늘날도 우리가 듣지만 유대 민족이 아프리카에서도 간 것이 있고 색갈이 달랐거나 안 달랐거나 지금 예루살렘에서 그냥 유대사람이라고 하면 받아들이는 일이 있다고 합니다.

유대 민족은 언제든지 자기 정신을 지켜왔던 것입니다.

우리는 지금 우리의 지금 사람된 것이 개인된 것이나 하나로만 그렇게 생각하고 내 속의 정신은 잊어버린 것입니다. 내가 나든 것이 무엇으로 인해 되었느냐 하는 내 뒤의 민족적 기반이라는 것은 생각하지 않았던 것입니다.

이 모든 썩은 것의 뒤에는 제나라 정신을 잃는 것입니다.

불란서가 왕 제도를 혁명하고 자유, 평등, 박애의 정신으로서 1789년에 대혁명을 일으켰습니다.

각 개인의 자유, 각 개인의 평등한 권리, 세계 민족이 다 사로 사랑해야 한다고 하는 박애정신, 이것은 오늘날까지도 인류의 한 이상으로 되어 있는 것입니다.

그 옆의 독일민족도 그 이상을 받아들였습니다.

다 그것이 원해서 또 정치적인 그 이념을 독일 철학가들은 개인의 자유라고 한차 부르짖었습니다.

그러나 몇 해 후에 나폴레옹이 독일 땅을 드리치고 독일 땅을 다 갈라가지고 자기 동생에게도 갈라주고 이렇게 하고 독일 땅을 넘어서 로서아를 지나갈 때에 전쟁을 겪고 나서는 독일의 지성들은 무엇을 알았습니까? 그들은 개인의 자유, 개인의 평등, 이것을 세웠던 것입니다.

독일 민족은 독일 민족의 전통과 독일 민족의 고유한 정신이 있습니다. 이것이 깨지면 독일 민족이 깨지고 독일 민족이 깨지면은 독일 사람의 개인의 자유, 이것은 아무것도 아니다 하고서는 그 다음에는 독일 정신을 외치기 시작했습니다.

다시 군벌트나 디스트나[녹취 오류로 인한 '훔볼트', '피히테'의 오기—엮은이] 헤겔이나 이 사람들이 백림(伯林)에 대학을 세우고 민족정신을 외쳤습니다.

그것이 그런 지 불과 한 60년이 지나서는 보불(普佛)전쟁에 이겨가지고 독일 민족이 구라파에 한때 패권을 잡게 된 것입니다.

우리가 허황한 관념적 이념에 붙잡히지 않고 독일 민족은 그들의 관념적 이념이 어느 기초에 섰느냐? 자기네 민족, 전통, 습관, 종교, 자기네 가졌던 이 터 위에서 외래한 이식시킨 그런 사상이 자기네 삶의 기반이 아니라는 것을 독일 민족은 깨달았고, 독일 지성은 앞장서서 이것을 주장했던 것입니다.

오늘날 우리 형편을 봅시다.

외래 사상이 침범해도 이만저만이 아닙니다.

이제 이민족의 압박에서 벗어난 지가 몇 해가 되었건만 길거리의 무슨 게다짝인지 '조-리'인지를 신고 다니면서 아주 태연 무사하게 오히려 자랑으로 여기는 사람이 많습니다. 참으로 뭐라고 할까요? 속없는 민족은 우리 민족인 것 같습니다.

세상에 이렇게 자기를 천히 여기는 민족과 또 자기를 얼른 잊어버리는 것이 우리가 볼 수 없는 이러한 상태에 있습니다.

그러나 다 이러한 여러 가지 부정부패 정신의 퇴폐는 우리가 아주 희망 없느냐? 그런 것은 오천년 역사를 통해서 지금 보면 우리의 주변에서 겪은 가장 큰 문화는 중국 한(漢)민족의 문화였습니다.

우리 선조들도 많은 사람이 소중화(小中華)라고 해서 스스로 문화 사상을 가지고서 내가 중국사람 되었으면 하는 그런 사람이 많이 있었던 것입니다.

그러나 중국 한민족의 주변에 있는 사람은 거의 중국화가 되어 버렸습니다.

오직 우리만이 아직도 한문 문자를 몇 백 년 쓰기는 썼지만 제 문자를 새로 창작하고, 제 옷을 입고, 제 정신을 갖고, 제 정치를 하고, 이와 같은 아직 중국화가 되지 않고 남아나온 우리 한(韓)민족은 아직까지도 그러한 중추세력 또는 무슨 화랑도의 정신 같은 민족적 정신이 그냥 있는 것입니다.

이같이 지금 우리가 아무리 부정부패한다고 하더라도, 우리 주위에 부패한 것이 있다고 하더라도 우리의 깨끗한 씨는 있습니다.

오늘날 많은 부패하는 원인 중의 하나를 말한다면 지금 우리가 근대화를 하겠다고 하고 개화를 하겠다고 우리가 개명(開明)하겠다고 제가 어렸을 때에쯤에는 그런 말을 부르짖었습니다.

개화 개명은 그때에 우리가 기와집이나 짓고 안경만 껴도, 구두신고 모자만 써도, 개화인줄 알았습니다. 이렇게 피상적 태도로서 서양 문명을 받아들였습니다.

그러나 오늘날 산업경제시대에 들어와서는 우리가 기술을 습득하고서 또는 우리의 생활품을 다른 나라의 제작품을 가지지 않고 자립하려고 하는 것입니다.

산업시대의 사람을 이와 같이 기술면에서 지적으로 사람을 보기 때문에 산업시대의 우리 나라뿐만 아니라 일반적으로 우리들이 시대에서 요구하는 것이 기계로 보게 됩니다.

기능을 가진 사람으로서 인간을 그동안 만들어 놓은 것입니다.

그렇기 때문에 그 기능을 사람보다 더 귀하게 여기는 것이 지금 자본주의 문화의 한 특색입니다. 심지어 유물론을 주장하는 세계에서는 인간도 한 가지 노동력으로만 보아서 이것이 그 어떤 개인이던지 가졌던 그 노동력은 다른 사람으로 대치할 수 있는 것으로 보고 물건으로 취급하고 가치를 정하는 것입니다.

그러나 인간이라고 하는 것은 지적만이 아닙니다. 사랑하는 부모를 다른 사람으로 대치할 수 없고 사랑하는 아내를 다른 사람으로 대치할 수 없습니다.

인간은 자기의 개성의 고유한 가치가 각기 있습니다.

이 면은 기능으로 말하면 전 사람보다 나은 아내를 얻을 수 있는 것입니다.

그러나 그것으로서 아닙니다. 인간이라고 하는 것은 전적으로 다른 면이 많이 있습니다.

그래서 우리가 개인을 물적 노동력으로 전락시키는 그런 지금 문명의 시대에 우리가 살지만 기술이 발달된 사회는 오늘날 최고의 유도탄으로서 지금 사회가 사느냐? 파멸하느냐? 인생이 회생하느냐 하는 심각한 문제로 불안한 상태에 빠져있는 것입니다.

오히려 우리는 그 면에서는 세계의 위기라는 것을 오히려 덜 생각하고 있습니다.

원자탄을 가진 나라들은 우리보다 더 떨고 있는 것입니다.

그러면 이 인간을 한 지적으로나 일로만 발전시키면 이와 같은 결과가 나오는 것입니다.

우리 인간이라 하는 것은 정(情)적인 면도 있습니다.

우리가 단(團)에서 이념만을 주장하지 않고 정의돈수(情誼敦修) 같은 것을 주장하는 것은 인간의 정적 면을 발전시키려고 합니다. 또 오늘날 우리가 정적(情的) 면에 대해서도 위기의 느낌이라고 하는 것입니다. 어떤 이가 말하기를 중국 문화를 우리가 받아들일 때에는 공자의 이념을 받았다. 충효의 이념을 받아들여 왔지만, 지금의 서양문화는 그 지적 면만이 아니라 그 외에 음악이라든가 댄스라든가 이런 것을 가지고서 인간의 심정(心情)까지에 들어갔습니다.

인간의 심정까지에 침범해서 오늘날 지금 혼란하고 자유방임하는 그 틴에이저의 혼란한 상태를 이루는 원인이 서양 문명은 정적인 면까지 들이닥쳐서 변화를 일으키는 이러한 시대에 당했다고 개탄하는 것을 보았습니다.

이런 면에서 우리가 이런 것을 지금 기계 문명이 인간을 부분 인간으로 만드는 것을 인제는 정조(情操)를 가진 또는 의지를 가진 정적인 인간을 만들고자 우리가 애쓰는 것입니다.

이러한 면은 우리 흥사단에서는 완전한 인격 수양이라 하는 이것으로서 이를 피하려고 하고 또는 이 수양하는 면에서 우리의 정의돈수를 우리가 깊이 서로 닦아 나가기를 세심(細心)하고 있는 것입니다. 대개 우리가 그동안 사람이라 하는 이런 생각에서 공자도 인간에게 불기(不器)라고 했습니다. 이것은 그릇이 되지 말라. 너무 기술면에만 치우치지 말라 하는 것으로 해석할 수 있습니다.

자기의 어느 면의 기능만을 다하는 것으로서 인간이 되었거니 생각하면 안 됩니다.

가령 국회의원이나 고관들이 국회의원답게 했다고 해서 인격을 다한 것은 아닙니다. 그들은 자기의 본심에 돌아올 수 있어야 합니다. 부정부패를 양심에 부끄러운 줄을 알 수 있는 사람이 되어야 합니다.

또 우리 흥사단이 왜 지금 개인 인격양성으로만 생각하지 않고 신성(神聖) 단결을 외치느냐 하면 이것은 서로 사회적 도덕적 분위기를 양성(養成)하자는 것입니다.

도둑놈이 도둑놈들끼리 앉아서는 잔악한 행동으로서 도둑질한 것을 자랑으로 이야기를 합니다.

그네들 분위기에서는 그것이 기술적으로 최상의 영광을 가졌다고 생각을 하고 있습니다.

그러나 우리의 깨끗한 정신, 맑은 정신을 가진 사람들이 이 사회를 지도하게 되면 이 사회에서 부정부패한 사람들이 자기의 죄의식을 가질 것입니다.

그런 때에는 이 분위기에서 그로 하여금 밖의 세상이 죄의식을 갖게 되도록 되면 차차 다른 사람을 개전(改悛)케 될 그런 기회가 생길 것입니다.

이렇게 해서 우리 흥사단은 하나의 개인만을 완성시키는 것이 아니라 다른 사람, 모든 사람으로 하여금 같은 정신에 살도록 우리가 정신을 일으켜야 되겠습니다.

그러면 이러한 정신이라는 것은 시대의 요구에 따라서 우리가 오늘날 모토로서 내건 바와 같이 이런 부정부패를 아주 근절할 수 있는 사회적 분위기 조성을 위해서 우리 각자가 행동으로 실천에 옮기기를 간절한 마음으로 빌고 바랍니다.

공의회의원 · 연세대 철학 교수

『기러기』 40, 1967. 11. 흥사단 본부

어디로 가는 조국인가

일제 때도 없던 일

분노가 복받쳐 치밀어 참을 수가 없다. 일제 식민통치하에서도 무장군
인이 학원을 짓밟은 일은 없었으며 총장의 허가 없이 체포·파괴 같은
만행을 자행한 일은 우리나라 대학사상 처음 있는 군사적인 만행이다.
이와 같은 군사적인 폭행은 군국주의 하에서도 없는 일이며 군사 '쿠데
타'면 만능으로 생각하는 민주역행의 결과일 것이다. 근대화와 국민의
자유를 부르짖는 구호 아래 사실과 반대되는 시대역행의 만행으로밖에
볼 수 없다. 국민은 이 사변의 참뜻을 깨달아야 한다.

『동아일보』. 1965. 8. 26.

조국의 등대지기가 되라

우리는 이 시대, 이 나라에 태어났다. 하늘이 만민을 낳을 때 반드시 그 직분을 주었다 하면 오늘날 이 땅에 있는 우리 존재의 의미가 있을 것이다. 과연, 역사는 우리에게 무엇을 지시하지 않는가.

학문에는 국경이 없어도 학자에게는 국경이 있다고 사람들은 말하는 것이다.

우리가 학문을 하든, 어떤 직업을 하든 간에 우리는 이 나라의 국민이며 이 민족의 후예이다. 어디서 무슨 재주와 기술을 배우고 닦든, 우리는 우리에게 주어진 역사적 사명을 완수하는 데 힘을 다하여야 할 것이다. 인간이라는 관념적 존재 말고, 피와 살을 가진 구체적 개인에게는 가정이 있고 조국이 있다. 이스라엘 사람은 몇 천 년 간 각국으로 유랑생활을 하며 국적을 서로 달리하였더라도 오늘 새로 세운 조국을 구하기 위하여 부름을 등대(等待)하고 있다 한다. 외세에 의하여 남북으로 분단된 오늘의 우리 현실은 통일이 역사의 방향임을 분명하게 비치어 주는 것이다. 형제가 38선을 넘겨다보면서 서로 총 뿌리를 맞대고 있는 이 서글픈 상태를 어서 없애야 할 것 아닌가. 공산주의의 죄는 미워해도 형제를 미워해서는 아니 된다. 통일의 큰 책임을 짊어진 젊은 학도들은 그 사업이 아무리 괴롭고 험난할지라도 남에게 떠넘길 수 없는 우리의 사명이다. 70년대에 우리가 통일을 못 이루고 또 후손에게 이 쓴 잔을 넘겨 줄수 없는 일이다. 오늘의 경제적 의존은 내일의 무엇을 의미하는가. 번영이냐, 자칫 잘못하면 예속이냐 갈림길에 당도하였다. 새 역사를 창조하려는 지식인은 현실을 투시할 수 있는 안광을 가져야 한다. 오늘날 우리사회에는 부정부패가 너무나 조직적으로 얽혀져서 근절되기 어렵다 한다. 그러나 이러한 사회악 자체가 변증법적으로 청렴한 인물을 고대하게 하는 것 아닌가. 역사적 현실은 젊은이에게 어느 길을 택하여야 한다는 것을 사회생활에서 자연히 느끼지 아니치 못하게 한다.

　새해는 밝아 오고 새 천지는 바야흐로 전개되려 한다. 젊은 학도들은 등불을 켜서 등대 위에 밝혀 놓아야 할 때가 왔다. 20세기에 들어서자 우리 민족은 개화를 부르짖었고 경술년 국치 이후에는 독립을 위해 싸웠고, 해방되자부터는 민주주의를 외치고, 지금은 근대화를 표방하고 있다. 그러나 이것이 남의 문명이나 기술을 습득함으로써 이루어질 것이 아니라, 정신적 기반 위에 세워져야 할 것이다. 인간이 종교적, 정치적 제도와 권위에서 해방되어 자기 이성에 의하여 행동할 수 있는 자신을 얻은 후에야 인간은 자율적이고 입법의 주체가 될 것이다. 남들은 벌써 전기 봄 시기를 지나 제3의 불을 켜들고 원자력 시대니 우주시대를 개척하려 한다. 우리 지성인의 사명은 문자 그대로 중대하다. 새 세계의 창조에 참여하고 미처 이룩하지 못했던 지대를 개방하여야 할 이중의 임무를 진 일군이다. 새해를 맞아 건투를 비는 바이다.

『연세춘추』, 1971. 1. 1.

고종황제는 아직 생존해 계시냐?

삼일운동이 났던 해인 1919년에 나는 21살로 연희전문학교에 다니고 있었다. 나는 학교에서 기독학생회 일을 맡고 있었고 3·1 거사가 있기 전에도 여러 가지 자잘한 연락책임을 맡고 있었다.

같은 고향의 친구이고 하숙단짝이었던 이경화와 나는 보신각 뒤에 있었던 신행여관을 들락거리며 2월 한 달을 보냈다. 신행여관은 이북 출신의 기독교 신자들이 주로 묵던 여관이었고 33인 중의 한분이었던 이명룡 선생과 이승훈 선생도 여기 묵고 계셨다. 이경화는 바로 이명룡 선생의 맏아들이었다.

2월 28일 1시에는 연희전문학교의 학생대표였던 김원벽을 포함한 학교마다의 대표들이 대관원이란 중국집에 모여 33인중의 한 분이었던 박희도 씨의 지시를 받았다. 그래서 우리는 그날 큰일이 있으리라는 걸 소상히 알고 있었지만 3월 1일 정오에 파고다 공원에 갔을 때엔 교복을 입은 학생들만 공원 안에 꽉 차 있었지 지도하는 사람도 제지하는 사람도 없었다. 냄새를 맡음 직한데 모이는 걸 제지하는 순경이나 헌병도 없었다. 나는 큰일을 그르치는 것 같아 초조했다. 이경화는 나한테 태화관이란 요릿집에 가 보자고 했다. 이경화는 33인이 태화관에서 모여서 파고

38

다 공원으로 오게 되어 있는 것을 알고 있었다. 그러나 우리가 태화관에 달려갔을 때에 거긴 이미 일본순사들이 포위하고 있었다. 태화관 주인이 수상히 여겨 경무국에 신고를 해서 그들이 파고다 공원으로 나오기도 전에 벌써 포위를 당하고 만 것이었다. 할 수 없이 이경화와 나는 다시 파고다 공원으로 되돌아왔는데 술렁이는 군중 속에서 한 사람이 튀어나와 독립선언문을 낭독했다. 그는 33인 대표에도 끼여 있지 않았던 선교사인 정지영이라는 사람이었다. 그는 함경도로 독립선언서를 보낼 책임을 맡고 서울역에서 함경도로 가는 어떤 선교사를 만나 선언서 사본을 건네주고 파고다 공원으로 왔는데 아무리 기다려도 33인 대표들이 나타날 낌새가 보이지 않자 초조함에 견딜 수 없어 그냥 선언문을 자진하여 낭독한 것이었다. 그가 선언문을 채 읽기도 전에 꽉 눌려 있던 군중들 사이에서 만세소리가 우렁차게 터져 나오기 시작했다.

"대한독립 만세, 조선독립 만세!"

그때 젊은 가슴 속에 꽉 들어찼던 원한과 울분이 한꺼번에 터진 것이다. 만세 인파는 종로거리로 터져나가 점차로 불어가기 시작하였다. 지도하는 사람도 없었고 뚜렷한 계획도 없었지만 그 많은 군중들이 그저 오직 한 마음으로 물결치듯이 움직이고 있었다. 그래서 나는 지금도 그때를 생각하면 그게 바로 민중의 '즉흥시'였다는 생각이 들곤 한다.

그날의 시위는 다섯시 반까지 이어졌는데 외국의 영사관이 있었던 정동, 서소문, 소공동, 충무로로 군중이 주로 몰렸다. 퇴계로 근처에 가니 뒤늦게 나타난 기마 헌병이 군중들을 거치게 제지했다.

그날의 시위는 그렇게 끝났지만 학생들은 이날의 기운을 확대시켜 전국으로 퍼지게 하여 독립에 이르게 해야 한다는 결론에 이르렀다. 그 이튼 날 연희전문학교의 학생대표인 김원벽은 보성전문학교와 세브란스

의전의 대표들을 모아 협의를 했다. 학생들만으로 또 한 차례 거사를 일으키자는 것이었다. 3월 5일쯤은 고종황제의 인산날에 올라왔다가 고향으로 내려가려는 시골사람들로 서울역이 꽉 차 있을 테니까 그 기회를 이용해서 아직 꺼지지 않은 3·1 운동의 불길을 전국으로 퍼뜨리자는 것이었다. 학교마다에 연락을 취해서 3월 5일 9시에 남대문부터 서울역에 이르는 길에 줄지어 서있기로 했다. 그리고 밤늦도록 그날에 쓸 연설문을 등사판에 밀었다. 3·1 운동은 허술한 계획이었지만 군중들의 일사불란한 행동으로 잘 이루어졌다. 그러나 우리의 목표는 단순한 시위가 아니라 조국의 독립을 이루는 것이었다.

3월 5일 아침에 김원벽이 보성전문학교의 대표인 강기덕과 함께 인력거를 타고 남대문을 통과하는 것을 시위를 시작하는 암호로 삼았다. 드디어 김원벽과 강기덕이 인력거를 타고 남대문에 나타났다. 남대문을 썩 통과하면서 김원벽은 참대에 매단 커다란 태극기를 꺼내 들었다. 이미 약속한 행동이었지만 그가 태극기를 펼쳐 드는 순간 우리는 감격스러웠고 설레었다. 그날의 만세운동은 학생들만이 주도한 봉기였기에 더욱더 그랬다. 인력거에 탄 김원벽은 서울역 앞 광장까지 내달아 준비했던 선언문을 뿌리고 단 위에서 짧은 연설을 했다. 그는 키가 크고 날씬한 체구였지만, 인품이 있어 보이는 미남이었다. 또 조용하면서도 설득력 있는 훌륭한 연설로 학생들의 선망과 존경을 받았다.

학생시위대는 서울역에서 다시 시내 쪽으로 방향을 돌려 나아갔다. 어느덧 말을 탄 헌병들이 몰려와 우리를 둘러싸고 무자비하게 칼로 내리치기 시작했다. 학생들의 수효가 너무 많으니까 잡아갈 엄두도 못 내고 그저 말 위에 탄 채로 칼로 내리치는 바람에 거리는 온통 피범벅이었다. 헌병들은 거꾸러진 학생들을 데려가는 세브란스의 간호원들까지 잔

인하게 내갈겼다. 피가 튀고 비명이 들릴수록 군중들의 함성도 거칠어졌다. 그것은 백병전을 연상시키기에 충분했다. 여기저기서 심한 격투가 벌어졌고 만세소리는 더욱더 커갔다. 김원벽은 다른 학생들이 끄는 인력거 위에서 태극기를 매달았던 참대로 헌병들의 칼을 막아내며 시위 학생들을 지휘했다. 그러나 그날 그는 결국 붙잡히고 말았고 뒤에 재판을 받았다. 뒤에 들은 이야기이지만 그는 학생시위를 주동한 중요 인물인 48인 중의 한 명에 끼어 4년형을 받았고 모진 고문을 당해 1928년 죽는 날까지 몸을 제대로 쓰지 못하고 비참하게 죽었다고 한다.

나는 서울을 떠난 그해 3월 13일까지 학생시위를 선동한 죄목으로 헌병대의 명단에 올라 집을 수색당하고 미행을 당했다. 그래서 서울을 떠나 만주로 가기로 결심했다. 서울에 더 있다간 언젠가는 붙잡힐 것이 확실했다. 그렇다면 차라리 직접 행동결사대에 들어가 독립운동을 계속하는 것이 낫다는 판단이 섰기 때문이었다. 그때 체포되지 않은 학생 중에 많은 수효가 독립운동 단체에 들어가서 독립을 위한 준비에 참여하고 있었다.

그때에 만주 길림에는 여러 독립운동 단체들이 있었고 그 중에는 김동평을 중심으로 한 암살단도 조직되어 있었다. 그때에 길림에는 체코슬로바키아 군대가 팔고 간 무기가 많이 있었다. 레닌 혁명이 나니까 체코슬로바키아 군대는 대륙으로 건너가지 못하고 본국으로 돌아가려고 블라디보스토크에 배를 타기 위해 모여 있었다. 그들은 우리 독립군에게 무기를 팔았고 우리 독립군은 막대한 돈을 들여 그 무기를 사들였다. 김좌진 장군이 가지고 싸운 무기는 바로 체코슬로바키아 군인들의 무기였다. 나는 밤을 틈타 압록강을 건너 서울에 두 번 잠입해서 체코슬로바키아 모제르 육혈포 네 자루와 기관총 두 자루를 운반하는 데에 성공했

다. 나는 직접 암살계획에 끼어들지는 않고 무기를 운반하기만 했다. 그
것도 무척 위험한 일이었다. 붙잡히기만 하면 무기징역이 아니면 사형
을 받을 것이었다. 나는 용케 붙잡히지는 않았지만 이미 내 이름은 경찰
의 명단에 올라 있어 다시 나라 안으로 돌아가기가 갈수록 어려워서 나
는 곰곰이 생각한 끝에 북경을 거쳐 상해로 가기로 마음먹었다. 나는 이
기회에 외국으로 가서 새로운 학문을 배운 다음에 조국에 보탬이 될 만
한 일을 하는 것이 더 나은 길이라는 판단을 내렸다. 그때 상해에는 천
명이 넘는 망명한 청년 독립운동가들이 모여 있었고 우리 임시정부가
서 있었다. 상해 임시정부에서는 중국 외교부와 타협해서 이 청년들에
게 비공식적인 여행권을 주어 외국으로 유학 보내는 일도 하고 있었다.
거의 대부분의 청년들이 미국으로 가길 원했다. 모두들 미국은 자유의
땅이고, 또 일자리가 많아 고학이 가능한 곳이라고 생각하고 있었다. 그
러나 그즈음에 미국에 가는 길은 막히고 말았다. 미국에서 한국 사람이
중국 여권을 가지고 있던 게 들통 나서 한국 사람에게는 비자를 주지 않
기로 했다고 상해 영사관에 경고를 했기 때문이었다. 그러자 그곳에서
학생을 맡아 지도하던 김홍서가 검학회(儉學會)라는 걸 만들어 프랑스로
유학 가는 길을 터주었다. 그때에 프랑스에서는 전쟁 후라 노무자가 많
이 부족해서 외국인이 들어오는 걸 오히려 환영했다.

    1920년 11월 6일에 나는 중국 학생 200명쯤과 우리 학생 21명과 같
이 프랑스배 드 메르(두메르, Doumer) 호를 탔다. 그 배는 일등칸, 이등
칸, 삼등칸이 나누어 있지 않고, 짐 싣던 배 밑칸을 객실로 개조해서 침
대를 세 칸으로 쌓아올린 화물선이었다. 12월 13일에 우리는 마르세유
항구에 도착했다. 21명 가운데 7, 8명은 독일로 가고 또 몇몇 사람은 미
국으로 가려고 멕시코로 떠나고 나머지 몇몇은 파리로 갔다. 나는 불어

를 한마디도 할 줄 몰랐지만, 이정섭이란 친구와 파리로 가 허술한 여관에 들었다. 그러나 알량한 돈이 바닥나는 걸 구경만 하고 있을 수 없어 며칠 뒤에 임시정부의 파리위원부, 곧 지금의 대사관이나 영사관에 해당하는 데를 찾아갔다. 파리위원부의 책임을 맡고 있는 황기환이 우리한테 보베(Beauvais)에 있는 무슨 고등학교를 소개해 주겠다고 했다. 그러나 곧장 소식을 보내주지 않자 우리는 더 기다릴 수가 없어서 보베라는 곳을 무작정 찾아가 보기로 했다.

이정섭과 나는 여관 주인한테 가서 "보베, 보베, 붕붕 치치폭폭…" 하며 손짓 발짓으로 우리의 뜻을 표시했다. 불어를 한마디도 모르니 그렇게 할 수밖에 없었다. 여관 주인이 우리의 뜻을 알아들었는지 기차시간표를 가져 오고 보베를 가리켰다. 그 이튿 날 일찍 우리를 깨운 여관 주인은 택시 운전수를 불러 무어라고 자세히 일러 주었다, 택시 운전수는 정거장까지 우리를 친절히 데려다 주었고, 보베까지 가는 차표를 사는 걸 도와주었다. 우리는 9시에 기차를 타서 11시 반쯤에 보베에 도착했다. 우리는 무턱대고 가장 큰 건물이 학교일거라고 생각하고 거리를 헤매다가 거리에서 가톨릭 고등학교에 갔다. 그 신부는 교장 선생에게 우리들을 소개했다. 그는 아마도 우리를 조선에서 온 청년들인데 불어를 배우러 보베에까지 왔다고 말하는 것 같았다. 그날은 마침 크리스마스 전날이었다. 교장 선생은 우리를 반갑게 맞아주면서 크리스마스라고 초콜릿을 내놓았다. 나는 거기에서 생전 처음으로 초콜릿 맛을 보았다. 그러나 프랑스 유학길이 그때 처음으로 맛본 초콜릿 맛처럼 감미로운 것은 아니었고 모진 어려움이 뒤따랐다. 보베에서 파리위원부까지 연락이 닿아 정식으로 고등학교에 입학이 되었고 날마다 두어 시간씩 불어를 공부할 수 있었다. 그러나 생계를 위해 돈을 벌어야 했으므로 우리는 이태 뒤에 다시 파리로 올라왔다. 나는 약국에서 잔심부름을 하기도 하고 동부전선에 나가 탄피와 고철을 줍는 막노동을 하기도 했다. 그저 하루하루를 살아갈 뿐이지 공부할 돈은 도저히 벌 수가 없었다. 그래서 다시 독일로 가기로 작정했다. 독일에 가면 생활비가 적게 들고 동경 유학비의 칠분의 일인 십 원만 있으면 공부할 수 있다고들 했다.

나는 1922년에 남독일의 빌스부르크(뷔르츠부르크, Würzburg) 대학 정치-경제과에 들어갔다. 거기서 한 해 동안 공부하다가 다시 베를린으로 옮겨 베를린 대학에 입학했다.

베를린 대학에서 공부하던 어느 날이었다. 한 교수가 들어와 '노동과 리듬'이라는 제목으로 강의를 하는데 놀랍게도 조선이야기가 튀어나왔다. "조선에서는 모내기를 하면서 노래를 부른다. 그들은 노래를 하며 노동의 어려움을 잊어버린다"는 줄거리 강의였다. 나는 너무 놀랐고 반가웠다. 강의가 끝난 뒤에 곧장 그 교수를 찾아가 내가 바로 조선에서 온 유학생이라고 했다. 그도 무척 반가워하며 내 손목을 꽉 붙잡았다. 그는 베를린 대학에 있기 전에 조선에서 독일공사관 서기 일을 보았다고 말했다. 그는 나에게 "고종황제는 아직 생존해 계시냐?"고 물었다. 나는 조국을 떠나 오랜만에 듣는 그 이름에 왈칵 눈시울이 뜨거워졌다. 조국의 모습이 눈앞에 선하게 떠오르며 가슴이 답답해졌다. 그리고 그 조국을 위해 아무 일도 못하고 있는 내 존재가 얼마나 보잘 것 없는지를 생각하며 말할 수 없이 비참한 기분에 휩쓸렸다.

나는 베를린에서 학위를 받지 못하고 다시 파리로 돌아갔다. 파리로 돌아온 이유는 미국으로 유학 가는 길을 뚫기 위해서였지만 고학을 하는 것은 어디나 마찬가지로 고생스러울 것 같아서 그냥 파리로 눌러앉아 고학을 해보기로 했다. 이용제, 김법린 그리고 나, 이렇게 셋은 병원의 보조간호원으로 채용되어 일을 시작했다. 병원에서 청소와 송장을 운반하는 일 따위의 온갖 허드렛일을 해야 하는 몹시 고된 나날이었다. 우리는 병원 지배인을 찾아가 파리대학에 유학 온 학생인데 돈은 반만 주어도 좋으니까 오후에 학교에 나갈 시간을 달라고 부탁했다. 지배인은 우리가 학생이란 말에 깜짝 놀라더니 친절히 대해 주었다. 그는 우리의 편의를 많이 보아주어서 새벽 4시부터 일하도록 하고 오후에 학교에 다닐 수 있게 해 주었다. 그러나 고학은 그렇게 쉬운 것은 아니어서 세 명이 같이 열심히 일해서 그때 돈으로 400원씩 벌어도 졸업하기는 힘들었다. 나는 파리대학에서 수학과 철학을 공부하고 10년 만에 힘겨운 졸업장을 받았다.

1939년 제2차 세계대전이 시작되자 나는 마르세유를 거쳐 스무 해 만에 상해로 돌아왔다. 상해는 이미 전쟁에 이긴 일본 사람들이 차지하고 있었다. 나는 도착한 날 밤 조선 사람이 경영하는 여관에 들었는데 거기서 일본 형사에게 붙잡혀 수상 경찰서로 끌려갔다. 나는 길림에서 무기를 운반한 지 스무 해 만에 드디어 잡혔다. 그때 법으로 14년이 지나면 공소시효가 없어졌고, 또 아무런 구체적인 증거가 남아 있지 않았기 때문에 나는 혐의 사실을 딱 잡아뗐다. 그래도 내 이름은 명단에 뚜렷이 올라 있었고, 이튿날엔 나가사키로 압송을 당했다. 그 뒤 일 년 반 동안의 거주 제한 명령이 내려져 고향인 평안북도 철산으로 돌아올 수 있었다.

스무 해 만에 돌아온 조국이었지만 아직도 남의 나라 손에 들어가 있었고 또 더욱더 피폐해 있었다. 조국에 돌아온 기쁨보다 그저 떠밀려온 것 같은 느낌밖에 들지 않았고 남의 힘으로 해방이 되었을 때에도 나는 또 그런 느낌을 맛보아야 했다.

해방된 뒤에는 나는 모교인 연세대학교로 돌아와 여태껏 선생 노릇을 해왔다. 이제 내 나이도 여든 살이 넘었다. 나와 함께 큰일을 치른 사람들도 모두 앞질러 갔고 나만 부끄럽게 살아남아 있다. 이들은 늘 내 마음 속에 살아있다. 내 모교인 연세대학교에다 김원벽의 동상을 세우려고 했으나 그것을 이루지 못해서 가슴이 아프다. 아무튼 사람의 가치는 명이 긴 데 있는 게 아니라 꼭 해야 할 일을 얼마나 이루었느냐에 있다. 그런데 나는 아무 일도 하지 못하고 생을 끝내려 한다.

『뿌리깊은나무』, 「털어놓고 하는 말 2」, 1980

2. 대학 교육과 연세

최근의 미국 교육제도

: 토론 · 문답식 강의방법을 위주

미국의 교육제도는 각 주(州)에 문교부라는 것이 있을 뿐 중앙정부에는 그와 같은 기구가 없다. 그러나 각 주의 문교부라고 해도 주립대학의 제도를 지도해 주는 데 끝일 뿐 명령할 실권을 가지지는 못한다. 이러한 관계로 사립대학이건 주립대학이건 각기 자기네 기관이 자기네 교육방침을 가지고 운영해 나가고 있다.

이것이 우리나라의 교육제도와 다른 점이다. 몇 사람이건 어떤 기관을 세우면 그 기관이 기관으로서의 공적 인격을 가지는 것으로 중앙정부의 권력으로 국민의 권리를 꺾을 수는 없는 것이다. 따라서 그 기관의 자유 결정으로서 모든 것을 해 나갈 수가 있다. 그래서 미국의 교육제도는 각 주마다 달라 6·6·4·2제를 쓰고 있는 주도 있고 8·4·4·2제를 쓰고 있는 주(마사츄세트)도 있으며 한곳에서 10년간을 공부시키고 있는 주도 있다.

이와 같이 각 주마다 교육제도가 달라 어느 제도가 더 교육적 효과가 많은가를 경쟁하고 있는 것과도 같다. 그러나 어느 제도에 의해서 받든지 중등교육 10년을 마친 사람은 대학에 갈 수 있도록 되어 있어 불편을 느끼지는 않는다.

이 같이 모든 제도가 주(州)마다 다르고 모든 법률이 주마다 다른데도 미국의 협력심은 우리가 상상도 할 수 없을 정도로 강하다. 서로 상이한 제도를 쓰고 있는 각 대학이 일 년에 한 번씩 모이는 교육협회에서 모든 문제를 토의하면 그 결과에 의하여 나아가고 있음을 볼 수 있었다.

그리고 미국의 대학 강의 방식은 주입식 교육 방식과는 정반대로 서적을 중심으로 하여금 자발적인 공부를 할 수 있는 방법을 취하고 있다. 한 과목에 대해 같은 서적이 230권씩 있으며 대학생만을 위한 도서관이 따로 있어 거기서 자유로이 자기가 보고 싶은 책을 뽑아 볼 수가 있도록 되어 있다. 그래서 학생들은 대개 일일 평균 200페이지 이상 독서를 하지 않으면 안 되게끔 토론식의 교육방법을 쓰고 있는 것이다. '아리스토텔레스'[플라톤의 착오인 듯—엮은이]의 문답식 방법을 그대로 인용하고 있다고 미국의 사람들은 말하고 있다. 학생 50명을 놓고서 한 교수가 한 주일에 3시간 하는 강의라면 한 시간만은 강의를 하고 그 나머지 시간은 다섯 명의 조교수가 학생 10명씩을 맡아 다른 방으로 가서 교수가 강의한 그 내용 안에서 거기에 따른 문제를 가지고 토론할 수 있도록 하여 주는 것이다.

대개 한 교수가 담당하는 학생의 수는 6명이 그 표준으로 예일대학 같은 데서는 10명을, 그리고 하버드대학 같은 데서는 15명을 표준으로 하고 있다. 처음 미국 대학이 설 적에는 지금과는 전연 달라 큰 나무토막 하나를 비여 놓고서 공부를 시작했다고 한다. 그리하여 오늘날까지도 나무토막 학교라는 이름이 남아 있다. 이러한 전통을 가진 미국이니만큼 이것을 그대로 계승하여 지금도 소수의 학생과 교수가 항상 접촉하여 스스로 공부하는 토론식의 강의를 하고 있는 것이다.

구라파의 대학생들과는 달라 미국 대학 학생들의 생활을 보면 큰 건물 내에서 생활하고 있으며 그뿐만 아니라 교실 내의 설비는 나무의자를 찾아 볼 수 없을 만큼 어마어마하다. 기숙사에는 각 사람마다 방 셋이 붙어있다. 그 안의 가구 설비는 어느 부잣집의 것보다도 더 잘 되어 있으며 기숙사 마다 휴게실이 따로 있어 마음대로 휴식하며 공부할 수 있겠금 되어 있다. COLLAGE 1학년에 들어가면 적어도 2년은 대학 기숙사에서 생활하여야만 하겠금 되어 있다. 거기서 여러 가지 예의를 엄중하게 가르친다. 대학 교육을 장차 사회에 나갈 준비로만 알고 그에 입각한 교육을 해 나가고 있다.

이같이 거대한 시설을 가진 대학을 누가 어떻게 경영하는가? 하면 주립대학은 전부가 국민의 세금을 받아서 경영하고 있다. 그렇기 때문에 그 주(州)에 있는 사람으로서 고등학교를 나오고 대학에 입학원서를 낸 사람이면 성적이 좋든 나쁘든 입학시켜야 하게끔 되어 있다. 이 결과로 학생들의 질이 나아질 것은 사실이나 어떤 인물이든 교육을 시켜 내보내면 교육을 시키지 않는 사람보다는 나았다는 견해를 미국 교육자들은 가지고 있는 것이다. 주립대학의 학생 수는 1만 명에서 3만 명에까지 이른다. 사립대학에서는 크다는 콜럼비아 대학도 1만 명 이하이다. 하버드, 프린스턴, 예일은 4000명 이하이다. 주립대학의 시설은 주민(州民)들이 내는 세금으로 경영하는 것인데 사립대학의 경영은 기금과 튜숀(tuition, 수업료)에 의해서 경영하고 있다. 경상비 중의 3분지 1은 튜숀에서 나오는데 이 튜숀은 1년에 1000불을 넘는다. 이와 같이 해서 들어오는 것이 3분지 1을 차지하고, 그 다음 나머지 3분지 1은 졸업생이 부담을 한다. 교육 사업에 기부를 할 것 같으면 기부한 액만큼 수입에서 납세를 면제해준다. 그러기 때문에 50만 불을 국가에 내는 것보다는 차라리 자기네 사회의 명예로서 대학에 기부하는 것이 좋겠다고 하여 대학에 많은 기부가 들어오고 있다.

하버드대학 같은 데서는 매년 동창의 기금이 경영비를 초과한다고 한다. 그리고 졸업식 때에는 그 해에서 25년 전에 졸업한 사람들이 다 모여 과거 자기네가 있던 기숙사에서 생활을 한다. 자기 가족을 전부 데리고 와서 같이 지내는데 이것은 자기 아버지나 할아버지는 하버드대학 출신이라는 것을 알게 하여 자기도 이와 같이 훌륭한 학교를 나와 미국의 지도층이 되겠다는 감을 느끼게 한다는 것이다. 여기서 동창회 회장은 그해의 모교의 계획을 선포한다. 그러면 이에 필요한 비용이 동창회로부터 거출된다고 한다. 그런데 해마다 학교에서 요구하는 액수보다 초과된다고 한다. 이와 같이 그네들은 국가에 대한 임무뿐만 아니라 모교 육성에 대한 책임도 느끼고 있는 것을 알 수 있었다.

『연희춘추』, 1955. 9. 16.

인간적 자유의 한계

자유라는 말이 서양말로는 사회적 구속과 정치적 속박에서 벗어나는 해방을 주로 의미하고 동양말로는 스스로 말미암음을 표하니 널리 해석하면 한 사물이 자기 자체에 의하여 존재함을 의미한다. 이는 첫째로 자기가 자기 존재의 원인(Causa sui)임을 말함이거나 둘째로 자기가 자기 맘대로 자기를 만든다 함을 말함이다.

그런데 첫째 의미에서 인간은 과연 자유로우냐? 인간의 자기 존재가 자기에 의하여 생겨났다고 할 수 있느냐? 인간의 지성은 자기가 어데서 왔는지 알지 못하고 다만 자기가 현존하다는 사실을 알 뿐이다. 사람이 이 세상에 태어나 있다는 것은 한 사실이다. 사실이라 함은 인간의 맘대로 좌우할 수 있는 능력 밖의 일을 말함이다. 세상에 사람이 있을 수도 있고, 없을 수도 있고, 있다가 없기도 하고, 없다가 있기도 하도록 인간의 존재를 인간이 맘대로 할 수 있음으로써 이 세상에 인간이 존재하는 가? 내가 이 세상에 오고 싶어 왔는지, 나의 자유 선택에 의하여 이 나라 사람으로 태어났는지, 이러한 신체와 오만한 재질을 원하여 타고 났는지 나의 존재와 나의 존재 양상은 '내 말대로요, 내게 달렸다'고 할 수 없다. 무(無)에서 아무 것도 나올 수 없다고 하면 인간의 현존한 사실이 "인간이 무에서 유래하였다"고 결론할 수 없다. 인간의 지성은 인간의 현존 건너편을 볼 수 없다. 이 근원적 유대를 보는 것은 상상력과 믿음에 속하는 일이요 이성으로 증명할 수는 없다.

둘째 의미에서 인간은 자기가 자기를 만든다는 것이 자유이다. 여기서 자기라 함은 인격적 자아를 가르침이다. 사람의 신체는 다른 동식물과 같이 종(種)의 형(型)을 갖고 있어 성장 발육하더라도 기정(既定)한 형(型)을 이룰 뿐이요, 그것을 넘을 수는 없다. 그러나 인간의 인격은 이미 어떤 틀이 정해진 것 아니요, 오히려 되어가고 있다. 이 인격을 완성시키는 것은 어떤 한계가 정해져 있는 것 아니다. 그 완성시키는 일 자체가 권한 없는 가능성을 보여 준다. 인격적 자아의 본성은 기정된 형태를 가지지 않은 것(amorph)이다. 다시 말하면 사람은 형성되지 아니한 본질을 가지고 앞으로 자기가 자기를 만들어 나아가는 것이다. 사람이 지망할 수 있는 무수한 길 중에서 하나를 자유로이 선택하여 그 길에 들어가 감행하는 데서 자아가 이루어진다. 우리가 택하여야 할 여러 갈림길을 앞에 놓고 주저할 위기에 내 장래가 내 하는 데 달렸다 함을 절실히 느낄 것이다. 인간의 정신은 자기 장래를 자유로이 선택하여 세계 중의 미결정의 지대를 통해 가면서 미래를 창조하며 자기 자신을 완성시켜 가는 것이다.

선택의 자유와 실행의 자유가 내게 있기에 내 행위에 대하여 내가 절대 책임을 지는 것이다. 이제 문제는 어떤 길을 택하느냐, 어떤 인격을 지망하느냐 하는 데 있다. 선인도 될 수 있고, 악인도 될 수 있고, 의인도 될 수 있고, 부정한 자도 될 수 있다. 어느 하나를 선택하는 데 있어서는 가치판단, 즉 이성의 빛에 의지하게 된다. 내가 좋아하는 것이라고 해서 내 행위가 선에 이르는 것은 아니다. 사람이 고상한 인격을 이루려면 나와 다른 사람에게도 공통되는 보편적 가치를 지향하여야 한다. 이에 타인이 그 주체로서, 그 사람 자신의 자유로운 투기로서, 모든 가능성을 가지고 그의 목적을 향하여 행해 나아갈 수 있는 주체로서 나에게 나타나는 것이다. 내가 내 자유를 극히 귀히 여기느니만치 남의 자유를 존중하여야 할 것이다. 남의 자유와 인격의 존중이 범해서는 아니 될, 내 자유의 한 한계이다.

그런데 자유는 한계를 가장 싫어한다. 한계를 당하면 자유는 벌써 구속을 받음이다. 자유는 그 날개를 맘대로 펴서 국한된 현실을 넘어 창조의 경지에서 유유자적하려는 것이다. 인간은 자유의 한계를 돌파하거나 자유에 장애되는 것을 멀리 밀어낼 자유를 갖고 있다. 우리는 주어진 역사적 상황에 만족해하지 않고 더 높은 세계를 향하여 전진하면서 새 문화 창조의 기쁨을 맛보고 현실의 구속을 벗어나 더 넓은 자유를 누리게되는 것이다. 이러한 자유의 동경이 때로는 반항의 정신으로 나타나고, 때로는 안일할 줄 모르는 탐험의 용기로 솟아오르고, 때로는 근거의 근거를 묻는 진리 탐구의 길로 우리를 몰아가는 것이다.

새 세계를 지향하는 창조적 자유의 반면에 습관에 의하여 얻어지는 소극적인 행동의 자유가 있다. 우리가 외국말로 의사를 표현하려 할 때에 얼마나 부자유를 느끼며 우리 행동을 외국 예의에 맞추려 할 때에 얼마나 불편한가! 내 나라 말도 내가 만든 것 아니요, 내 나라 예의도 전승하여 받은 것이었지마는 익숙하고 습관이 된 후에는 나의 내적, 정신적 사유작용도 모어(母語) 방식을 통하여 자유로움을 느끼고 내 나라 예의 대로 행하여야 행동도 자유롭다. 외계의 자극에 대하여 신체의 반응이 익숙하여지면 의식을 통하지 않고 자유로워진다. 그러기에 만약 악한 습관에 물들면 우리는 무의식적으로 그 악습을 행하게 된다.

사람이 실제 생활에 있어서 매 순간마다 의식적으로 선택하고 의지대로 결정한 후에 행하려면 우리의 두뇌는 너무 분주하고 피곤할 것이다. 인간이 매 순간마다 자기 행동방식을 창조하는 것은 아니다. 우리가 우리를 만드는 자유와 가능성을 가지니만치 우리가 고상한 인격을 완성하려면 좋은 습관을 항상 수련하여야 할 것이다. 물고기는 바다에서 자유로이 뛰놀고, 솔개는 공중에서 자유로이 날으나니 이것이 다 습관에서 얻은 자유요, 의식을 통치 않은 자유의 아래 한계일 것 같다.

나는 지금 『인간과 사상』 216페이지에서 흥미 있는 글을 읽었다. 만물은 유전하고 역사는 끊임없이 변천하는데 사멸(死滅) 속에서 새 생활이 되살아난다는 불사조의 비유는 그침 없이 자기를 불태우는 장작더미를 스스로 마련하여 그것으로 제 몸을 태워버리고, 그 잿더미 속에서 영원히 새롭고, 젊어진 생을 나타나게 하는 자연 생활을 말함이라 하고 헤겔은 이 비유를 평하되 "이것은 동양적인 비유로서, 신체에는 맞지만 정신에는 맞지 않는다. 정신은 다시 젊어져서 나타날 뿐만이 아니라 높혀지고 순화된다는 것이 서양적이다. 참으로, 정신은 제 자신에 대해서 나타나서 그 형태 형식을 먹어 없애고, 그리하여 새로운 형식으로 높아지는 것이다. 그러나 정신은 그 생존의 껍질을 벗어 버리고, 단순히 다른 껍질 속으로 옮아가는 것이 아니라, 오히려 한층 더 풍부한 정신으로서 그전의 형태의 재 속에서 나타나는 것이라"고 하였다. 인간의 정신은 현상태를 버리고 끊임없이 더 고상하고 더 풍부한 상태로 향상할 수 있는 가능성과 자유를 보여주는 것이다. 이러한 인간의 고귀한 자유는 극한이 없는 자유이다.

인간은 끊임없이 새 문화를 창조할 수 있는 전망이 열려있는 것이다.

『연희춘추』, 1960. 1. 11.

데카르트 선집
(최명관 역저. 훈복문화사 간)

최근에 최(숭실대학) 교수는 데카르트 선집을 번역하였다. "선집 1"이라 한 것을 보아 차차 여러 권이 계속 번역될 것이 기대되는 바이다. 이 첫 권에는 『방법서설』과 『성찰』이 포함되었고 또 끝에는 상세하고도 재미있는 「데카르트의 생애」를 지어 독자에게 그의 사색의 경로를 밝게 보여주었다.

그 서문에 말한 바 같이 『방법서설』은 우리말로 한두 차례 번역되었지만 현재 구하기 어렵고 『성찰』은 그의 사상의 핵심이 전개된 책인데도 아직 우리말로 번역된 적이 없다.

실로 유감이었다. 늦으나마 이제 근대사상의 경전이 번역되어 우리 철학계에 공헌할 바를 생각하면 우리는 흔쾌함을 금할 수 없다.

최 교수는 「데카르트의 생애」 속에 우리가 아무리 학문을 많이 읽었다 하더라도 "주어진 문제에 대하여 확고한 판단을 내릴 수 없다면, 우리는 결코 철학자가 될 수 없다"는 말을 인용하면서 "이성의 인도를 따라 독자적인 사색을 하고 독자적인 판단을 내리는 일은, 외래문화와 외래사상에서 휩쓸려 갈팡질팡하는 우리의 현실에서 시급히 요청되며, 누구보다도 데카르트에게서 본받아야 할 일이 아닐까 한다"고 합리적 사색의 필요를 역설하였다.

번역은 창작이나 마찬가지로 어려운 일이다. 독창적인 저서일수록 더그러하다. 17세기에 있어서 데카르트의 사상은 새로운 것으로 새로운말을, (더욱 프랑스 말로) 만들어 내지 않으면 안 되었던 것처럼 오늘 우리 철학이 그러한 난관을 당하고 있다. 일본 학자가 백 년 전에 지은 용어가 오늘에도 타당할지, 그 중 어떤 것은 우리에게 흡족한 어감을 주지못한다. 예를 들자면 meditation을 성찰이라 할가, 명상이라 할가, 궁리라 할가, 'Entendement'을 오성이라 할가, 이해력이라 할가? 아직 우리는 관습적 용어를 따르고 있다. 이것은 이 번역에 한한 문제는 아니다. 우리 철학이 우리 사상과 어감에 알맞은 표현을 찾아내거나 만들어내야할 필요를 말할 뿐이다. 그런데 역자가 이런 필요를 절실히 느끼었음이 엿보인다. 그 책 첫머리의 「일러두기」에 entre를 존재로, existence를 현존으로 번역 통일하였다고 한다. "나는 있다, 나는 현존한다"로 되어 있다. Existence란 말이 오늘 여러 의미로 해석될 수 있으므로 여기에 역자의 고심한 바가 보인다. 음식은 먹으면서야 그 맛을 안다는 것처럼 이 철학 경전의 내용은 읽고 읽어서 맛을 보아야 그 방법, 원리, 체계를 터득하게 될 것이다.

『연세춘추』, 1970. 11. 9.

내가 본 한결 김윤경

우리의 선배 단우(團友) 한결 김윤경 박사는 2월 3일 부산에서 세상을 떠나시었다. 그이는 평생 교육 사업에 헌신하였고 특히 한글 연구로 우리 문화 발전에 큰 공적을 남기셨으므로 사회 각계에서 그의 돌아가심을 심히 애도하여 마지않았다.

고인의 업적이 위대하였으니만큼 여러 방면에서 찬사를 드림은 당연한 일이다. 그러나 그이가 이처럼 급히 가실 줄이야 어찌 생각하였으리요! 우정으로는 병상에 나아가 위문할 기회라도 있었더라면 하는 섭섭한 마음 이루 다 표할 수 없다. 젊은 교수들과 함께 부산 지구의 산업시찰의 길에 오르실 적에 자신의 건강에 의심을 품지 않았던 것 같은데, 여행 중에서 급히 가셨으니 인생이란 그처럼 허무하단 말인가! 지금도 나의 마음속에는 그이 모습이 훤하고 가신 것 같지 않다.

지난 20일 그의 댁을 방문하여 두어 시간 서로 이야기한 것이 최후가 될 줄이야 어찌 짐작하였으리요! 반세기 동안 사귄 친구를 이제 잃으니 서글프고도 허전하다.

그이는 경기도 광주에서 출생하였고, 어려서부터 그의 선친한테서 기독교 정신을 전해 받았다. 그는 일생동안 한결같이 기독교인의 생활을 충실히 행하였고 주일을 거룩하게 지키었다. 6·25 사변 후 부산에서 환도하여서부터 우리는 같은 교회에 다니었다.

우리는 예배 후에 교회당 뜰에서 만나 악수하는 것이 우리의 즐거움이었다. 간혹 교회에 궐(闕)하면 "지난 주일 어디 갔었어"라고 물으면서 은근히 나를 권유하는 것이었다.

그는 학생에게 설교할 때에 "하느님의 완전하심과 같이 너희도 완전하여라" 하는 말씀을 자주 하신 것을 보면 그의 이상이 얼마나 높았던 것을 엿볼 수 있고, 그는 진실로 종교적 신앙이 독실하였다.

이제 옛일을 회고하면, 우리는 1917년 4월 연희전문학교 문과에 입학하던 날부터 서로 알게 되었다. 한결은 그때 24세이었고 나보다 5년 연장이었다. 그는 벌써 마산 창신학교 고등과 교원을 지냈으므로 어른다운 품격을 갖추었다. 그리하여 우리 미숙한 학우들에게 인격적 감화를 크게 주었던 것이다.

그이와 나는 한 학기 동안 같은 하숙집 한방에 유숙하면서 학교에도 함께 가고 오곤 하였다. 그이는 역사에 조예가 깊었던 터이라 희랍 고대사의 유명한 이야기를 한담 삼아 들려주었다.

옛날 희랍의 한 어머니가 출전하려는 아들에게 창과 방패를 내여 주면서 이르는 말이 "네가 패전을 하고서는 이것을 지고 돌아오지 말아라"고 하였다는 이야기다. 이것은 나에게 깊은 감명을 주었던 것이다.

지난번에 그의 댁에서 마지막으로 환담한 것도 우연히 50년 전 연희전문 시대의 이야기였다. 기미년 3·1 운동 당시의 실정을 회고하였다. 우리는 3월 1일 파고다 공원에서 같이 만세를 부르고 시위 행진하였다. 5일에 학생들이 서울역 광장에서 다시 거사한 것도 같이 모의하였다. 그날 남대문 앞에서 서로 대기하고 있던 정황은 잊을 수 없다. 특히 한결은 몸이 거대하여 많은 학생 중에서도 뛰어난 것이 지금도 환하다. 그날 서로 헤어진 것이 20여 년 서로 만나지 못하게 되었다. 그동안 한결과 나는 서로 멀리 떠나 있으면서도 같은 흥사단의 동지가 되었다.

1922년에 한결은 수양동우회 창립회원이었고, 이 결사로 인하여 1937년 여러 동지와 같이 체포되어 옥고를 겪었을 뿐만 아니라, 10여 년 간 재직하였던 배화여고의 교직을 박탈당하여 해방되기까지 9년간 생활난을 당하였던 것이다. 왜정 때에 많은 지사들이 이러한 역경에서 뼈아픈 고생을 겪다가 가셨거니와 김 박사의 실직으로 인하여 그의 가족들은 극도의 곤경에 빠졌던 것이다. 해방 후 그는 다른 동지들과 함께 흥사단을 재건하여 첫 뜻을 관철하였다. 집회마다 성실하게 참석하였고 하기 수양회에도 빠짐없이 참가하였다. 그는 과연 무실역행을 실천하셨다.

김 박사는 18세 때부터 주시경 선생에게서 국어학을 배웠고 그의 학통을 내내 계승하였다. 그는 국어를 통하여 민족정신을 살려갈 것을 결심하였다. 일본 제국이 조선 민족을 동화하려는 정책으로 첫째 초등학교에서부터 어린 아이들에게 왜놈의 말 사용할 것을 강요하여 왔었다. 사람이 제 나라 말을 빼앗기면 생각조차 자유로이 할 수 없을 것 아닌가! 아이들이 모국어를 하지 못하면 어머니와 어떻게 정을 통하게 될 것인가! 모자간의 천연적인 인정마저 끊으려던 악랄한 왜정에 반대하여 과감히 투쟁한 것이 당시 조선어학회이었다. 김 박사는 이 조선어학회의 발기 회원 중 한 사람이었다. 그는 성품이 온후하면서도 강인한 기질을 가졌었다. 의로운 일이라고 생각되면 어떠한 난관이라도 불굴의 정신으로 관철하였었다. 이 어학회 사건으로 인하여 함남 홍원경찰서에서 혹독한 고초를 당하면서도 굴복하지 아니하였다. 그의 아호(雅號)가 한결인 것처럼 한결같이 지조를 지키었다.

그때 왜놈 경찰의 악형이 얼마나 심하였던지, 한 예로서 그는 '학춤'이라는 고문을 견딜 수 없던 것을 말씀하는데 실로 듣기에 끔찍끔찍하였다. 사람의 두 어깨를 동여서 천정에 메여 달면 허공에 떠서 공중의 학과 같이 춤을 추게 된다는 것이다. 몸무게 때문에 두 어깨쭉지가 부러질 대로 부러진다는 것이다. 망국민으로서의 천대도 정신적으로 차마 받을 수 없었거니와 신체적 악형을 받던 것은 겪어보지 않고서는 상상하기조차 어려운 일일 것이다. 그 고통이 얼마나 심하였던 것인지, 묵중하신 그이가 누차 '학춤'을 말씀하였다. 그때 김 박사가 고문실로 들어간 것을 본 한 동지는 말하기를 그이의 태연자약한 태도가 '성자의 모습'이었다고 한다.

해방 후 나는 인촌(仁村) 선생과의 관계로 고려대학으로 가려다가 연희대학에 봉직하게 된 것도 한결과의 우정에 끌리었던 것이다.

그 후 김 박사는 연세대학에서 교수로, 문과대학장으로, 총장서리로, 이사로 20년 간 성력을 다 하시었다. 그는 성품이 인후하여서 모든 교수의 존경을 받았고 학생들에게는 인격적 사표가 되었다. 언제나 나직한 목소리로 타이르는 그의 설득력 앞에서는 어느 학생이든지 감동하지 않을 수 없었다.

그이는 하루도 빠짐없이 일기를 기록하여 왔다. 아쉽게도 6·25 사변에 그 일기의 대부분을 잃은 것이다. 연세대에 80년사를 편찬하는 데 그의 일기가 좋은 재료를 제공하였다고 한다.

이로써도 그의 근면의 일단을 볼 수 있다. 그는 연세의 교단에 17년 동안 섰지만은 결강한 일이 없었다는 것이다. 그이는 신체적 건강도 좋았거니와 정신적 성심이 의무란 것을 가볍게 하지 않았던 줄로 생각된다. 그의 엄정하고 근면한 성격은 연세대학교에 많은 일화를 남기었다.

그중에도 바보 온달에 대한 이야기는 유명하다. 바보 같은 온달이라도 꾸준히 수련하면 위대한 인물이 된다는 것이다.

왜정 하에서는 학교 안에 학생회의 조직이 금지되어 있었다. 3·1 운동 이후 일제도 강압 정책을 좀 완화하여 소위 '문화정책'을 실시하는 척하였다. 1921년경 처음으로 조선학생연합회가 결성되었는데 김 박사가 초대회장에 추대되었다는 사실을 우리는 근일에 알았다. 김 박사가 그때 학생층의 큰 신망을 얻었던 것을 알 수 있다.

김 박사의 덕스러운 인품은 너무나 위대하여 나의 시야를 넘는 것이다. 나의 좁은 심경(心境)에 비친 것은 그의 인격의 일면이다. 김 박사로 말하면 무사사['사무사無思邪'의 오기―엮은이]하신 분이요 순진하고 성스러운 어른이었다. 삼가 명복을 비옵나니 학형이여 고이 잠드소서.

『기러기』 56, 1969. 3, 흥사단 본부

연세 위해 헌신한 원두우

기독교에 의한 전문교육 위해 연세 설립
우리 마음속에 늘 그분의 동상 살아있길

연희전문학교의 설립자이시요 초대 교장이시던 원두우 박사에 대하여 피력하라고 했으나 나는 그이의 직접 교훈도 받지 못하였고 뵙지도 못하였기에 아무 실감 있는 이야기를 전할 수 없다. 원 박사는 1916년에 학교기금을 모집하여 미국으로 건너갔다가 그해에 별세하셨고, 1917년에 연희는 전문학교로 인가가 난 것이다. 처음부터 대학으로 출발하려 하였으나 왜정시대 조선에는 대학교육령이 없고 전문학교 법령만 있다고 하여 그렇게 인가된 것이다. 초창기에는 경신학교 대학부와 배재학당 내 대학부인 두 근원이 1915년에 하나로 합쳐져 YMCA 한 편의 몇 방에서 학업을 시작하였다. 그리고 1918년 봄에 신촌 이 기지에다 목조 건물 2층을 짓고 옮겨왔다. 원두우 박사의 행장에 대하여는 그 부인인 Lillias H. Underwood의 저서 『*Underwood in Korea*』와 원한경 박사의 저서 『*Modern Education in Korea*』와 『연세대학교사』에 자세히 논술되어 있으니 다시 사족을 덧붙이고 싶지 않다. 초창기의 선배들이 대부분 타계하였으니 마지못하여 원 박사의 끼친 정신적 유산의 단편이나마 더듬어 보려 한다. 하나 그것도 주관적인 사건일 것이므로 오히려 송구스럽다. 다만 나도 모교의 학생으로 희망에 부풀었던 청춘 시절을 회상하자니 감회는 적이 착잡하다.

원 박사는 1885년 4월에 한국에 오셨다. 그는 본래 1859년 영국 런던에서 출생하셨고 부모님을 따라 미국으로 이민 왔었다. 그는 뉴욕대학을 마치고 또 신학교를 졸업한 후 목사가 되었다. 그리고 선교사가 되려고 결심하였는데 그때 북장로교회 선교부의 명령을 받아 신교의 초대 선교사로 한국에 오게 된 것이다. 그는 한국에서 여러 방면으로 활약하였다. 선교사로서의 본직 이외에도 본교 의과대학 전신인 광혜원에서 화학과 물리학을 교수하였고, 1889년에 그는 그 후에 오는 선교사들을 위하여 한국어 문법과 한영자전을 편찬 간행하였다.

이 한국어 문법은 당시 우리나라 지식인에게 큰 자극과 각성을 주었으리라고 짐작된다. 누구나 제나라 말로 생각하고 서로 대화하면서도 제나라 말 속에 법칙이 숨어있고 이 언어형식이 우리 사고의 규범이 되는 것을 깨닫기는 쉬운 일이 아니었다. 더군다나 글이라면 한문으로 표현하여야 유식하다고 존경받던 그 시대였다. 1900년 이후에야 우리 문법학자가 생겼고 그 중에도 우리말본을 지은 최현배 선생과 우리말 전용을 주장하던 김윤경 선생이 원두우 박사가 세운 연세대학에서 봉사하였던 것도 그저 우연의 소치로만 볼 것이 아니다. 제나라 말을 소중히 여긴다는 것이 민족의식의 발현이요 국민정신의 발단일 것이다. 그런 의미에서 원 박사의 『한국어 문법』은 우리 선각자들에게 민족정신을 깨워 일으켰으리라고 보인다. 이런 사상의 흐름은 원한경 박사한테서 자주 들었다. 한국 사람들은 한글이 세계 문자 중에 가장 훌륭하다고 자긍하면서도 지식층이 오히려 이를 사용하지 않으니 웬일이냐고 말씀하셨다.

원 박사가 한국 온 전후의 동양의 국제정세를 회상해 보건대, 국내에서는 김옥균이 주도한 갑신정변이 실패로 돌아가고, 일본에서는 한국을 정벌하자는 의논이 들끓듯하다가 종래 청일전쟁이 이 강토 안에서 벌어졌다. 왜 외국 사람들이 우리 땅에서 전쟁하는가 하는 의문이 우리 선각자들을 각성시켰던 것이다. 국제정세에 밝은 원 박사는 약소민족의 참상을 그저 보고만 있을 수는 없었을 것이다. 예리고의 병자를 구호할 자는 한국의 양반이나 지배층도 아니었다. 아무래도 봉건적 구질서를 타파하고 신문명을 도입하는 것이 한국민의 살아나갈 길이라고 생각하였을 것이다. 1910년 강제로 한일합방을 당하여 국가는 종래 멸망하였다. 그러나 민족이 다시 회생하려면 국민교육이 절실히 요구되었다. 민중에게 민족정신을 고취하려면 오직 교육뿐이었다. "대한제국 부강 안태는 국민교육 보급함에 전제함일세" 하던 그 당시 소학도의 노래에서도 볼 수 있었다. 이러한 정신적 분위기 속에서 연희전문학교가 태동되었다. 이에 원 박사는 민족적 요구에 부응하여 서울에 대학 설립을 계획하고 여러 교파 선교사와 의논하였더니 오히려 북장로교 선교회가 반대하는 것이었다. 평양에 이미 숭실대학이 연합적으로 설립되어 있다는 이유였다. 그는 많은 어려움을 극복하여 서울에 대학을 세우기로 결심하여 실현한 것이다.

이 대학 설립의 목적은 기독교주의에 의하여 전문교육을 행함에 있다고 재단 정관에 규정되었다. 해방 후 1946년 8월에 대학으로 승격되던 학칙에는 기독교 정신에 기하여 학술의 심오한 이론과 그 응용 방법을 고수하는 동시에 성실, 고매한 지도적 인격을 도야함을 목적으로 한다고 하였다. 이런 목적을 한말로 일괄하면 "진리가 너희를 자유케 하리라" 하는 기독교 정신이다. 오늘날 자유의 정신이 시련을 받게 되는 국제적 상황에서는 연세대학의 존재 의미와 사명이 실로 중대하다.

지금 대학본부 뜰 복판에 원두우 박사 동상이 서 있다. 그 동상은 본시 1927년 10월에 본교 교직원과 사회인사의 협동으로 세워졌던 것이다. 그런데 일정 말기에 전쟁물자로 몰수당하여 없어졌고, 해방 후 동문과 사회인사의 손으로 1948년 10월에 두 번째 세워졌다. 그때 제막식에 김구, 김규식, 이승만 3거두가 참석하였었는데, 김규식 박사는 1916년 본 대학 기지를 물색하느라고 원두우 박사와 함께 이 뒷산을 답사하였다는 회고담을 말씀하였고, 김구 선생은 일제시대에 없어졌던 동상이 해방과 더불어 우리 손으로 재건되며 또 앞으로도 어떤 재난에 의하여 파괴된다 하더라도 우리 맘속에 동상이 살아있으면 언제나 다시 세워질 수 있다고 말씀하였다. 그런데 생각지도 않았던 6 · 25 동란으로 공산군에 의하여 그 동상이 다시 파괴되었다. 지금 우리가 보는 이 동상은 1955년 4월 22일 연희가 창립된 지 40년 되던 날에 세 번째로 세워진 것이다.

나는 이제 사진을 하나 제공하는데 앞에 선 이가원 박사이오, 그 다음 가마 탄 이는 그분이이오, 옆의 아기는 그의 아들 원한경 박사의 어린 모습이다. 그로 보아 이 사진은 아마 1900년대일 것이다. 그때 교통수단과 의복이 오늘에 비하여 얼마나 격세의 감이 있는가. 이 사진은 몇 해 전에 민영규 교수가 찾아낸 것인데 그의 허락도 없이 공개하매 선생의 질책을 달게 받으려 하면서 연세를 세우고 헌신하신 두 분을 추모하는 답으로 이 글을 글맺는 바이다.

『연세춘추』, 1975. 5. 26.

연세는 미래사의 이정표

연세는 기독교 정신 아래 인재 양성해와
자유로운 인간사회 형성에 앞장서야

연세는 이 92년 동안 민족과 더불어 숱한 풍상을 겪어 왔다. 1885년은 갑신정변 다음해로서 쇄국정책이 밀려나고 개화를 부르짖던 시점이다. 1899년에 개교한 세브란스 의과대학은 우리나라에서 현대식 고등교육의 시초요 서양의 과학과 기술을 도입한 첫 기관이다. 의학이라 하여 단순히 질병을 치료하는 기술로 볼 것이 아니라 이 의술에 도달하기까지는 화학, 물리학, 생물학, 생리학 등의 기초적 학문을 닦아야 했기 때문에 제1회 졸업생은 8년간 수학하였다고 한다. 이러고 보면 세브란스 의과대학은 실로 우리나라에서 자연과학 연구의 효시였다.

이 신학문에 대한 연구의 방법은 동양의 재래식 음양설에 기초한 형이상학적 공론과는 현격히 다름이 알려졌을 것이다. 연구의 대상을 정밀하게 관찰하고, 그 현상의 원인을 찾기 위하여 가설을 세우고 다시 실험을 통하여 확증하는 등 새로운 과학적 정신이 이곳에서 발현하였던 것이다. 이렇게 보면 세브란스 의대의 존재는 그 의의가 실로 중대하다.

인간의 고통을 덜어주는 실용적 인술로서보다 우리에게 합리적 과학정신을 깨워 일으키었고 우리로 하여금 징정한 학문의 태도를 취하게 하였다고 볼 수 있을 것이다.

우리나라는 문호 개방 이래 외세의 침략을 받아 청일전쟁, 일로전쟁 등을 거쳐, 드디어는 경술년에 치욕의 한일합병을 당하고 말았다. 지사의 "방성대곡"과 의병의 혈투로도 이 비운을 면할 수 없었다. 이제부터는 구국의 길이 2세 국민의 교육에 있다고 보고 모든 국민이 교육에 전력을 기울이게 되었다. 이 시기의 기운에 승세하여 1915년에 연희는 탄생하였다. 처음부터 종합대학을 목표로 문과, 수물과, 상과, 신과, 농과 등을 설치하였었다. 기독교 정신에 기초하여 국권 회복과 국가 건설에 필요한 인재를 양성할 것을 목적으로 삼음이 연희전문의 교육 이념이었다. 그리하여 우리나라 교육계와 종교계의 많은 인물이 이곳에서 배출되었었다.

그들은 민족의 요구에 응하여 항일하는 민족정신에 철저하였다. 3·1운동 당시 서울서 학생층을 궐기케 한 선도자 김원벽은 연희의 자랑이요 연희정신의 화신이다.

애국 애족의 정신이 행동과 실천을 통하여 그 의에 살고 그 의에 죽는 것이 '살신성인'의 길이요 고결한 인격을 이루는 바이다. 우리 학원이 여러 사변을 지내오면서 헌신의 기독교 정신을 집단적으로 표현하여 역사의 방향을 보인 것이 적지 않을 줄 믿어진다. 이런 일들을 일일이 매거하지 못하거니와 대학으로서의 기본 사명은 진리 탐구에 있다. 연희대학 학칙에도 "학술의 심오한 이론과 방법 치밀한 응용방법을 교수함을… 목적으로 삼는다" 하였다.

그 동안 대학으로서 학적 업적이 없지 않았다. 『한국의 얼』과 『실학

사상』을 정초한 신서와, 『한국말의 문법』에 관한 대저와, 『한국어학사의 발달』 같은 신작들은 연희전당의 기념비이다. 민족의 정신은 그 나라 말에 담겨있고 개인의 사상은 언어로서 표현되는 것이니 언어의 원리를 찾고 확립하는 것은 모든 문학의 기본 조건일 것이다. 우리말 연구에 여러 선인들이 전심전력하였거니와 이 학원의 공헌도 한 이정표를 세운 것이다. 한국말을 바로하고 한글을 바로 쓰는 것이 우리 문학을 세우는 것이오, 문학의 미를 통하여 우리는 정서를 순화할 것이다. 한글을 쓰는 것이 우리 민족의 주체성을 깊이 이해하게 될 것이다. 이런 점에서 연세춘추의 사명이 뚜렷하고 이 방향으로 꾸준한 노력이 필요하다.

1941년 미일전쟁이 선포 된 다음해에 일본 총독부는 연희전문학교를 적산으로 처분하고 학교 이름까지 말살하여 버렸다. 해방이 되어 옛 대로 복구하고 대한민국의 교육령에 의하여 대학교로 승격하였다.

1950년에 제1회 졸업생을 내보내자마자 6 · 25 동란을 당하여 학교는 폐문되고, 1951년에 부산에서 임시 가교사를 짓고 천막 속에서 강의를 개시하였다. 그때의 참혹한 광연은 회상만 해도 소름이 끼칠 지경이다.

환도 후 몇 해를 지나 1957년에 연희대학과 세브란스 의과대학은 완전히 합동되어, 연세대학교라는 이름으로 발족하여 오늘까지 이르고 있다. 연세대학은 민족의 고란과 함께 하면서 진리 탐구와 자유로운 인간 사회 형성을 이상으로 삼고 매진하고 있다. 이 글이 너무 자화자찬에 가깝다.

우리는 너무나 격변하는 산업구조와 정치사조에 직면하여 앞으로 연세는 우리 민족에게 올바른 비전을 제시할 책임을 통감하여야 한다.

『연세춘추』, 1977. 5. 9.

나의 스승

누구나 교육 받은 사람이라면 소학교에서부터 대학에까지 많은 선생님을 섬겼을 것이다. 지적으로 학식을 전수하여 주었고 정신적으로 덕성을 함양시켜 주신 이가 많았을 것이다. 이러한 학교의 선생님 중에서 내 일생 내 주위에서 일어난 사건 중에서 심각한 감명을 준 몇 분을 스승으로 생각하고 그들이 주신 교훈을 회상하여 보려고 한다.

1908년 내 나이 열 살 되던 해이다. 을사보호조약이 체결된 지 3년 뒤의 일이다. 나라가 멸망의 위기에 빠졌다고 하여 경향을 막론하고 여론이 비등하고 국내가 물 끓듯 어수선하던 시대이다. 지사들은 곳곳에서 연설을 통하여 국민에게 애국사상을 고취시키고 있었다. 내 고향 철산은 용암포의 건너이므로 노일전쟁 때 왜군에게 짓밟혀 민심은 소란하고 국정에 대한 비판이 예민하여 갔었다. 개화하여야 한다고 하여 시골에 있던 서당들은 신식 학교로 변하였다. 그때 시골에는 신식 학문을 닦은 이가 별로 없었음으로 신식 교육의 내용은 별 것이 없었다. 국문, 국사, 산술, 체조 등이었다. 체조라 해도 아동의 체육 발달을 위한 것이 아니라 군사훈련이었다. 그런데 그해 늦은 봄철에 군내 대운동회가 개최되었다. 나는 학생이었지마는 너무 어리다고 대원으로 참여시키지 않는 것이었다. 그러나 우리 동네 인화(仁和)학교 깃발 밑에 따라가 구경하였다. 운동장이라고는 이미 되어 있는 것이 아니라, 임시로 밭이랑을 평평히 닦아놓은 곳이었다. 경주라고 하는 것도 더하기, 빼내기, 곱하기, 나누기의 산술문제를 저만치 놓고 빨리 달려가 답안을 써가지고 먼저 시험관에게 가져다 바치는 것이었다. 그렇게 하여 성적이 우수한 학교를 표창하는 것이었다. 그리고 학교별 체조경기가 있고, 연합체조가 진행되는 동안 실로 흥미 있는 장관이었다. 한 사람의 구령으로 각 학교의 대열이 일제히 행진하는 모습은 집단행동을 보지 못하던 구시대 사람들에게는 거의 신기로웠다. 이런 경기가 끝나고 깨끗한 흰 두루마기를 입고 머리를 깎은 늠름한 풍채의 신사가 비분강개한 어조로 연설을 하는 것이었다. 우리나라를 먹으려는 일본의 부당한 침략성을 꾸짖으며 보호조약을 맺고 나라 정치를 그르치는 정부대신을 매도하는 것이었다. 그때 내 어린 나이에도 한 가지 크게 깨닫게 하였다. '우리나라'가 위기에 있다는 것이다. 나라를 위하여 일하고 나라를 위하여 생명을 바쳐야 하겠다는 것이었다. 그 깊은 뜻은 알아들을 수 없었으나 그분의 애절한 열정은 청중으로 하여금 눈물을 쏟게 하였고 어린 내 가슴에 깊은 인상을 주었다. 그래서 지금도 그 늠름한 모습과 태도가 내 눈에 환하다. 내 일생에 그보다 더 훌륭한 웅변과 연설을 많이 들었지마는 그처럼 깊은 감격을 받은 일은 별로 없다. 그 지사의 정신은 나의 일생을 지도하고 있다. 그분은 이기당(李基堂)이라는 용천(龍川) 사람이다. 그는 이름 없는 분이지마는 나에게는 큰 산 스승이다.

선천(宣川) 신성중학교의 학생 생활은 나의 눈을 크게 활짝 열어 주었다. 전통적 유교식 생활범주에서 벗어나 신식 서양문명에 접근하게 되었다. 무엇을 배워야 하며 어떻게 살아야 할가 하는 의문을 나에게 던져

주었고, 서양 유학을 하여야 하겠다는 생각을 굳게 하였다. 그때 교장 선생님은 윤산온(尹山溫, George S. McCune)이었다. 그는 한국말을 유창하게 잘하였다. 그는 친절하고 다정하였다. 그의 말씀은 감화력과 설득력이 강하였다. 기독교 학교라서 매일 아침 학과를 시작하기 전에 30분간 반드시 기도회를 보았다. 그는 각근히 나오셔서 우리에게 성경 말씀으로 훈계하시고 격려하셨다. 그때는 일제 탄압 아래 소위 105인 사건을 조작하여 재판 중이었다. 105인 중 다수가 신성학교 교사와 학생이었다. 윤 교장은 현실 문제를 중심 삼아 학생에게 설교하면서 그 105인 사건이 일인(日人)의 거짓 조작임을 강직하게 주장하실 때 우리 학생들로 하여금 분노와 의분을 사무치게 하였다. 우리는 그의 강직한 정의감에 존경과 양모의 정을 드리지 않을 수 없었다. 나는 3학년 때 어느 날 윤 목사 댁을 찾아가 미국 유학의 뜻을 말씀드리고 그 길을 문의하였다. 그의 대답은 퍽 친절하였다. 미국에 유학을 하거나 서양의 문명을 깊이 이해하려면 Greek 어와 Latin 어를 배우라고 하셨다. 나는 '그릭'이니 '라틴'이니 하는 말부터 처음 듣는 일이라 놀랐다. 그는 미국 어느 College의 입학 요람을 보이시며 일일이 자세하게 설명하여 주시었다. 나는 그 친절에 진심으로 탄복하였다. 먼 나라에서 온 사람인데도 그는 이 나라 어린 소년을 가르치는 데 그처럼 성력을 다하는 것을 보았다. 나는 진실로 모범적인 교육자의 훈도를 체험하였고 동시에 국경을 넘는 인류애를 감득(感得)하였다. 그는 그 후 평양 숭실학교 교장으로 취임하시어 교회와 교육계에 유능한 인재를 많이 양성하였다. 그는 약한 한국인을 붙들어 주었으며 항일정신을 항상 고무하여 주었다. 일본은 그 제정 말기에 우리 민족정신을 말살하려고 기독교 교인에게 신사참배를 강요하였다. 더욱 숭실학교에게는 강압적 명령을 내렸다. 그러나 윤 교장은 신사참배를 단연히 거부하고 학교 문을 닫고 미국으로 철거하였다. 그는 우리 민족의 자유와 해방을 위하여 일생을 바쳤고 교육 사업에 헌신하였다. 듣건데 미일전쟁이 선포되던 1941년 12월 8일 하루 전에 불행히 운명하셨다고 한다. 그가 그처럼 염원하던 한국의 해방을 보지 못하였으니 실로 유감이 아닐 수 없다. 정의와 인류애를 직접 행동으로 보여주신 나의 크신 스승이다.

1917년 4월 나는 연희전문학교에 입학하였다. 한 해를 지나 2학년에 진급하니 학문이 분과별이 생기었다. 공동과목이 적고 분과의 과목이 많았다. 시간표 중간 중간 빈 시간이 많이 있었다. 그때 전문학교에서는 학생에게 선택의 자유가 없고 같은 학년이면 누구나 같은 과목을 공부하게 되어, 한 판(版)에 찍어낸 인쇄물 같았고 학생 각자의 특수성을 살릴 수가 없었다. 나는 중간에 빈 시간에 상급 3학년 과목인 논리학을 청강하고 싶었다. 그래서 담임교수에게 청하였더니 쾌히 허락하여 주시었다. 그는 백상규(白象圭) 선생이었다. 그 3학년에는 학생이 두 사람뿐이어서, 하나만 결석하면 강의가 허전하게 되었었다. 한 학기를 지내고 둘째 학기 중에 백 선생은 나더러 무심히 하는 말씀이 "정군은 철학을 할 만해, 철학을 연구하려면 독일로 유학가게" 하시는 것이었다. 선생님이 알아주시는 것 같아서 마음속에 한끝 만족하면서도 속으로는 미국 유학을 가고 싶었다. 독일 문화에 대한 지식은 아무것도 없었고 더욱 독일철학에 대하여는 백지였다. 독일로 가게 되려니 하는 일은 꿈에도 생각하지 못하였다. 운명은 얄궂은 것이어서 기미년 독립운동 때문에 나는 서울을 떠날 수밖에 없었다. 만주로 가서 한 해 동안 유리방황하였다. 그러면서도 나는 손에 책을 놓지 않았다. 시대풍조에 따라 사회주의 서적을 탐독하였다. 다음해 6월 북경을 거쳐 우리 임시정부가 있던 상해로 갔다. 거기서 여러 선배들을 만나보니 대개 독립에 대하여 우리 민족의 무력함을 실감하고 있었다. 청년 학생들은 학교에 들어가 실력을 양성하라는 것이 한 구호처럼 되어 있었다. 나 자신도 학창으로 복귀하는 것이 급선무같이 생각되었다. 그래서 미국으로 유학가려 했으나 비자를 받지 못하였다. 나는 하는 수 없이 중국여행권으로 화법검학회(華法儉學會) 학생 200명과 함께 프랑스 배를 타고 파리로 유학을 가게 되었다. 다음 해에 독일로 가서 백림대학에서 수학하다가 또다시 파리로 돌아가 파리 대학에 입학하여 철학을 전공하였다. 독일 대학에 있을 때부터 나는 학자가 되고 싶었으나 학업 성취도 어려웠고 파리서 대학을 마친 후에도 대학 교단에 설 기회가 오리라고는 상상할 수도 없었다. 그러나 오늘 해방 후 30년 간 모교의 교단에 서서 철학과 씨름하는 있는 인연을 회상해 보면, 백상규 선생의 예시적 지도에 놀라지 않을 수 없다. 은사에 심심한 사의를 품고 항상 감사하는 마음으로 일생을 살아가고 있는 것이다.

공자님 말씀에 삼인행(三人行)에 필유아사(必有我師)라 하셨다. 선행은 모범하고 악행은 경계로 살아가면 모두가 스승이 되는 것이다. 스승이 따로 있는 것이 아니다. 나는 교단에 서서 선인(先人)의 학설을 교수하면서도 진리의 깊은 경지에는 도달하지 못하였다. 그래서 학생들이 묻는 질문에 시원하게 대답하지 못하는 문제가 연속 생기는 것을 겪어 왔다. 잘 해명하지 못한 문제에는 나 자신이 곰곰이 생각해 보게 되고 잘못 대답해 준 것은 고쳐 알려주고, 그리고도 의문되는 것은 오히려 젊은 정신에게 해결을 호소하는 것이었다. 그렇게 되고 보면 선생이 학생 앞에서 설명해 보아야 자기 학식의 깊이를 측정할 수 있고, 학생은 다른 편으로 선생의 미진한 점에서 연구의 테마를 얻게 되는 것이다. 선생이 제자에게 배우게 되고 제자도 스승이 되는 셈이다. 진리의 해변(海邊)에서 각자의 가진 지식은 한 줌의 모래밖에 되지 못한다. 미지의 무한 앞에 누가 스승이라 자임할 수 있으랴. 학문 세계에서만 그러한 것이 아니라 변전무상(變轉無常)한 인생의 가치세계에 있어서 영원한 사표가 새 세대에서 나왔으면 하는 마음 간절하다.

『기러기』 141, 1977. 1, 흥사단 본부

부유층 자녀 호화판 유학 자제를
정석해 박사가 말하는 오늘의 유학실태

1920년대 나의 프랑스·독일 유학시절을 돌이켜 보면 당시와 지금과는 상전벽해(桑田碧海) 정도로 모든 상황이 변해 있다. 그때의 유학 목적은 발달된 서양문물과 사상을 빨리 배워 조국의 개화와 근대화에 이바지하기 위한 것이었다.

요즘과 같이 학문 그 자체를 한다는 태도는 거의 생각할 수 없었던 상황이었다. 우선 당시 여권만 하더라도 나라가 없어 중국이나 일본여권이었다.

요즘은 유학이 일반화된 탓인지 이 같은 민족의식은 옅어졌다고 보아진다. 그러나 학문적인 열의는 당시 못지않게 왕성한 것으로 보인다.

덧붙인다면 해외유학생들이 아직도 이 나라에는 할 일이 많다는 것을 깨닫고 민족과 국가를 걱정하도록 권하고 싶다. 일신상의 입신양명 위주의 해외유학은 유학의 첫 세대들이 생각한 것과는 거리가 멀기 때문이다. 더구나 부유층 자제들의 호화판 유학도 자제해야 함은 물론이다.

『동아일보』, 1981. 1. 5.

강의 노트 "역사철학"

"역사철학"이라는 말은 18세기 Voltaire가 발명(發明)한 것으로 역사가가 역사를 쓸 때 역사적 사실에 대(對)한 바 이 말은 자기의 견해와 비판을 의미하는 것이었다. 그 이래 이 말은 여러 다른 의미로 사용되었다. Hegel에 있어서는 역사철학은 일반적인 세계사를 의미하는 것이었고, 19세기 실증주의자들에게는 역사적 대상의 진행을 지배하는 일반적 법칙의 발견을 의미함이었다. 이러한 예에서 역사철학은 철학의 見解이었다. 철학자 Voltaire에게는 비판적 사유를 의미함이요, Hegel에게는 전체로서의 세계에 대한 사유를 의미함이며 실증론자에게는 보편적 법칙을 의미함이었다.

철학의 본래의 대상은 지금 자연도 아니고 정신도 아니고 이 둘을 합친 인간의 구체적인 사상(事象)일 것이다. 오늘날 철학이 연구하는 인간은 데깔트(데카르트)의 말하는 것 같은 인간이 아니라 빠스깔(파스칼)이 말하는 것 같은 인간이다. 데깔트의『성찰』에서 밝혀지는 것 같은 인간은 여러 의미 즉 먼저 '사고'하고 다음에 육체와 결합된 정신에서 생기는 '감정'이라는 것을 덧붙여서 방법적으로 구성한 인간이다. 빠스깔의

『수상록』의 인간은 운명의 인간이어서 우주의 어느 구석에 던져져서 위대(偉大)와 비참(悲慘)을 갖춘 그 자신에 대하여 문제인 인간이다. 데깔트의 인간은 추상적인(이성만 가진) 인간이다. 이는 자기의 역사에서 분리되었고 타인과의 관계에서 떨어졌고 우주라 하는 존재와의 관계에서 분리된 인간으로서 계몽시대의 철학자들은 이 인간을 안다고 하는 것보다도 이 인간을 변(變)케 할 수 있다는 것을 염두에 두었었다.

한데 그와 반대로 오늘날의 철학자들은 이런 관계에서만 인간을 생각지 않는다. 오늘날 철학자는 이 인간에 대하여 "다른 사람들은 인간을 만들어가나 나는 인간을 있는 대로 기술한다"(1)고 한 몽테뉴의 말을 들 수 있다.

이 인간과 역사의 관계, 인간 구조의 기초적 성격으로서 잘 운위(云謂)되는 인간의 역사성에 대하여 고찰하자. 이미 18세기에 대립시켜 19세기는 역사의 세기, 오히려 역사철학의 세기라고 부를 만하다. 헤에겔(헤겔)과 꽁트(콩트)의 이름만을 예로 들어도 충분하다. 그러나 이들의 철학은 현대의 역사철학과는 매우 다른 정신을 갖고 있다. 결국 이들의 역사철학은 개인이라고 하는 것을 무시하고 있다. 무시하지는 않는다 하더라도, 때때로 표준으로 삼는 의미는 몇 사람의 위대한 인물의 이름을 내놓으나, 여기에는 개인을 보지 않고 한 관념(이념)을 진(Träger) 대표자로 보는 것이다. 이런 역사철학에 대하여는 역사는 말하면 초월적 사상(事象)이어서 그 이념이 자기의 진행과 계획을 개인에게 밀고, 개인을 강요하여 자기 이념의 운명의 집행자로 되게 하는 줄로 생각되었다.

다시 생각해 보면 인간의 역사에 대한 관계라 하는 생각은 그리스도를 기다려서 비로소 서양 사고 속에 들어온 것이다. 그리시아(그리스) 思考는 역사적인 인간이라고 하는 것을 알지 못하고 있었다. 그리시아 사고가 보통 갖고 있던 시간에 대한 사고방식은 제자리로 돌아오는 주기적인 시간이라고 하는 생각이다. 이러한 조건하에서는 참다운 의미의 전(前)도 후(後)도 있지 않다. 인간은, 자기의 운명을 조금도 변할 수 없는 "역사"라고 하는 것에는 무관심이었다. 스토아학파가 가르친 것처럼 운명을 달게 받아들이라고 한 것과 역사성을 배제한다는 것과는 잘 부합된다. 거기에 그리스도교가 와서 모두 변하였다. 이때에 새로 들어온 것은 구조를 가진 시간, 참다운 진보, 전과 후, 창조에서 타락으로, 타락에서 속죄에 이르는 과거, 속죄에서 시간의 종말에 이르는 미래라고 하는 것이 들어온 것이다. 결국 시간은 속세의 역사를 밑받침하고 있는 '신성한 역사'의 은덕에 의미를 얻게 되였다. 그뿐만 아니라 이 역사가 신자(信者)의 한 사람 한 사람에게 의미를 주게 된 것은 세계 역사가 신자의 한 사람 한 사람의 주관에 반영하고, 죄 있는 신자는 은혜를 바라게 하는 의도로써, 말하자면 과거에 돌아가도록 하는 까닭이다. 외향적인 객관적인 역사와 내향적인 역사가 서로 의미를 갖고 보충하여 주는 까닭이다.

　물론 19세기의 역사철학도 이 그리스도교적인 시간의 사고방식과는 밀접한 관계를 갖고 있다. 역시 마찬가지로 미래에 대한 바람(희망)을 갖고 현재를 비치고, 미래에 있어서는 꽁트와 같이 인간성이 실현되리라 하더라도, 헤에겔과 같이 정신이 정신 자신에게 계시되리라 하더라도, 맑스 같이 혁명에 의하여 자본주의와 푸로레타리아의 대립이 폐기되리라 하더라도, 거기까지 가면 시간은 사명을 다하게 된다. 그래도 역사철학이 주장하고 있는 객관적인 생성은 헤에겔에 있어서는 변증법적 필연성에 기초를 두고, 꽁트에 있어서는 인류의 진보에 대한 실증적인 지식에 기초하였다하더라도 각 사람의 주관성 속에는 시간에 관한 그리스도교적인 생각방식이 찾아낸 것과 같은 반향을 볼 수가 있는 것이다. 실지로 헤에겔과 맑스의 철학은 국가의 독재에 의하여서 밖에 완성되지 못하고, 꽁트의 철학은 가톨릭 신앙에 비슷한 형태라 할 종교적인 제도에 의하여서 밖에 완성되지 않은 것이다.

거기서 이들의 역사철학이 실패한 결과, 그리스도교의 신앙에 되돌아오고 순수히 사변적 지식인 과거의 역사적 지식과, 과거 같은 것을 맘에 두지 않고 현재의 행동의 자유로운 □□과의 사이에 관련이 없는 것을 알게 되었다. 그래도 이 제2의 경우에 근본적인 불연속에 의하여 모순에 빠지게 된다는 것은 어느 길을 택하든지 연속적인 접근과 과거의 지식의 사용이 필요한 까닭이다. 이러한 단순한 사고방식이 20세기 초에 이탈리아의 철학자 베네덱트(베네데토) 크로체가 역사주의란 이름으로 주장한 학설의 기초가 되어 있다. 역사철학이 우리에게 시사하고 있는 목가적인 꿈과 천국은 아주 반대로, 미래의 견지에 서서가 아니라 현재의 견지에 서서, 크로체는 『사고와 행동으로서의 역사』(□□阪 1943年)라고 하는 특징적인 제목을 부친 저작 중에 다음 같은 역사주의의 정의를 주고 있다. "역사주의라고 하는 것은 과거에 관한 현재의 의식에서 출발하여 자기 자위(自爲)의 사고, 자기 자신의 시(詩)를 창조하는 것이다. 역사적 문화는 획득한 습관이요 이런 식으로 생각하고 이런 식으로 행(行)하는 덕성이다. 역사교육은 이 습관의 형성이다"고 한다. 여기에는 상황의 역전이 보인다. 모든 것이 현재의 활동과 주관적인 활동에 집중하는 것이다. 주관이 역사에 의하여 지배되는 것이 아니라 주체가 역사에 의미를 주는 것이다. 역사라 하는 것은 정신이 자기 자위의 생성, 항상 현재인 생성을 의식하는 것이다. 이 역사관은 주체를 초월하는 사상(事象)을 긍정하는 역사철학에서 우리를 떼어 당길 뿐 아니라 보통으로 의미하는 역사 자료를 중개로 하는 과거의 지식으로서의 역사에서 우리를 분리한다.

이 최후의 점에 있는 역사가와 역사주의자 간의 구별은 분명히 하지 않으면 안 된다. 역사가는 객관성에서 넘어나가지 않고는 연속적인 서술에 의하여 빈 간격을 채운다고 할 권리를 갖고 있지 않다. 그러나 실상을 말하자면 역사가는 그런 것을 하고 있지 않는 것이다. 진정한 역사가는 자료의 범위를 넘는 것은 아니다. 물론 Croce는 역사주의자에게는 객관적이 아니라고 비난할 것이다. 그러나 그러한 역사주의자는 오히려 객관적이기를 원치 않는 것이다. 이러한 사람에게는 과거의 지식은 현재의 정세를 표준으로 하고 있다. 그는 현재와 일체가 되어 있다. 역사주의자라고 하는 것은 장애물을 만날 때 그것을 잘 뛰어넘기 위하여 먼저 뒤로 물러서는 경주자(競走者)와 같은 것이다. 과거를 인정하는 것은 현재의 행동을 힘차게 하기 위함이다.

이런 역사성의 주장은 현대 사고의 가장 현저한 하나이다. 거기에는 다음 같은 구별이 필요하다. 첫째, 역사철학. 이는 무엇보다도 미래를 표준으로 하고 있는 그리스도교 속에서 생겨난 것이다. 과거와 미래의 사이에 끼어있는 우리 개체적인 현재는 자율성을 갖고 있지 않다. 거기에 있는 시간은 구조를 갖추고 있으나 그 구조는 우리의 구조는 아니다. 둘째로 학적 비판적인 역사. 이는 자료를 중개로 하는 과거의 순수한 객관적인 지식이어서 전문가의 할 일이다. 역사가에게는 시간은 사실의 확인에 관계없는 고유한 구조를 갖고 있지 않다. 역사철학과 반대로 역사는 현재에 대하여 조금도 지도를 미치지 않는 것이다. 셋째로 역사성. 이는 인간적인 시간, 주관적인 시간의 구조이다. 하이덱거(하이데거)나 싸르트르(사르트르)가 말하는 것 같이 인간의 실존은 미래, 걱정이라는 것이 있고 여기에서 생겨나는 것에 대한 계획과 목적을 동반하고 있다. 인간은 곧 자기 자위(自爲)을 넘어서 자기 자위보다도 앞당긴 편에 살고 있다. 과거를 품고 미래에로 향하는 현재라고 하는 것이 시간의 구조 그것인 것이다.

비판적 역사는 19세기의 말에서는 역사철학을 못할 방법이었으나 이 방법은 단지 부정적인 것이요, 시간에 대하여 어떠한 구조도 인정치 않았었다. 이와 반대로 역사성은 구조를 갖춘 시간이 현재 속에 잡힌 주체에 속한 것을 보여서 역사철학에서 자유롭게 되었다. 운명은 개인을 떼미는 것이 아니라 인간이 만드는 것인 것이다.

역사가 과학이냐? 긍정적자(肯定的者)는 역사적 연구의 특징은 일반적 법칙 하에 포괄하므로써 진행하지 않는 증명의 방법이란 것엔 주의치 못함이다. 역사의 (재)구성에는 해석□□, 부정이 사실 기술과 함께 包含되어 있다. 원인 관련의 개념이 물적과 정신 고찰을 내포하고 있어서 역사가 과학에 속하기보다 인문에 속한다는 것이다. 역사철학은 역사가가 행하는 사실 존중보다도 연구의 구조의 일부로 □□를 보고 있다.

역사적 사건에는 역사가가 탐구한 이해를 넘어 의의와 의미가 있다는 것이다. Hegel, Toynbee, Reinhold Niebuhr, 19세기 학문은 일반으론 실증론으로 향하였다. 실증주의는 자연과학을 위한 철학이라고 정의할 수 있다. 마치 중세에 있어서 철학이 신학을 위하여 행한 것과 같다. 실증론자는 자연과학에 대한 그네 나름의 생각을 갖고 있었다. 자연과학은 첫째로 사실과 둘째로 법칙으로 성립한다고 한다. 사실은 감각적 지각에 의하여 확정되고 법칙은 이 사실들에서 □□에 의하여 일반화를 함으로써 구성된다. 이 영향下에 실증주의적이라 할 만한 새로운 역사□□

이 생기었다.

역사가는 그들이 할 수 있는 모든 사실을 확정하는 데 힘을 다하였다. 그 결과가 '歷史的 지식' 그 세부까지 증대되었다. 명확성의 정확하고 비판적 검토에 근거하여 그 시대의 역사적 의식은 모든 사실의 고립된 재료에 대하여 서로 무한히 세밀하게 들추어내었다. Hegel의 세계사 같은 이념은 꿈같이 스러지고 역사문헌은 Monography가 되었다.

그러나 이 시기를 통하여 이러한 세밀 연구의 종국 목적에 대한 어떤 불안감이 있었다. 사실의 확정이 첫 단계이요 법칙을 찾는 것이 둘째 단계라는 실증주의의 정신에 따라 계획하여야 할 것이었다. 역사가 자위(自爲)로도 새 사실을 불확정함이 □□한 일이요 발견의 範圍도 □□□이여서 이 발□보다 더 나은 것 없는 줄로 알았다. 그러나 실증주의적 설계를 이해한 철학자는 사가(史家)의 이런 집□□ 의념(疑念)을 품게 되었다. 역사가가 언제 제2단계에 착수할 것이냐고 그들은 물었다. 일반 범인(凡人)도 이런저런 사실이 발견되었다 하여 문제되는 점을 보지 못한다. 사가(史家)와 일반 지성인 간(間)에 한 간격이 더 넓어졌다. 실증주의적 철학자는 역사가 순전한 사실에만 한(限)한다면 역사는 과학이 아니라고 불평을 말한다. 일반인도 발현된 사실 그 자체만으로 □미 있는 것 아니라고 한다. 이 두 불평이 다 한 뜻이다. 순전한 사실의 확정만은 충분치 못하고 그 사실들을 넘어 그것들을 정당화하는 무엇이 더 필요하다.

이런 상황 하에서 August Comte가 역사적 사실은 그 자들을 □□케 하는 밑바침의 그림이요 이런 약도(略圖)를 그려낼 수 있게 하는 규칙이다. "사실 우리 순수한 감성적 개념의 근저에 놓여 있는 것은 대상의 형상(刑象)이 아니라 도식(圖式)이다."

Ⅱ

정석해 선생과의 대담

불의에 항거한 정석해 교수

4·25 때도 선봉으로 '실생활 돕는 교육' 해야 한다 ……
불란서 망명 때 『한국의 벗』을 발간

정석해 교수 하면 정의파로 그의 친지와 많은 제자들에게 널리 알려져 있다. 정 교수는 4·19의 교수데모 때 플랜카드를 들고 선봉에 나섰는가 하면, 연세대학 학원민주화 운동에도 가장 열렬히 주장을 굽히지 않은 한 사람이었다. 기자와 마주앉자 머리를 어루만지며 "신문에 날 만한 위인이 못 되오." 하고 정교수는 겸손하게 말한다.

　아닌 게 아니라 첫 보임이 시골 농사군처럼 소박해 보였다.

　나이를 물었더니 "예순 세 살이오. …… 두핼 더 해먹었지요." 하고, 너그러히 껄껄 웃었다.

기미년 때 만세 불러 민족의식 고취하고

정 교수의 고향은 평북 철산이나, 선교사들이 경영하던 선천 신성고등보통학교를 3년 중퇴하였다. 선생 배척이 중퇴당한 원인이었다고, 정 교수가 교단에 처음 나서게 된 것은 평북 창성 국민학교라고 하였다. 이 지방에는 불(佛)인이 경영하는 큰 광산이 있었다. 불인들의 생활과 너무나 대조되는 우리네 생활에 자극받은 정교수는 향학(向學)의 뜻을 품고 1917년 연희전문 문과에 입학하였다. 1919년 3·1 운동이 일어나자 정교수는 선두에 나아가 만세를 불렀기 때문에 2년 수업으로 교문을 나서지 않을 수 없었다. 이때부터 일제 경관(警官)이 그림자처럼 뒤따르게 되어 그는 고향인 철산을 거쳐 만주로 망명했었다. 한때 독립단에 직접 가담하여 모젤 권총을 여덟 자루나 국내로 운반하는 사명을 맡기도 하였다. 일제의 침략이 굳어지면서 그 앞잡이로 한국인이 날로 늘어갔다. 민족의식을 고취하려는 뜻에서 일인들보다도 그 앞잡인 친일분자의 제거를 오히려 목표 삼았다는 것이다. 이렇게 독립운동은 치열히 계속되었으나, 일제의 기반은 날이 갈수록 굳어지기만 하였다. 소수의 무력으로 독립이 요원함을 느낀 정교수는 북경을 거쳐 상해에서 선편(船便)으로 파리 유학을 떠났다.

망명생활 속에서도 3년 동안 잡지 발간

당시 파리임정구미위원회(巴里臨政歐美委員部)에는 황기환 씨가 파리주재원이었다. 위원부가 중심되어, 불인(佛人) 살레 교수의 협력을 얻어 잡지 『레자미될라 꼬레』(Les Amis de la Corée, 한국의 벗)를 발간하고 있었다. 재미동포들의 원조로 발간된 이 잡지에는 우리 외교사의 중요한 자료가 실려져 3년간이나 계속하였었다. 그가 주변에서 크게 활약하였음은 두말할 것도 없다. 1921년 위원부 소개로 정 교수가 파리북방 보베고등학교에 입학하여 1년간 어학공부를 하다 남독일에 있는 뷔르쯔뿌루(뷔르츠부르크) 대학 정치경제과에 입학한 것은 1923년이었다. 뷔르쯔뿌루대학에는 백성욱(白性郁) 씨와 『압록강은 흐른다』라는 생활기를 소설 형식으로 써서 구라파에서도 이름을 떨쳤던 이의경[필명 이미륵—엮은이] 씨도 있었다. 정 교수가 백림(伯林)대학에 옮겼을 때에는 김준연(金俊淵), 최두선(崔斗善) 씨 등이 이미 재학하고 있었다. 정 교수는 1년간 백림대학을 다니고 다시 파리에 돌아와 파리대학에 입학하였다. 파리대학 철학과를 졸업하고도 신변의 위험을 느껴 귀국할 생각조차 못하였던 것이다. 샬레 교수 밑에서 과학철학과 인식론을, 3년간 연구한 것은 1933년경이었다. 백림대학 시절에는 칸트 철학에 영향을 받았으나 점차 관념론을 극복하여 실재론적 경향으로 흐르고 있는 자신을 발견한다고 하였다.

관념론을 점차 극복 '실재론'적인 경향

자유진영 내 철학자들의 일반적인 경향성을 기자가 묻자 '자유'의 선택권이 개인에게 있다는 것이다. 역사적 상황을 부인하는 것은 아니나 행동하는 결단은 '나'에게 있다는 것을 주장하고 있는 것이 특징이라 하였다. 전체와 개체를 초월하는 새로운 개념을 모색 중에 있는 것이 세계 철학계의 동향이라 한다. 정 교수가 귀국한 것은 1939년 2차 대전이 일어나면서부터 파리가 패배감이 충일하였을 때 중국으로 오려고 제2 고향이다 싶이한 파리를 떠나 홍콩에 닿았다. 그러나 당시 '조선공관'(총독 부출장소)에 다니는 한국인의 밀고로 체포되어 일본 장기(長埼)를 거쳐 평북도경(平北道警)에서 거주제한이라는 판결 아닌 판결을 받고 고향에 박혀 있었다. 정 교수가 연세대 철학과 교수로 취임한 것은 해방이 된

1945년 10월부터이다. 그 후 문리대학장직으로만 7년 동안 있었고, 평교수로 오늘에 이르렀다.

"잘 살아 보아야죠" "꿈"을 잊지 말고 ……

"선생님 취미는요?" 이렇다 할 취미가 없는 사람이 노라고 하며 웃어보였다. 여생을 학문에 받치며, 명예교수 제도라도 있고 보면, 교육계에 남아있으리라 한다.

"우리네도 외국 사람들처럼 잘 살아 봐야지요" 하고 교육에 대한 소신을 말한다.

대학과 과를 줄이는 것이 문제가 아니라 질적 향상이 앞서야 하며, 실생활을 돕는 창조하는 교육이 돼야 하겠다는 것이다. 배우는 것으로 만족해하는 정신부터 고쳐야 하며, 서양인들의 진취적인 교육사상을 본받아야 한다고 몇 번이나 다짐하는 것이었다.

"동양 사람들은 공자 이상으론 될 수 없다고 생각하지요? 그러나 서양 사람들은 위대한 것이란 있을 수 없다, 이렇게 단정하고 그 이상의 미개척지를 항상 꿈꾸며 나간단 말이오. 그 점을 우리도 배워야 하고."

만혼(晩婚)으로 고교 1년생을 맏이로 3형제의 부드러운 아버지이다.

저서로는 무어의 『윤리학』 역(譯)과 럿셀의 『서양철학사』 공역(共譯)이 있고, 인식론 원고를 정리중이라 하였다.

기자가 댓돌을 내려서자 대문간까지 따라 나와 보잘 것 없는 사람을 찾아주어 송구스럽다는 겸손을 몇 번이나 되풀이하였다. (Y)

『동아일보』, 1961. 10. 26

이옥 선생이 정석해 선생에게 올린 편지

1970년 1월 6일

정 선생님께

보내주신 하장(賀狀) 받고서도 곧 상서(上書)하지 못하였습니다. 사실은 지난 12월 중순부터 내내 몸이 불편(不便)하여 와병(臥病)하고 있었기 때문이오니 널리 관용(寬容)하여 주시옵기 바랍니다.

지난 여름에 처와 선배가 일시 귀국하였을 때 만나 뵙고 왔다고 하면서 선생님 소식을 전해 주어 매우 반갑게 생각하였습니다.

제가 이곳에서 하는 일도 이제 십여 년 계속됩니다만, 지난 □학년부터는 École Pratique des Hautes Études의 IVe section(sciences historiques et philologiques), 그리고 Ve section(science religieuses)에서 요청을 받아 전자(前者)에서는 Aspects économiques dans l'histoire de Corée a l'epoquedes Trois Royaumes, 후자(後者)에서는 A propos de Tan-gun 단군(檀君), fondation légrndaire de Djo-sôn 이라 제(題)하여 매주 각 1시간씩 강의하고 있습니다. 이 후자에 관해서는 일을 맡는 것을 주저하였

었읍니다만 강요받다시피 하여 시작하였읍니다. 그러나 계속할수록 흥미 있는 문제가 속출하여 다행으로 생각합니다. 오래 전에 한국에서 特히 대학원학생 시절에 선생님께서 사회학, 사회심리학에 관한 지도를 받게 되면서부터 이 방면의 책을 좀 읽어 왔읍니다만, 이 건이 어쩌나 이 일에 도움이 되는지 측량할 수 없는 정도입니다. 그레 이 강의를 준비하느라고 여러 책을 뒤적거릴 때마다 선생님의 친절하신 그때의 지도가 생각나 감사의 념(念)이 부절(不絶)입니다. 이 단군에 관해서는 다음 학년에도 계속 강의할 예정입니다만, 지금까지 공부해본 결론만으로 보아도 이때까지 한국전문가들이 생각하지 못했던 것들이 몇 가지 발견되어 기쁨을 금(禁)할 수 없습니다. 연구가 끝나면 불문(佛文)이나 한국어로 정리(整理)하여 발표해 볼까 합니다.

금학년(今學年)에는 별안간 부탁받은 이 두 가지 강의 때문에 대학의 강의—이때까지는 Sorbonne에서 하다가 Gobelins 근방에 Censier라는 분교가 생겨 거기 연구실과 강의실을 얻어 이 Censier에서 합니다—, 그리고 École Nationale des Langue Orientales에서의 강의는 좀 소홀해졌읍니다만 이는 모다 이때까지 미리 준비된 것도 있고 해서 이럭저럭 시간을 채우고 있읍니다. 명년(明年)부터는 이 동양어학교(東洋語學校)에서의 時間을 대폭으로 주려, 얼마 전에 귀국한 Fabre라는 사람에게 이 학교일을 전단하게 하고 저는 Faculte와 École des Hautes Études에 주력할까 하고 있읍니다.

저는 금년 여름, 빠르면 6월 중순 늦으면 9월 중순경에 일시 귀국하여, 얼마 동안 체재(滯在)해볼 생각입니다만, 비용 문제 때문에 확정하지는 못하고 있습니다. 가게 되면 선생님 찾아뵙고 그 동안 지난 일도 말씀 드리고 하겠읍니다.

내내 건강하시기 바라면서 이만 줄이겠읍니다. 사모님께 안부 전해주시기 바랍니다.

이옥 올림

Li Ogg

72 av. Edison

Paris 13e

월요 아침의 대화

정석해 특별강사

1899년 : 평북 철산 출생

1915년 : 평북 선천 신성중학 3년 수료

1919년 : 연희전문학교 문과 2년 수료

1922년 : 독일 뷔르츠부르크대학 경제과에서 수학

1923년 : 독일 베를린대학 정치경제과에서 수학

1930년 : 파리대학 졸업(수학 · 철학 전공)

1930~33년 : 파리대학 연구실에서 과학철학 전공

1945~61년 : 연세대학교 교수(학생과장 · 교무처장 · 철학과장 · 문과대학장 ·
대학원장 서리 역임)

1966~현재 : 철학과 특별강사

남북 분단은 일제잔재를 씻지 못한 결과

젊은이들은 결단력을 지녀야

깊은 사상일수록 현실의 뿌리에서 나와

▼ 연로하심에도 대학원 강의를 계속 해오신 것으로 압니다. 그런데 며칠 전 병원에 입원을 하셨는데 이번 학기에도 강의를 하시게 되나요?

– 지난해에 「형이상학」 「지식의 문제」의 강의를 맡았지요. 수강신청자가 있다면 이번 학기에는 「칸트철학연구」를 강의해 보려 합니다. 천식으로 세브란스 병원에 입원했었다가 일주일전에 퇴원했습니다. 활동에 불편하다고 해서 아무것도 안 하면 사회에서 버려진 느낌이 들어요. 사회에 도움이 되는 일을 하고 실용에 젊은이와 함께 있으면 힘든 줄 모르거든요.

▼ 연전 문과를 다니실 때에는 수학을 하신 다음 철학을 하신 것으로 압니다. 파리대학에서도 같은 과정을 밟으셨는데요.

– 중학 시절부터 수학에 흥미가 있었어요. 또한 정확한 지식은 수학밖에 없으며 지식의 표본이라고 믿었지요.

▼ 요즘에는 수학이 학문의 기본이고 철학과 뗄 수 없는 관계가 있음이 당연스럽게 받아들여지지만 그 당시에 그런 생각을 하긴 좀 어렵지 않았을까요?

– 연전이 전문학교라 학문의 수준이 낮았으리라 생각할지 모릅니다. 하지만 선생님들이 대부분 외국에서 공부하신 분들이었고 될 수 있으면 많은 지식을 가르치려고 열성이셨기 때문에 수준이 매우 높았지요. 독일에서 하이델베르크대학, 베를린대학에 각각 입학 신청을 한 적이 있었는데 생각 밖으로 연전이 외국대학 열람에 C.C.C.(Chosun Christian College)로 실려 있었기 때문에 입학이 가능했어요.

▼ 학생대표로 3·1 운동을 하신 후 만주에서 결사대 활동을 하시다가 상해를 거쳐 프랑스로 가신 것으로 압니다. 결사대 활동을 하시다 다시 학문에 뜻을 두신 동기는 어떻게 되는지요.

 - 독립운동으로 일경(日警)의 지목대상이 되어 상해에 있을 때 도산 선생이 "젊은이는 민족의 앞날을 위해 학문을 해야 한다"고 늘 말씀해 주셨어요. 또 상해에서 대학에 다니던 이광수 주요한 등도 '대학에 가라'고 충고해 주더군요. 그때 마침 중국 프랑스 간(間) 유학생교환제가 있어서 1920년 프랑스로 가게 되었지요. 그 후 39년까지 프랑스에서 고학을 한 셈인데 곤경에 처한 조국을 떠나 있어서 '의미 없는 생활'의 연속이었어요.

▼ 제2차 세계대전이 끝나고 해방이 된 이후 경제·사회적 발전이라든가 민족문화의 부활·재평가 등의 움직임이 한창이지만 아직도 일제시대의 잔재가 완전히 제거되지 못하고 민족의 발전에 역기능적으로 작용하고 있다고 생각이 되는데요.

 - 실제로 해방 후 미 군정청이나 이승만 정부는 실무에 경험기술이 있는 친일파를 등용하기도 했어요. 그때 과감히 일제의 잔해를 씻어 진정한 민족주의를 깼다면 오늘 그 잔해의 청산으로 고민하지도 않을 것이고 또 남북분단도 생기지 않았으리라 생각됩니다.

▼ 흔히 우리나라의 철학은 서양철학을 도입 연구할 뿐 현실에 애착이 없어서 실용성이 없다고들 하는데 해방 이후 지금까지 철학을 강의하시면서 이 점은 어떻게 생각하시는지요?

 - 우리의 철학사상이 깊지 못한 탓이지요. 사상은 깊을수록 현실을

강하게 뿌리로 해서 나옵니다. 또 요즘은 당장 응용되는 학문을 많이 하는데 그것이 오히려 현실을 잘못 보게 하는 수가 있어요. 학문의 참다운 진리는 그렇게 빨리 현실에 응용되는 것은 아니에요. 또 한편으로 우리 사회의 분위기가 현실에서 진리를 찾게 하지 못하고 인간을 '현실 도피적'으로 만들고 있는 것 같아요.

▼ 주체성·보편성에 관한 논쟁이 벌어지면서 서양문화를 받아들이기에 앞서 우리 것을 찾자는 움직임도 활발한데요.

－ 서양철학과 동양철학이 다르다는 것은 학문의 깊은 진리를 깨닫지 못한 사람들이 하는 오해입니다. 서양철학이나 동양철학이 따로 있는 것이 아니에요. 진리는 하나거든요. 만약 서로 상이한 진리가 있다면 그것을 통일하여 보편진리를 얻어내려는 노력을 기울여야 해요. 또 생활 방식, 양식 등은 이미 서구화돼 있으면서 우리 것을 찾겠다고 하는데 말과 행동이 일치해야죠.

▼ 해방 후 언론·외교계 등에서의 권유를 물리치시고 굳이 학계에 머무신 특별한 이유라도 있는지요.

－ 인생의 깊은 진리를, 사색하면서 학계·교육계에서 찾으려 했지요. 정치·사회운동은 젊었을 때 이미 해보았으니까요. 그래서 해방 후 곧바로 연희로 돌아와서 첫 입학시험 문제를 내고 감독을 했지요.

▼ 상당히 많은 연구와 강의를 하셨는데도 저서를 한 권도 내지 않으셨는데 특별한 이유라도 있나요?

－ 책 한 권 펴내지 못한 것은 부끄러운 일입니다. 이미 많은 학설이 있어 내가 내놓는다고 해야 혼돈을 더할 뿐이고 또 사실 나로서도 내것

이라 할 만한 학설이 없기 때문이죠.

▼ 요즘은 우리 대학생들이 정신적 공감대를 형성한다거나 대학생으로서의 올바른 모습을 가지가가 힘든 시대 같아요. 젊은이들에게 해주시고 싶은 말씀이 있으면 해주시지요.

 — 인생에서 가장 중요한 것은 최후의 순간에 결단을 내리는 것이죠. 자유로운 분위기에서 자유의사대로 결정을 내려야 바른 인간이 됩니다. 진리의 근본은 우리 양심에 있어요. 그런데 지금 우리 사회 · 정치 · 도덕적 환경이 결코 아름답지 않은 것 같아요. 그릇된 길에서 자란 식물은 그것이 그릇된 것인 줄 모르고 올바른 길이거니 생각하는 수가 있어요. 개인의 자유, 정의, 평등은 우리 모두가 지향해야 하는 것이지요. 앞으로 여러분들이 해야 하는 것은 민족적 통일을 이루어 아름다운 사회를 이루는 것인데 요즘 젊은이들 이 점에 너무 자신이 없는 것 같아요. 자신감을 갖고 당당히 도전하고 결단을 내리는 젊은이다운 자세를 가졌으면 해요. (대담 · 정리 : 신미정 기자)

『연세춘추』, 1979. 3. 12.

스승 정석해 교수와

옛 스승 : 정석해 박사 (철학과 명예교수)

제자들 : 이영태 동문 (철학과 · 한일카독크 대표이사)

　　　　피세진 동문 (철학과 · 건국대 교수)

　　　　오동춘 동문 (국문과 · 대신고교 교사)

우리는 연세의 푸른 숲에서 자유를, 그리고 스승들에게 진리를 배웠다. 그러기에 우리 연세인에게 자유와 진리는 삶의 영원한 이념이요, 푸른 숲과 스승들은 우리의 가슴에 끝없이 살아 있는 요람이 아니겠는가. 모교의 언덕에서 늘 푸른 자연처럼 우리 연세인의 마음에 커다랗게 서 계시는 옛 스승들이 있다. 지금은 정년퇴임하신 노교수님. 그러나 둥지로 돌아가 어미새의 따뜻한 품을 갈구하는 어느 새들처럼 우리는 옛 스승들을 다시 찾아뵙기로 했다. 그분들의 잊을 수 없는 모습들을 뵈오며 삶의 예지를 다시 가르침받기로 했다.

　노철학자 정석해 박사 댁은 홍은동 백련사 아래 언덕에 자리하고 있었다. 독일의 어느 목사관을 연상케 하는 돌집에는 정 박사 노부부만이 계셨다. 모교의 강단에서 계실 때 근엄한 이 철학자 앞에서 늘 그러하였 듯 제자들은 긴장과 경외의 마음으로 정 박사가 계신 방으로 들어섰다.

생의 부조리와 모순에 대하여 끊임없는 질문을 던지시며 해답을 위하 여 사색해 오신 노철학자에게 현대사회는 너무나 어이없는 부조리를 노 출시키고 말았다. 정 박사님은 교통사고를 당하여 두 다리에 기브스를 하신 채 누워계셨다.

82세의 고령임에도 조금도 흐트러지지 않은 근엄하신 모습, 진리와 예지만을 말씀해 오신 낭랑하며 명확하신 음성, 그리고 오랜 사색의 심 연에서 고요히 피어오르는 인자하신 미소 앞에서 제자들은 무릎을 꿇은 채 자괴와 감동의 뜨거운 감정을 힘겹게 억누르고 있었다.

정 박사 : 어서 들어와요. 집이 백련사 아래 높은 곳에 있어서 찾아오 기 힘들었을 텐데 이렇게 찾아와 주니 고맙구만. (무서우리만큼 근엄하신 얼굴에 이렇게 웃음을 띠는 모습을 봬온 제자들은 그제야 긴장을 푼다.)

이영태 : 선생님, 어떻게 해서 다치시게 되었습니까? 교통사고를 당하 신 데 대해서 운수회사 측에서는 성의 있는 태도를 보였는지요.

정 박사 : 시내에 회합이 있어서 나갔다가 차를 타려는데 순서를 기다 려 마지막에 타려는 순간, 차가 문을 연 채 출발하여 나는 밖으로 나동 그라져 온몸이 다치고 한쪽 발은 차바퀴에 깔렸어요. 그동안 세브란스 병원에 입원해 있다가 퇴원하여 지금은 통원치료를 받고 있지요. 운수 회사 측에 대해서 보상 문제를 말한 일이 없지만 그 회사나 운전자들도 다 어려운 사람들인데 다친 데를 고쳤으면 됐지 보상 문제로 그 사람들 을 괴롭히고 싶지 않아요. (제자들의 분개에도 불구하고 정 박사의 마음은 담 담하기만 하다. 진리를 사랑한 철학자는 그를 괴롭힌 자도 포함한 모든 사람을

사랑하는 것일까.)

피세진 : 선생님은 연세 동문으로서 저희의 대선배로 알고 있는데요.

정 박사 : 나는 평북 철산이 고향으로서 신성학교 출신인데 연희전문
학교가 1915년에 설립되고 나는 1917년에 입학하였지만, 당시 조선총
독부의 인가를 받은 후 제1회로 입학한 셈이지요. 그래서 연희전문 제1
회 졸업생은 우리 동기와 먼저 입학한 2회를 합해서 졸업했지요. 우리가
입학할 당시 연희전문은 YMCA에서 방 두 칸을 빌려서 수업을 시작했
지요. 전교생은 17명 미만이었구요. 정말 지금의 대연세에 비하면 격세
지감이 있어요. 하기야 당시 서울의 인구가 17만에 불과했으니까.

오동춘 : 철학을 하셨으니까 문과에 입학하셨군요.

정 박사 : 아니야, 처음에는 수물과에 입학했었지. 내가 수학을 좋아한
것이 수물과에 입학한 동기지. 그러나 입학한 뒤 1개월 만에 문과로 전
과했지. 내 적성은 역시 문과에 있다고 깨달은 거요.

이영태 : 선생님께서는 청년시절에 독립운동을 하신 걸로 알고 있습
니다만.

정 박사 : 1919년 3월 1일 기미년 3·1 운동 때 끓어 오르는 민족정신
으로 외치며 앞장을 섰었지.(정 박사는 그날의 함성이 들리시는 듯 눈을 한
참 감고 계셨다. 1960년 4·19 의거때 정박사는 4·25 교수 행진에서 권오돈 교
수와 함께 맨 앞에 서서 부정선거를 규탄하셨다.) 그러나 3·1 운동 후 일제
의 요시찰 인물이 되어 항상 감시를 받는 몸이 되어 만주로 가게 되었어
요. 거기서 독립운동에 가담하여 활동하였는데 고생도 많았고 험한 일
도 많이 했지.

오동춘 : 선생님은 청년시절에 도산 안창호 선생님의 영향을 많이 받
으신 걸로 들었습니다.

정 박사 : 안 도산 선생은 1920년 상해에서 뵈었지요. 그때 도산 선생은 말씀하시기를 젊은이가 독립운동의 일선에서 싸우는 것도 중요하지만 진정한 애국의 길은 '무실역행'(務實力行)에 있음을 강조하셨지. 무실역행이란 참되고 내실이 있도록 힘써 행하라는 뜻이지. 그래서 나에게 첫째 참된 인간이 되고, 둘째 공부를 하라고 말씀하셨어요.

피세진 : 독립운동을 하시다가 어떻게 해서 철학을 공부하시게 되었습니까?

정 박사 : 도산 선생의 말씀을 듣고 다시 공부해야겠다는 결심으로 유럽으로 떠났지요. 1920년 크리스마스 무렵에 파리에 도착했어요. 먼저 프랑스의 고등학교에 입학하여 어학 공부부터 시작했지요. 프랑스에서 공부를 더 계속하려 했으나 당시 독일은 화폐의 평가절하로 인하여 물가가 몹시 헐하기 때문에, 1922년 독일로 가게 되었어요. 먼저 남부 독일에 있는 뷔르츠부르크 대학에서 정치경제학을 전공하고, 1923년에는 백림대학으로 전학하여 정치경제학을 계속 전공했어요. 그때 백림대학에 솜바아트(Werner Sombart, 베르너 좀바르트)라는 유명한 사회학자가 강의를 하고 있었는데 그분은 경제학을 강의하면서도 '인간의 문제'를 강조하셨어요. 당시 영국이 산업혁명 후 산업시대가 되면서 지방의 가난한 가정의 자녀들이 공장에 와서 비인간적인 대우를 받는 문제가 심각했어요. 그래서 솜바아트는 이러한 경제에 있어서의 비인간화 문제를 깊은 관심을 가지고 연구했어요. 나도 솜바아트의 강의에 깊은 감명을 받고 인간을 알고 싶어서 경제학 절반, 철학 절반으로 공부했어요. 이것이 철학을 연구하게 된 계기이지요. 그 후 다시 파리 대학으로 돌아와서는 원래 좋아하던 수학을 공부하고 싶어서 수학과에 입학했으나 고학을 하면서 수학을 도저히 할 수 없어서 철학과로 옮겨 본격적으로 철학전

공을 시작했지요. 당시 나는 요시찰 인물이기 때문에 학생신분이 안전하여 계속 대학에서 공부하니까 일본의 관계관헌이 나를 '이터널 스튜던트(eternal student, 영원한 학생)'라고 불렀었지.

피세진 : 무슨 분야를 전공하셨습니까?

정 박사 : 인식론과 논리학을 했지.

이영태 : 우리나라에는 언제 귀국하셨습니까?

정 박사 : 1941년 귀국하였지. 아직도 일제 지배하에 있던 때라, 나는 독립운동을 했다고 해서 거주 제한을 당하여 여행도 경찰서 허가 없이는 못하였지. 그런데 해방이 되자, 연희전문의 동기생이기도 한 고(故) 김윤경 박사가 연락을 하고는 함께 연희전문의 접수위원이 되었으니 나오라고 해서 1945년 9월 17일부터 연대에서 일하게 되었지. 연희전문인가 후에도 제1회로 입학하고 해방 후에도 접수위원으로 연대에 들어섰으니 정말 묘한 인연이야. 그런데 당시 연대에서 가르칠 때 내가 해외에 오래 있었기 때문에 학술용어를 우리말로 번역하는 일이 가장 어려웠어. 예를 들어서 카테고리 라고 하면 이해되는데 범주라고 하면 이해하기 어려웠고, 또 존재도 '있음' 이라고 하면 될 걸 이해가 어려웠지. 그래서 처음에는 제자들에게 우리말 용어를 배우면서 가르친 셈이지.

오동춘 : 모두가 철학을 말하고 있습니다. 그러나 막상 철학이란 무엇인가, 왜 철학을 공부해야하는가 하는 질문에 부닥치면 얼른 대답을 할 수 없습니다. 선생님의 생각을 말씀해 주십시오.

정 박사 : 누구나 생각하는 것을 한 번 더 생각하면 그것이 철학이지. 누구나 행동하려면, 어떻게 행할 것인가, 그 목적은 무엇인가를 깨달으려 함이 철학을 공부하는 목적이라 할 수 있지. 누구나 철학을 하고 있어요. 철학을 공부하는 사람은 좀 더 깊이 한다는 차이뿐이지.

이영태 : 저는 철학을 전공하였으나 사업의 일선에서 뛰고 있습니다. 따라서 삶에 있어서의 여러 가지 갈등과 고뇌에 부딪치는 경우가 많습니다. 선생님 삶이란 무엇이라고 말할 수 있습니까?

정 박사 : 누구나 삶을 행하지 않는 사람이 없지만, 결국 선(善)을 지향하여 살아보겠다는 것이 아니겠어. 대개 우리의 삶에는 자기의 생물학적 생을 유지하기 위한 생물로서의 활동이 있고, 시대의 요구에 의해서 사명감을 자각하여 사는 정신적 생활이 있는데, 지선(至善)에 도달하려는 것이 참다운 삶이라고 할 수 있지. 개인적인 물질적 욕구만이 아닌 뜻있는 생활, 즉 민족의 요구에 따라 민족적 의식을 가지고 고상한 정신적 생활을 함으로써 우리 사회가 참다운 복지사회가 되도록 사는 것이 이 시대가 요구하는 우리의 삶이라고 말할 수 있지.

오동춘 : 선생님에게는 죄송스런 말씀입니다만, 저희들이 학교에 다닐 때, 최현배 선생님, 김윤경 선생님, 최재서 선생님, 장기원 선생님 그리고 선생님을 그 유명하신 근엄하심과 강직하심으로 인해 5석두(石頭)라고 불렀지요.

피세진 : 그때 대학원 시간 중에서 선생님의 시간은 공포의 시간이었지요. (웃음) 요즈음은 선생님께서 학생들에게 무섭게 대하지 않으시는지, 옛날에 선생님이 무서우셨다고 이야기해도 믿지들을 않아요.

이영태 : 대학원에서 선생님 과목을 아무리 잘해도 B학점밖에 못했어요. 선생님께서는 늘 원서를 읽고 그것을 서머라이즈해서 발표할 것을 요구하셨는데 번역만 하는데도 일주일이 걸리는 분량을 2, 3일을 잠 못자고 정신이 얼얼한 가운데 의미도 잘 모를 내용을 발표하고 나면 "무슨 소린지 모르갔구만" 하고 호통 치시면서 "그것은 이런 소리야" 하고 설명해 주시면 그때서야 의미가 파악되곤 했었지요. 학생들의 깨달음을

불러일으키신 것 같아요.

피세진 : 요즈음도 원서 강독이 좀 용이한 것은 그때의 훈련 덕인 것 같습니다.

정 박사 : 그것은 프랑스식이요. 대학에서는 스스로 공부하도록 하지. 학생들에게 큰 문제를 부여하여 학생이 연구하고 와서 발표하도록 하는데 선생은 질문하고 학생이 대답하도록 하지요. 내가 대학원에서 이러한 방식을 적용한 거요.

이영태 : 아드님만 세 분 있으신 걸로 아는데요.

정 박사 : 해외로 오랫동안 머물다가 귀국하여 45세에 결혼해서 아들 셋을 두었지. 큰아들은 미국에, 둘째는 남아있지.

오동춘 : 몸도 불편하신데 너무 오랫동안 말씀하시느라고 피곤하시겠습니다. 저희들에게 주실 한 말씀만 여쭙고 물러가겠습니다.

정 박사 : 모교의 교육 이념이 진리가 아닌가. 진리 탐구에는 일생을 다해도 도달하기 힘든 것이니 꾸준히 열심히 노력하기 바라오.

제자들은 노철학자의 집 대문을 나섰다. 열 시가 넘은 밤하늘에는 제자들의 마음에 새겨진 옛 스승의 예지처럼 영원한 별들이 반짝이고 있었다.

『연세동문회보』, 1980. 10. 15.
박이정, 『배부른 소크라테스』, 2007.

8·15 42주년을 맞으며
8·15와 분단의 민족통일론

참석자 : 정석해 (본회 고문, 전 연세대 교수)

　　　　신도성 (본회 고문, 전 통일원장관)

　　　　김재호 (본회 대표 최고위원)

　　　　송남헌 (본회 최고위원 겸 정책심의회 의장)

　　　　황인관 (본회 지도위원, 미 브래들리대 교수)

　　　　이영세 (본회 출판위원장)

사　회 : 김낙중 (본회 통일정책연구실장)

일　시 : 1987. 7. 25. 15:00~17:00

장　소 : 본회 회의실

좌담회 순서

회지 출판위 위원장의 인사말

1. 민족분열의 조짐

2. 조선인민공화국과 한국민주당

3. 모스크바삼상회담 결정 반대·찬성

4. 이데올로기·동서냉전

5. 민주화로 통일의 이니셔티브를

6. 4·19와 5·16

7. 통일논의 민주화에 관한 제문제

회지출판위 위원장의 인사말

오랜만에 정석해 고문님과 황인관 지도위원께서 미국에서 돌아오시고, 또 멀지 않아 광복절도 마지하게 되고 해서 회내 지도부 몇 분을 모시고 이렇게 좌담회를 열기로 했습니다.

1945년 8월 15일 우리 민족이 일본제국주의 굴레에서 벗어난 지 벌써 42년이 지났습니다.

지난 42년 동안 우리 민족은 남북으로 분단된 채 동족상잔의 비극을 겪었으며 계속 긴장상태로 대립해서 살아왔습니다.

급격히 변화하는 국내외 정세로 미루어 볼 때 지금은 대단히 중대한 시기라고 생각됩니다.

국내적으로 민주화에의 대전환기에 있고 국제적으로도 평화를 향한 대회전을 하는 시기로 보입니다.

이러한 중대한 시기에 우리 민족은 한층 더 분발해서 분단을 극복하는 혼신의 노력을 해야 하겠습니다. 그런 뜻에서 오늘 이 좌담회를 개최하기로 한 것입니다. 공사다망하신 가운데 이렇게 참석해 주셔서 감사합니다.

그러면 좌담은 김낙중 통일정책연구실장께서 맡아서 진행해 주시기 바랍니다.

1. 민족 분열의 조짐

사회 : 국토가 분단된 지 42년이 지났습니다. 우리는 내일을 위하여 그 교훈을 역사 속에서 찾아야만 한다고 생각합니다.

그런 뜻에서 먼저, 해방 직후 우리 민족이 일제의 굴레에서 벗어나고, 미군과 소련군이 남북에 진주하게 되고, 이러한 상황 속에서 그때 우리가 어떻게 했더라면 분단의 비극도, 전쟁의 참화도 모면하고 하나의 통일된 조국을 건설할 수가 있었을까 하는 점에 대해서 당시의 사정에 밝으신 몇 분 선생님께서 말씀해 주셨으면 합니다. 먼저, 정석해 박사님께서 말씀해 주십시오.

정석해 : 나는 정치적인 활동이란 전연 없었고 구태여 이야기를 한다고 하면 나 개인 이야기 밖에 없습니다. …… 해방되던 그해 7월 30일에 아버님을 뵈러 고향(평북 철산)엘 갔다가 돌아오는 날이 바로 8월 15일이에요. 집에서 약 40분가량 걸어서 기차 정거장에 나와서 기차를 기다리는데 낮 12시에 일본 천황 히로히토(裕仁)의 항복 성명이 라디오를 통해서 나오더군요. 그때 기차를 기다린 지가 2시간이 넘었는데도 그런 건 아랑곳없이 마냥 기쁘기만 하더군요. 그런데 바로 그 순간부터 일본 사람들이 지배하던 질서는 모두 깨어져 버리는 모양이에요. 오전 10시에 오기로 돼 있는 기차가 밤 10시가 돼서야 오더군요. 그래서 정주(定州)에서 내려서 여관에서 하룻밤을 자고, 이튿날 기차로 개성에 있는 내 집에 들어서 하룻밤을 지나 17일에 서울에 도착했어요.

서울에 올라와서 곧바로 김성숙, 허헌 씨 두 분을 만나러 가다가 재동(齋洞) 어느 장소에서 김석환 씨라고, 후에 백범 선생이 귀국하실 때에 환영 준비위원장을 맡은 분인데, 그분을 만났어요. 그분이 상해에서 독립신문을 경영했었는데 광산을 해서 생활이 좀 넉넉한데 계속해서 독립신문을 할 테니 나더러 그걸 맡아달라는 거예요. 나는 그때 가을이 되면 학교에 나갈 요량으로 있었기 때문에 거절하고 말았어요.

그 다음부터 얼마 있으니까 정치 단체가 어떻게 쏟아져 나오는지 헤아릴 수도 없어요. 그러다가 하루는 상해에서 도산 선생을 모시고 있던 어느 친구를 만나 몽양 선생을 찾아가 뵙고, 그 후 건국준비위원회에 들어가서 일을 좀 해보려고 계동(桂洞)에 있는 '건준' 사무실에 찾아가는데 목총(木銃)을 든 청년들이 늘어서 꼬치꼬치 캐고 묻기에 화가 나서 "당신네들이 무슨 신분증을 보자는가? 당신네들끼리 맡아서 잘 해보라"고 쏘아붙이고 나온 일이 있어요.

(중략)

6. 4·19와 5·16

사회 : 4·19로 이 박사가 하야를 하고, 정부 수립 후 남한에서 4·19 이후가 잠깐 동안이나마 통일논의가 가장 활발했던 시기가 아니었나 생각됩니다. 그때까지는 북진통일론만이 용납되던 것이 평화통일을 말하게 되었고, 부분적으로나마 남북교류도 이야기하게 되고 했습니다. 그런데 곧 5·16이 났습니다. 5·16이 나면서 무슨 이야기냐 하면 혁신계나 학생들이 너무 급진적이고 위험한 통일논의를 했기 때문에 5·16은 나올 수밖에 없었다는 것이었습니다. 그때 5·16이 일어나지 않으면 안 될 만큼 위험했던가 하는 점에 대해서, 4·19 때 교수간의 의장으로서 교수들 데모의 선두에 서셨던 정 박사님께서 한 말씀 해 주십시오.

정석해 : 내야 뭐 고향이 이북이니까 위험하거나 말거나 통일이 됐으면 하는 생각뿐이었던 것 같아요. 이제 나이도 많고 그때 일은 잘 기억을 못하겠는데…. (웃음)

『民族統一』7·8호, 1987.

항일·반독재 투쟁의 사표(師表)
서산 정석해 선생을 모시고
원로에게 듣는 지금 우리 사회의 철학적 과제

대담 : 박영식 교수 (현 연세대 총장)

불의를 보고는 못 참는 사람―일제시대에는 3·1운동과 3·5 학생시위에 앞장서고 만주에서 독립운동에 가담했다가 유럽 유학길에 올라 학문을 이루고, 되돌아온 고국에서 다시 연금생활을 할 수 밖에 없었던 불온인사. 해방 후 정치풍토에 환멸을 느끼고 교육계에 투신하여 오로지 학문하고자 했으나 더는 참지 못하고 그 유명한 4·19 교수단 시위 (임시의장)를 주도하고 학원민주화운동에 불을 댕겼던 철학자. 정년퇴임 후에도 대일굴욕외교에 반대한 재경교수단시위를 주도했고 유신치하에서 반정부 '민족통일촉진회'를 이끌었던 노(老)강사―서산(西山) 정석해 선생. 구순(九旬)에 접하여 제자들이 전기를 펴냈고 연세동산에서 사제 간에 헌정식이 있었다. 마침 그분을 모시고 이 시대에 줄 수 있는 값진 말씀을 듣고자 했다.

　연세 교수 시절, 제자의 한 사람이었던 박영식 교수가 학창시절을 회고하며 대담을 풀어나갔다. (엮은이)

"영원한 시간과 광활한 공간 중에서 왜 하필이연 왜놈한테 압박받던 시기에 태어나 이 땅에 살게 되었는가. 그러다가 나는 모든 인간에게는 그 나름대로의 사명이 주어져 있다, 그 땅에서 그 시대가 요구하는 무엇을 하라는 사명이 숨어있다는 것을 깨닫게 되었어요."

박영식 : 선생님께서는 1917년 연희전문학교에 입학했을 때는 수물과로 입학하셨다가 그 후에 문과로 전과하셨고, 프랑스와 독일에서 유학하실 때는 수학, 정치학, 경제학을 공부하시다가 나중에 결국 철학을 전공하시게 되었는데요, 철학을 전공하시게 된 동기라도 있으신지요.

정석해 : 나는 나 자신을 떠돌이라고 생각합니다. 학문에 있어서도 떠돌이 생활을 해 보았으나 결국 그 근본 원리가 철학임을 깨닫게 되었어요. 수학의 원리, 정치학의 원리, 경제학의 원리 등이 모두 철학에 기초하기 때문에 철학에 정착하게 된 겁니다.

박 : 그러시다면 지금도 철학이 모든 것의 근본원리로 작용한다고 생각하시는지요.

정 : 오늘날 학문이 많이 분화되어 있긴 하지만, 여전히 근원은 철학이 아닌가 생각합니다.

박 : 근대 이후에 학문이 여러 갈래로 분화되지 않았습니까. 자연과학이 생겨나고, 인문 · 사회과학에서도 심리학, 정치학, 사회학 등이 독자적인 영역으로 발전해 나가고… 그래서 근대 이전보다 철학의 영역이 줄어들고 있어 요즈음엔 철학이 과연 무엇을 할 수 있는가에 대한 의문이 계속 제기되고 있지 않습니까? 이러한 상황에서 철학이 어떤 방식으로 다른 학문에 원리적인 역할을 할 수 있을는지요.

정 : 현대는 물질보다는 현상에 관심을 갖고, 원리보다는 실용을 중시

하는 시대이긴 하지만, 현상과 실용도 그 배후에 있는 근원을 떠나서는 설명이 안 되지요. 이런 의미에서도 여전히 철학이 근원적 역할을 한다고 생각해요.

박 : 선생님의 교육적 배경은 프랑스와 독일이라고 할 수 있겠습니다. 독일의 베를린대학과 프랑스의 파리대학에서 오랫동안 유학하셨기 때문에. 그런데도 선생님께서는 우리 철학과에서는 주로 영미 계통의 철학을 강의하셨습니다. 그래서인지 현재 우리 철학과의 학문적 경향도 영미 철학으로 흐르고 있다고 봅니다. 어떻게 독일과 프랑스를 교육배경으로 하신 선생님께서 영미 계통의 철학을 강의하셨는지 궁금합니다.

"나는 지금도 늘 나의 근원, 인간의 근원, 만물의 근원이 무엇인가를 생각합니다. 그 근원을 캐나가다 보면 어떤 주재자가 있다는 생각이 들어요."

정 : 연세대학교가 미국과 연관이 많은 대학이기도 하고, 학생들도 다른 외국어보다는 영어에 능해서 학생들의 편의를 보아준다는 생각도 있었고, 또 다른 이유는 내가 프랑스에서 돌아와 한동안 연금되어 있을 때 한가로운 틈을 타서 나의 부족한 면을 보완하기 위해 영미철학 계통의 책을 한창 읽던 중 해방과 더불어 연희에 와서 가르치게 되었기 때문일 거예요. 그것 다 일종의 프래그머티즘에서지, 뭐 특별히 내가 영미철학에 대한 지식이 많거나 깊어서가 아니었습니다.

박 ; 영미 계통의 철학이 독불 계통의 철학과 어떤 차이가 있다고 보셨는지요.

정 : 일반적으로 영미 철학은 경험과 실용을 중시하고, 독불 철학은 이성과 논리를 중시한다고들 하지요. 물론 이렇게 정식화하는 데는 문

제가 있겠지만, 사람과 시대에 따라 차이를 보이니까요. 아무튼 물 하나 건너서인 영국에서 대륙과는 다른 철학을 내놓았다는 것은 놀라운 일이지요.

박 : 선생님께서 프랑스에서 공부하실 때 어떤 철학이 풍미했으며, 선생님께서는 어떤 철학의 영향을 많이 받으셨습니까.

정 : 그 당시 사상계의 주류는 데카르트 철학이었다고 기억됩니다. 그리고 내가 개인적으로 영향을 받고 좋아한 것은 파스칼의 『팡세』였습니다. 『팡세』는 글이 쉽기도 하지만 내용이 깊지 않습니까? 생각의 중요성을 강조하고, 사고하는 존재로서의 인간을 역설하고 있지요. 나는 그 당시 이런 생각을 했습니다. 영원한 시간과 광활한 공간 중에서 왜 하필 왜놈한테 압박받는 이 시기에 이 땅에 태어나 살게 되었는가. 그러다가 나는 모든 인간에게는 그 나름대로의 사명이 주어져 있다, 그 땅에서 그 시대가 요구하는 무엇을 하라는 사명이 숨어 있다는 것을 깨닫게 되었어요.

박 : 1950년대에 선생님만큼 좋은 교육적 배경을 가졌던 분은 거의 없었다고 생각됩니다. 그 당시 독일어와 불어를 선생님만큼 능숙하게 구사하신 학자도 없었고, 그 위에 선생님께서는 영어도 능숙하게 구사하신 걸로 기억되거든요.

정 : 사제관계가 있다고 너무 추켜세우지 마시오, 허허. 그 당시가 뒤떨어진 시대였으니까 나 같은 사람도 뭘 가르친다고 했지.

박 : 선생님께서는 1950년대에 G. E. 무어의 『프린키피아 에티카』를 번역하셨는데요. 선생님은 윤리학을 전공하시지도 않았고, 영국에서 공부하시지도 않았는데, 어떻게 그 책을 번역하시게 되었는지요. 선생님께서 번역하신 그 책에 의하여 우리 철학계에 처음으로 현대윤리학이라고

하는 메타에틱스(Metaethics)가 소개되었습니다.

정 : 1953년 스미스먼트 펠로십으로 미국 예일대학에 가서 철학을 연구했어요. 거기에서 무어의 그 책에 관심을 갖게 되어 번역하기로 마음먹었지요.

박 : 그 당시에는 그 책이 우리 철학계에 별로 알려지지도 않았고 메타에틱스에 대한 관심도 없었는데, 선생님의 번역이 큰 계기가 된 것 같습니다. 지금 우리 철학계에는 메타에틱스를 전공하는 학자들이 여럿 있으니까요. 그런 점에서 선생님의 그 책 번역은 하나의 철학적 공헌으로 기록되리라고 생각됩니다.

정 : 영국 케임브리지대학의 분석철학을 배경으로 하여 이런 책이 나왔다는 것이 나의 흥미를 끌었던 것 같아요.

박 : 선생님께서는 1899년 태어나 금년에 90세가 되셨습니다. 1900년대 한 세기를 살고 계신 셈이죠. 그 한 세기 동안에 철학에는 여러 가지 흐름이 있었지 않습니까? 삶의 철학, 논리실증주의, 실존주의, 프래그머티즘, 마르크시즘, 현상학, 후기분석철학 등등. 그런데 70년대 이후에는 세계철학에서 주류를 이루는 뚜렷한 철학적 흐름이 있는 것 같지는 않습니다. 선생님께서는 지난 한 세기의 철학을 어떻게 보시는지, 또 현재 뚜렷한 철학적 주류가 없는 연유가 무엇인지에 대한 의견이 있으시면 말씀해 주십시오.

정 : 브렌타노의 말대로 철학에서는 무엇을 의식하고 지향하는 것이 매우 중요하지 않습니까. 어떤 철학이나 자기의식과 연관되리라고 봅니다. 또한 과거에는 인간의 삶이나 생각이 권위나 습관에 의하여 지배되었는데, 지금은 자아 중심으로 바뀌고 각자가 자기의식에 따라 사고하고 행위하는 시대로 된 데 연유하지 않나 싶군요. 남의 철학을 계승하기

보다는 각자가 자각적으로 철학하겠다는 생각이 위와 같은 다양한 철학을 낳았다고 보여집니다.

박 : 제가 아까 말씀드린 삶의 철학, 프래그머티즘, 실존주의, 마르크시즘 등 20세기 철학들은 거의가 다 변화의 개념, 동적인 세계관을 밑바탕에 두고 있는 상대주의적 철학의 양태를 띠고 있습니다. 선생님께서는 21세기에도 이러한 상대주의적 철학이 지속되리라고 보십니까. 아니면 철학이 어떤 형태로 변형되리라고 보십니까.

정 : 내가 줄곧 생각하고 있는 문제가 바로 그 문제와 연관되는 것입니다. 즉 영원한 진리가 있는가 하는 것이죠. 나는 나의 대답을 전도서에서 찾을 수 있을 것 같습니다. '현재의 세대가 지나간 세대를 기억하지 못하려니와 구세대도 너희를 기억하지 못하리라'는 구절이 있지 않습니까. 영구한 하나님을 믿던 그 시대에도 영원한 진리가 의심스러웠기 때문에 그런 말을 하지 않았겠어요. 그러나 현대철학의 상대주의적 사조를 어떻게 극복할 것이냐의 문제도 하나의 커다란 철학적 과제라고 봅니다. 인간성의 근저에 공통으로 놓여있는 사랑과 동정이 상대주의를 넘어설 수 있는 기반이 될 수 있을지 모르겠습니다.

박 : 선생님께서는 철학과에서 논리학, 인식론, 형이상학, 이성론, 과학철학 등 여러 분야의 과목들을 맡으셨습니다. 선생님의 주된 철학적 관심은 무엇이었으며, '철학'을 무엇이라고 보십니까.

정 : 참 어려운 질문이군요. 철학을 한다는 것은 자기를 돌아보는 것이라고 생각합니다. 여러 과목들을 강의한 것은 1950년대의 교육적 여건 때문이었고요. 철학적 관심은 인간과 철학 그 자체에 관한 것이었습니다.

박 : 저희들이 학생일 때 선생님이 기독교인이라는 사실을 몰랐습니

다. 그만큼 선생님은 기독교인이라는 티를 밖으로 내 풍기지 않았습니다. 선생님께서는 종교와 철학을 어떻게 병행시켰습니까. 종교는 믿음에, 철학은 이성에 기초해 있지 않습니까. 또 종교는 전제가 있는 반면, 철학은 무전제의 것이 아닙니까.

정 : 기독교는 나에게 어렸을 때부터 영향을 많이 미쳤습니다. 할머니도 기독교인이었고. 아버지는 기독교 학교에서 교사를 하셨구요, 나도 중학을 기독교 학교인 신성학교를 다녔어요. 그리고 나는 지금도 늘 나의 근원, 인간의 근원, 만물의 근원이 무엇인가를 생각합니다. 그 근원을 캐 나가면 어떤 주재자가 있다는 생각이 들어요. 이렇게 볼 때 종교가 철학의 근원이 된다고 하겠지요.

박 : 철학의 영역을 초월하는 데 종교의 영역이 있고 이성의 한계 바깥에 믿음의 영역이 있되, 이 둘은 완전히 별개의 것이 아니고 믿음과 종교가 철학의 근원으로 작용한다는 말씀이시군요.

정 : 그렇게 봐야 되겠지요. 그러나 종교와 철학의 관계에 대한 문제는 철학자들이 오랫동안 논의해온 과제이고 앞으로도 계속 논의될 논제라고 봅니다.

박 : 선생님께서는 3·1 운동 때는 연희전문학교 학생으로서 그 운동에 적극적으로 참여하셨고, 4·19 때는 4·25 교수데모의 의장으로서 큰 역할을 하셨습니다. 또 저희들이 듣기로는 신성중학을 다닐 때 학생운동사상 처음으로 스트라이크를 주도하신 것으로 알고 있습니다. 이처럼 선생님께서는 중대한 고비 때마다 행동으로 참여하셨는데, 이것이 선생님의 철학과 어떻게 연결되는지요.

정 : 허허. 내가 미욱한 사람이어서 그럴 거예요. 좋게 말하면 불의를 보고 참지 못하기 때문이랄까요.

박 : 그것이 선생님의 비범한 연입니다. 보통사람으로서는 하기 어려운 일이죠. 보통사람들은 어떤 일이 불의라는 것을 알면서도 그것에 수반될 희생이나 불이익이 두려워 행동에 옮기지 못하거든요. 그런 의미에서 선생님은 시대를 바른 길로 이끄는 거목의 역할을 하셨습니다.

정 : 내가 연대에 있을 때도 무단 정치하는 사람들이 감시, 박해, 회유 등을 했었죠. 그러나 나는 별로 흔들리지 않았지요. 뭐 이런 것 이젠 아무 말할 값어치도 없지만, 허허.

박 : 3·1 운동이나 4·19 때 불의에 행동으로 맞섰기 때문에 선생님께서는 많은 것을 잃기도 하셨지만, 지금 와서 보면 많은 것을 얻기도 했습니다. 앞으로도 그런 불의를 보면 행동으로 나타내시겠죠.

정 : 글쎄, 이젠 늙어서. 허허. 지금은 그저 부름을 기다릴 뿐이지.

"온 세계의 대학들이 학문적으로 크게 발전한 것에 비해, 우리 대학들은 많이 낙후되어 있습니다. … 대학이 공부하는 곳이란 것을 절대로 잊어서는 안 될 것입니다."

박 : 90평생 동안에 선생님이 하신 일 중에서 스스로 긍정적으로 혹은 부정적으로 평가하시는 일이 있으시면 말씀해 주십시오.

정 : 후회되는 일은 내가 내 삶의 중요한 일들을 기록하지 않았다는 일입니다. 내가 소학교에서 선생을 하고 있을 때의 일입니다. 어느 날 밤 한 청년을 재워주었는데, 범상한 사람이 아니라는 느낌이 들었어요. 그 얼마 후, 운산사건이 터졌지요. 나는 그 과정을 거의 다 목격했는데 그것을 기록해 두지 않은 것이 크게 후회됩니다. 지금은 그 일들을 잘 기억할 수가 없어요. 그 청년의 이름도 희미하고요. 역사에 기록되어야 할 인물인데….

박 : 선생님께서는 철학이 바른 사고력과 비판정신을 길러주고 사회의 방향을 제시하는 일을 앞으로도 계속해서 할 수 있으리라고 보십니까.

정 : 나는 하리라고 봅니다. 옳고 그름이라는 평가 없이는 선과 악을 분간할 수 없겠죠. 철학에는 사물을 평가할 가치 관념이 반드시 있어야 한다고 봅니다.

박 : 현대에 학문들이 지나치게 분화되고 전문화되어 있지 않습니까. 이렇게 분화되고 전문화된 학문 틀을 어떤 개인이 두루 터득해서 방향을 제시하는 일이 무척 어렵게 되었습니다. 그럼에도 불구하고 철학이 인간과 사회에 대한 방향 제시의 구실을 계속할 수 있을는지요.

정 : 지금 학문이 여러 분야로 너무 분화되어 있는 것이 사실입니다. 그러나 이 현상이 바로 다시 종합을 요구하고 있습니다. 그 요구에 의하여 이것들을 종합하는 철학자가 다시 생기겠지요. 전에 어떤 분이 이런 말 한 것이 기억납니다. "하나님은 선지자를 이스라엘에만 보낸 것이 아니라 세계에 보냈다"고 하는. 종합적인 지도자가 나올 것이라고 생각됩니다. 지금 분열이 극에 달했지만 이것이 마지막 모습일 수는 없습니다.

박 : 학문이 분화되고 전문화되더라도 바른 방향제시를 위해 종합이 필요하다는 말씀이시군요. 그렇긴 합니다만, 과거처럼 한 사람의 선지자가 그 일을 해낼 수 있을까는 여전히 의문으로 남겠습니다. 오히려 여러 사람의 협동적 노력이 필요하지 않을는지요.

정 : 그렇습니다. 그러한 노력이 패널 디스커션이나 심포지엄 등의 형태로 나타나고 있지요.

박 : 현재 우리 사회에는 노사분규, 학원소요, 계층 간의 대립과 같은 여러 가지 갈등현상이 표출되고 있습니다. 선생님은 그 갈등의 원인과 치료방법이 무엇이라고 생각하십니까.

정 : 아까 내가 '자아'라는 개념을 많이 사용했지요. 언어의 사용은 인간과 동물을 구분해주는 가장 큰 특정입니다. 그런데 언어의 사용에는 둘 이상의 사람이 필요합니다. 여기에서 '우리'라는 개념이 생기죠. 예를 들어 버스에 도둑이 들어 위험이 고조되면 그 위기의식이 우리에게 공통의식을 유발하지 않습니까. 현재 '나'라는 의식이 팽배해서 생긴 여러 가지 문제들이 오히려 '우리'라는 의식을 형성하게 되리라고 봅니다. 타이태닉호 사건에서도 최후의 순간엔 여자와 노약자를 먼저 구명선에 태웠지 않습니까. 이처럼 인간이란 마지막 순간에 가면 공동의식을 발휘하게 됩니다. 그러니 우리 너무 앞을 걱정하지 맙시다.

박 : 제 생각으로는 그동안 우리 사회에 문제가 생길 때마다 그것을 풀어나가기보다는 줄곧 눌러왔기 때문에 이렇게 일시에 여러 가지 문제들이 한꺼번에 분출되고 있는 것 같습니다. 또한 그동안 우리 사회는 경제성장이라는 물질적인 면만을 강조했지, 그것을 수용할 의식, 그것에 수반될 문화, 도덕성 등에 무관심했었지요. 정신과 물질의 불균형이 이러한 문제를 야기시키고 있는 것 같습니다. 경제성장에 따른 분배문제를 소홀히 하기도 했고요.

정 : 그런 점도 있습니다. 모든 일에 균형이라는 게 중요하지 않습니까.

박 : 우리 학생들에게 남기고 싶으신 말씀이나 연세대학교의 앞날을 위해 주시고 싶으신 말씀이 있으시면….

정 : 4·19 직후의 일입니다. 내가 연세에서 가르칠 때, 어떤 소위 운동권 학생에게 했던 말이 생각납니다. "너는 먼저 네 인격을 이루라. 그 후에 활동해야 사람들이 네 말을 듣지, 지금은 아무도 네게 귀 기울이지 않을 것이다." 대학 4년간이란 것이 인생에서 무척 중요한 때라고 생각합니다. 온 세계의 대학들이 학문적으로 크게 발전한 것에 비해, 우리 대

학들은 많이 낙후되어 있습니다. 안타까운 일이지요. 내가 서양에서 고학할 때도 학비가 모자라 낮에는 일하고 밤에만 공부했었는데, 지금 생각하면 그 때문에 학문을 제대로 이루지 못한 것 같아 일생을 두고 안타깝게 생각했습니다. 대학이 공부하는 곳이란 것을 절대로 잊어서는 안될 겁니다.

박 : 50년대의 연희와 지금의 연세를 비교해 보면 여러 가지 면에서 큰 변화를 보이고 있습니다. 우선 지난 30년 동안에 학교가 양적으로 엄청나게 팽창했습니다. 50년대에는 학생수가 3천여 명에 불과했고 교수도 2백 명을 넘지 않았을 겁니다. 그런데 지금은 학부, 대학원, 특수대학원을 합쳐 학생수가 3만 명을 넘어서고 있습니다. 그리고 교수의 수도 850명에 이르고 있습니다. 그야말로 종합대학교의 규모를 넘어서서 거대대학교(multiversity)로 되었습니다. 연세대학교는 기독교 정신을 바탕으로 시작된 학교인데, 대학의 규모가 거대화되다보니 그 정신을 어떻게 살려 나가느냐 하는 것이 하나의 어려운 과제로 되고 있습니다. 그 정신을 지탱하기 위해서 현재 제도적으로는 학교행사의 기독교적 의식, 채플 출석, 기독교개론의 수강 등을 유지하고 있습니다만, 연세대학교의 기독교적 특성을 살리는 일이 어려워지고 있습니다. 이와 같은 시대적 변화를 감안하셔서 선생님께서 앞으로 연세대학교가 어떻게 그 정신을 살리면서 나아갈 수 있을 것인가에 대해서 말씀해 주십시오.

정 : 연세대학교가 기독교 정신을 지키기 위해 노력하는 것은 매우 중요한 일이라고 생각합니다. 연세대학교가 대학이기 때문에 대학의 본래적 기능인 학문연구를 중심으로 하는 것도 중요하지만, 그 외에 바른 사람이 되고 바르게 사는 일에 눈을 뜨게 해야 합니다. 이 일은 바로 기독교 정신에서 찾을 수 있을 것으로 압니다. 현대가 물질의 시대여서 정신

을 살리는 일이 무척 힘들 것입니다. 그러나 그것을 위한 노력은 절대로 필요한 것입니다.

박 : 인간이란 물질에 의하여 영향을 받기도 하지만, 물질에 영향을 주는 존재이기도 하지요. 정신이 들어있지 않은 교육이란 진정한 의미의 교육이라고 할 수 없겠지요. 연세대학교는 그 정신을 기독교에서 찾아야 될 줄로 압니다. 오늘 오랜 시간 동안 좋은 말씀 잘 들었습니다. 선생님, 감사합니다.

서산 정석해 선생 약력

1899. 음력 3. 15 (양력 4. 24) 평북 철산에서 출생
1911. 4. 명흥학교(신식소학교) 졸업
1914. 11. 선천 신성학교 입학 3학년 때 실력 있는 선생의 초치를 요구하는 스트라이크 주동자로 출학(黜學)당함
1917. 3. 연희전문학교 수물과 입학 5월에 문과로 옮김
1919. 3. 3·1독립만세 운동에 참여. 당시 연전 YMCA 회장으로 남대문앞 시위 주동
1919. 4. 만주에서 독립운동에 가담
1920. 북경, 상해 거쳐 유럽 유학길에 오름
1922. 10. 독일 뷔르츠부르크대학 정치경제학부 입학
1923. 10. 베를린대학 정치경제학부 입학
1930. 10. 파리대학 철학과 졸업
1939. 9. 귀국길에 상해에서 체포되어 일본으로 압송
1940~45 불온인사로 분류되어 고향 철산에서 연금 및 여행통제 생활 보냄
1945. 8. 해방 후 서울로 올라와 인촌, 허헌, 몽양 등 지도급 인사들과 만나지만 정치풍토에 환멸을 느끼고 교육자의 길로 들어서기로 결심

1945. 10. 연희전문에서 교수생활 시작

1950. 5. 연희대학교 문과대학장 역임

1954. 9. 미국 '스미스먼트 법안'에 의거 교환교수로 도미

1957. 러셀의 『서양철학사』, 무어의 『윤리학원리』 등 번역서 출간

1959. 한국철학회 회장 역임

1960. 4. 4·19혁명에 참여 (당시 임시의장으로 4·25 교수단시위 주도)

1960. 8. 학원민주화운동 추진(재단이사회가 한때 파연조치 했으나 이후 이를
　　　철회)

1961. 5. 5·16쿠데타 후 예비검속의 명목으로 중부서·서대문서에 연행되었다
　　　가 석방보증형식을 갖추고 풀려남

1961. 10. 정년퇴임

1962. 3. 숙명학원 이사장 역임 (65. 4까지)

1963. 8. 고려대에서 명예 철학박사 학위 받음

1964. 3. 대일굴욕외교 반대 재경교수단 선언문 채택, 시위 주도

1969. '민주수호회' 결성에 참여

1978. 2. 정부탄압으로 '민주수호회'가 '민족통일촉진회'로 개편 결성되면서 7
　　　인 최고위원에 위촉

1981. 4. 『진리와 그 주변』 출간

1981. 7. 정년퇴임 후 20년 동안의 특별강사 생활 마치고 미국으로 이주

1989. 4. '서산정석해 간행위원회'에서 『서산 정석해 : 그 인간과 사상』 출간

『진리·자유』, 1989, 가을호

Ⅲ

육성 증언

민영규 교수와 정석해 선생의 대담

대담 : 민영규 (연세대 사학과 교수)
일시 : 1974년 8월 26일, 8월 30일, 9월 9일
장소 : (연세대학교) 언더우드관 213호

8월 26일 1차 대담

  민영규 : 선생님 나신 해부터 조금씩 들려주시죠.

  정석해 : 아니, 저기…

  민영규 : 이건 공개할 성질의 것이 아니고 기록을 위해서 하는 거니까. 일천 구백년입니까, 어떻게 됩니까?

  정석해 : 1899년.

  민영규 : 1899년, 예.

  정석해 : 기해생.

  민영규 : 기해생이요?

  정석해 : 네. 1899년. 음력 3월 15일이에요.

민영규 : 그래 가지고 나신 곳이… 장소를 좀 말씀해주시죠.

정석해 : 장소는 내가 그걸 어머님한테 말씀을 듣지를 못했고, 자기 본가에 가서 나를 낳았는지….

민영규 : 네, 어디시게요? 외가가.

정석해 : 뭐 그 같은 곳이에요. 면도 같아요. 철산군(鐵山郡) 여한면(餘閑面). 남을 여 자 하고 한가할 한 자예요. 철산군 여한면. 문봉동(文峯洞)이 내 아버님이 이제 그때 사셨던 곳이거든. 글 문 자 하고 봉우리 봉 자. 그랬는데 글쎄 우리 어머니가 첫 아들이니까 자기 본가에 가서, 임천동(林川洞)에서 낳았었던지 그건 모르겠어 나는. 하여간 나는 기억으로 문봉동에 내가 아마 6살까지 있었구만.

민영규 : 외가예요?

정석해 : 아니, 문봉동. 그 아버지랑 할아버지도 있고 그 집에.

민영규 : 그런데 뭐 대대 서당훈장을 하셨다고….

정석해 : 그럼 거기도, 우리 그 문봉동 그 서재에도 내 증조부님이 훈학을 하셨고, 또 그 다음에 내 여섯 살에는 그 아래 같은 면, 여한면 거기서 뭐 한 3~4리밖에 안 되지. 그런데 동리가 달라서, 이제 그때는 화천(化川)이라고 했어. 일본이 합병한 후에는 덕봉하고 화천하고 합해서 이제 덕천동이라고 했던가. 그래 화천이라고, 될 화 자 하고 샘내리 천 자. 거기 이제 내려와서, 아마 일로전쟁(日露戰爭)이 1904년인데, 그 동네의 서재에서는 내 아버님이 벌써 훈학을 하고 계셨지.

민영규 : 그러니까 댁에서 얼마나 떨어져요? 매일 다닐 수 있는 거리예요?

정석해 : 뭐?

민영규 : 화천동 그 서재.

정석해 : 서재? 내 집하고, 2분이나 3분이면 가지 뭐. (웃음)

민영규 : 그러니까 선생님은 여섯 살 때부터 서당에 들어가셨어요?

정석해 : 그럼, 서당에 들어갔지. 서당에 여섯 살에 들어갔고.

민영규 : 그때 여한면에 정씨 일가가 많이 계셨어요?

정석해 : 철산은 그저 어느 동네나 절반은 그저 정가고, 그 다음에 또 다른 여러 성이 또 절반이고, 철산은 대개가 그래.

민영규 : 그 여섯 살 때부터 몇 살 때까지 한학을(,)?

정석해 : 거기서, 그 서재 이름을 착할 인 자 하고 고루 화 자 인화재(仁和齋)라고 그랬는데, 인화재에서 아버님이 훈학을 하는데 거기서 아버님 밑에서…

민영규 : 인화재.

정석해 : 예. 그 다음에 그것이 아마 한 여덟 살 되기 전에, 한 일곱 살 얼마 적에 벌써 신학교로 변했어요. 소학교로 변했으나, 또 그 이제 교사라고 그때는. 교사도 또 아버님이 하셨고.

민영규 : 새로, 보통학교죠?

정석해 : 보통학교가 아니야. 그때는 이제 그거는 우리나라 적이니까. 광무 11년 벌써 이 시대지. 거기서 이제 "대한제국 부강안태(富强安泰)는 국민 교육함에 전재(專在)함일세", 그런 노래를 벌써 불렀어요. 그 다음에 그 이듬해 되니까는 이제 "대한제국 융희(隆熙) 일월(日月)부강안태(富强安泰)는", 또 융희로 나오더만. (웃음) '국민 교육함에 전재함일세' 하는 그런 노래를 부르는 걸 들었지.

민영규 : 그 신학교에서 배우는 게 보통 신학문?

정석해 : 그럼. 그때는 그저. 그때에 소학독본이라 했던가 유년독본이라 했던가 하고, 그때 이제 국문을 이제 그때 처음으로 배웠지. 그 전에

이제 한문을 익히고서 배웠고. 그 다음에 산수를 했어. 그 다음에 체조 배우고. 세 가지면 그저 다 해. 매일같이 그거야.

민영규 : 그게 몇 년도까지 계속이 됩니까?

정석해 : 그것이 이제 합병 전 해까지. 그 학교는 합병 전 해까지.

민영규 : 1909년.

정석해 : 응. 그런데 내 그걸로 하나 기억되는 건 9년일 거야. 1909년인데, 가을에 안중근 의사가 하얼빈(哈爾濱) 사건이 나자, 가을인데 왜놈들이 그 다음에 이제 전부 탄압을 한다 하는 그런 소문이 나는데, 그게 이제 망국 전 해지. 학교는 벌써 돈이 없어서, 그때 학교라 하면 첫 번에 체조를 가르치는 사람들이 우리나라 군대 해산된 후에 거기에 있던 군인들이 나와서 이제 군인식 체조를 가르치는 거예요. 지금같이 여기 무슨 체육이 아니라 아주 군대식 그걸 훈련하는 거야. 그거 뭐 1대대 2중대 3소대, 뭐 이러면서 아주 부르는 그것. (웃음)

민영규 : 그런데 이등박문 저격 사건이 10월 달이던가요?

정석해 : 그렇지. 국화 피었다고 했으니까니.

민영규 : 그건 제일 가깝게 느끼셨겠구만요.

정석해 : 그렇지. 그리고 그 전에는 그 학교가 학교로 돼가지고서는 한 해에 적어도 한 번씩은, 뭐 도무지 뭐 3년인가 4년째에서 내려서 오는데, 군(郡) 단위로, 소위 그 학교의 체육대회라고 할 것과 마찬가지로 그때는 이제 '운동대회'라고 합니다. 군 단위로… 그러면 군내에 있는, 북에는 그 서재들이 다 얼른 학교로 변했는데, 군 단위로 와서 이제 체육대회를 하는데, 그게 체육대회가 아니라 그저 그건 뭐 훈련대회예요. 군사훈련대회야. 거기 물론 조금 낀다는 것이 산술경연대회라든지, 나가서 산술을 얼른 풀어가지고 이제 뛰어 들어온다든지 그러는데, 그런 대

회 적이면 이제 그 시대에 지사들이 나와서, 유명한 지사들이 옵니다. 또 타 고을에서 이제 청해도 오고 해서 아주 큰 군중에게 연설을 하지요. 그때 그 연설하는 걸 보면 참 피를 토하는 연설을 해요.

민영규 : 그런데 그때 소학교엔 상투 짠 사람도 있었잖아요? (웃음)

정석해 : 아 있었지. 그러나 이제 북에는 일찍 머릴 깎았는데, 나도 그 삭발해야 된다고 학교에서 이래가지고 깎는데, 몰래 이제 학교에서 깎고서 집에 들어갔더니 할머님이 베틀에 앉으셨다가 베를 안 짜시고 이렇게 그냥 눈물을 쏟으시는데… (웃음)

민영규 : 몇 살 때세요?

정석해 : 그러니까 아마 거의 7살적인지 8살적인지 그건 분간 못하겠어. 그 학교가 그때 됐으니까.

민영규 : 막 들어가셨을 때니까.

정석해 : 그리고 그건 이제 저 양복바지 같은 걸 입어야 된다고 해서, 그걸 평안도 말로 '통중외'라고 그럽니다. 이 한복바지 이렇게 아래,

민영규 : 통바지가 아니고?

정석해 : 그것이 아니고 그것보단 이제 좁혀서, 일꾼들이 그 한복바지 위에다가 그걸 입고, 타작할 때에도 그걸 입는데, 양복으로 짓는다는 것이 통중외라고 하는 그걸 만들어서 입어요. 입고는 그러면 벌써 이제 신식된 것 같이 이제 느낌이 옵니다. (웃음)

민영규 : 어려서는 그 저 한복 입고 다녔는데.

정석해 : 한복도 입지. 입는데 이제 그런 체조할 적이라든지 그땐 통중외를 입어야 돼. 그걸 이제 입고서는 체육을 하는데, 총은 숫대(솟대)를 가지고서, 굵은 숫대를 내서 이제 그만치 길게 해서는 이렇게 척 메는 것과 받들어 총, 무슨 이런 걸 그걸로 연습을 하고. (웃음) 그게 그래

도 그 교련이 군대에서 나온 그 사람들이 그대로 갖춰 해서, 군 대회에, 운동대회 할 때 한 사람의 호령으로 다 맞아요. 다 같은 식이 돼서.

민영규 : 또 정신적으로 아주 앙양되는 그…

정석해 : 예. 그때가 지금 오늘날 오면 뭐 독립한다, 오늘날 유신운동을 한다고 하지 않겠어요? 그땐 뭐 지금 나라가 넘어간다고… 왜놈에 반항하기 위해서는 국민의 실력, 무장해야 된다는 그런 무슨, 뭐 저녁에는 동리의 청년들을 다 모아서… 그 사람들 아직 상투 다 있지. 다 와서 산술을 배우고 국문 배우고 또 그 한 시간 그 체육 해야 됩니다. 아주 뭐 그때 그 북쪽에선 굉장했지요. 그래서 그때 북에서 큰 이름 가진 사람은 이제 도산(島山) 안창호(安昌浩), 안태국(安泰國), 또 신민회(新民會)에 소속된 지사들이, 105인 사건에 많이 잡힌 사람들이.

민영규 : 이제 합방이 있었던 1910년은 어떻게 된 겁니까?

정석해 : 그 합병되던 때의 것은 지금 내가 좀 희미한데…

민영규 : 그러니까 10살인가 11살인가 그때죠?

정석해 : 벌써 12살이지. 그때는 내가 이제 그 동리에서 이사를 해서, 이사를 해서 내 지금까지 호적에 씌어있는 철산군 부서면(扶西面)이라는 데에 부서면 장좌동(長佐洞), 길 장 자 하고 이제 도울 좌 자 장좌동으로 나갔어요.

민영규 : 얼마나 먼 거립니까?

정석해 : 그거… 한 10리? 조금 넘었죠. 장좌동인데 거긴 아주, 지금까지 있던 데는, 여한면은 평지고, 거기는 뭐 산이 높은 건 아니지만 100미터나 이렇게 된 산인데 거긴 골짜기야. 장좌동은 골짜기고…

민영규 : 그럼 학교는 어떻게?

정석해 : 이제 계속 그렇게 하고는, 거기서부터는 또 고을에…

민영규 : 그럼 읍이 거기서 거리가 어떻게 되는데요?

정석해 : 지금 내 간 데서 한 7, 8리가량 돼요. 우리나라 미쓰(measure)로.

민영규 : 그럼 걸어 다닐 수 있겠군요.

정석해 : 그럼 걸어 다니지. 걸어 다니면서 이제, 원래 그때 내가 첫 번 갔던 학교는 벌써, 그러니까 12살 될 적엔 이제 합병이 지났거든. 합병이 지나서 고을에 두 학교가 있었는데, 기독교에서 세운 명흥학교(明興學教)가 있고, 밝을 명 자에 흥할 흥 자의 명흥학교가 있었고, 그 다음에 그냥 이제 세운 학교가, 유지들이 세운 학교가 보제(報濟), 갚을 보 자에 건널 제 자야. 그거는 그때 관민 유지로 해서 객사를, 좋은 큰 객사집… 군청 옆에 객사에 자리를 해서, 거긴 학교로서 자리도 좋고 운동장도 크고.

민영규 : 옛날엔 대부분 객사가 다 보통학교가 되죠.

정석해 : 네, 그렇게 됐어요. 그 자리고 그 다음에는 그 자리가 일본이 합병하는 걸 들어와서는 명흥학교로, 그 보제학교가 유지를 못하겠으니까 기독교 명흥학교에다 넘겨줬거든. 명흥학교가 또 거기 올라왔어. 그 자리에 올라와서 명흥학교로 계속할 때 내가 이제 들어갔는데, 아버님이 또 역시 이제 거기서 일을 하셨고. 그러다가 그 학교를, 그 다음엔 왜놈이 그 학교를, 너희 명흥학교는 나가고 이 객사는 나라 소유니까 자기가, 왜놈이 빼앗아가지고는 경찰서를 만들었어. 경찰서를 만들었어. 그때 그게 이제 생각나.

민영규 : 해가지고 어떻게… 그때 그러면?

정석해 : 명흥학교 가서 아버님한테서 소학교를 마쳤지.

민영규 : 그게 몇 년제였나요?

정석해 : 그때 6년제야.

민영규 : 용케 6년제네.

정석해 : 어, 그게 저 어떻게 해서 그런고 하니 기독교학교에서는, 일본 사람이 세운 것은 보통학교라고 해가지고 4년제고, 기독교에서 첫 번 그때 세웠던 때는 그 시대에 법률이 아직도 시행이 안 되니까… 그건 기독교에서는 미국제로 6년을 첫 번에 내리 [시행]했거든. 6년제로 우리가 나왔어요.

민영규 : 그래서 이제 중학 과정은 어떻게 됩니까?

정석해 : 중학은 그 다음에… 내가 아마 그렇게 하고 또다시 아버지가 용천(龍川), 용천군 외상면(外上面) 서석(西石)이라고 하는 동리에 이제 그런 종류의 사립학교가 있었는데, 거기 또 이제 교원으로 갔어요. 내가 아버님 따라가서는 거기서 그 다음에 한학을, 순수히 한학만을 배웠지. 그런데 그 동리에 벌써 선천 신성중학교에 3학년 다니다가 중퇴한 사람이 하나 있어. 그 사람한테서 내가 수학을 벌써, 산수를 내가 다 배웠어요. 구적(求積, 미적분)이라든지, 개방(開方, 제곱근), 개입방(開立方, 세제곱근), 그거 다 거기서 벌써 다 배웠어요. 그 사람이 자기 아는 수학은 내게 다 가르쳤어요.

민영규 : 그게 열 몇 살?

정석해 : 그게 13살 이렇게 되었지. 13~14살. 그러니까 그 두 해를 이제 한학 배우고 그렇게 하고 한 해 쉰 셈이고, 그 다음에 15살 났을 적에 선천… 기독교에서 세운 중학교로 신성중학교(信聖中學校)라고 하는데, 신성중학교에 그때 교장이 서양사람 George McCune, 윤산온(尹山溫)인데 거기 뭐 다녔지.

민영규 : 거기선 하숙 생활을 하셨습니까?

정석해 : 그럼. 거기 이제 기숙사가 있어요. 기숙사가 있어서 다 기숙

사 자취하고, 조금 나은 사람들은 이제 식모를 하나 둬가지고 합했는데 그런 것이 아마 두 방 밖에 없었고, 그 다음에는 한 15, 6방이 다들 자취… 둘 셋끼리 한 방에 있으면서 서로 자취를 했죠.

민영규 : 그 반이나 아랫방에 혹시 그 아실만한 분들 누구…

정석해 : 그때 내가 지금 생각나는 건 우리 지금, 내 윗반 사람들은 나를 모르지만 아랫반 사람은 윗반을 아니까.

민영규 : 그런 법이죠.

정석해 : 그 15년에[1913년의 착오—엮은이] 내가 지금 봄, 마지막 그때, 이제 학기가 마지막 3학기째 돼요. 마지막 학기에 2학년으로 들어갔거든. 1월 달에 마지막 학기에. 그러니까…

민영규 : 1915년.

정석해 : 그럼, 15년. 그래갖고 거기서 이제 4월 초하룻날 되면 석 달하고서 1학년을 마쳤어. (웃음) 그런데 그거는 이제 우리 아버님이 오랜 기독교 교인이고, 또 매큔하고 내가 이제 아는 처지니까. 그리고 그때는 교장이 그저 마음대로 하는 거니까. 아버님이 청하니까니 아들 보내라고 해서는 들어가니까 셋째 학기에, 1학년 셋째 학기에 들어갔어.

민영규 : 그러니까 연령 중으로 가장 노말(normal)하게, 진학이 자꾸 되어 올라간 셈이군요.

정석해 : 거의, 그럼. 거의 나는 뭐 교육이야 제때 받았지. 이제 그 다음부터 불규칙하게 되는 것이야. 이제 그래서 거기 상급학생으로 여기 백낙준(白樂濬) 박사…

민영규 : 한 반 위였습니까?

정석해 : 아니지. 한 세 반 위 될 거야. 그이는 1913년[1911년의 착오—엮은이]부턴가 105인 사건이 난 후에 거기서 그 학교가 닫겨져서 졸업식

을 못했거든. 그래서 그 15년 3월에 졸업식 하는 것인데, 105인 사건에 올라갔던 사람이 몇 해를 지나서 내려와서 다 무죄로 나왔거든. 나왔는데 그 사람들, 그 105인 사건 절반이 신성학교 학생들입니다. 그 사람들 다 한 학기를 더 공부시켜 가지고 6월 그믐에 졸업장을 줬어. 그래 두 클래스가 한꺼번에 났지요. 그래 뭐 여기 아마, 글쎄 이대위[훗날의 군정청 노동장관 李大偉로 추측—엮은이]가 백 박사보단 아랫반일 겝니다. 아마 같은 때에 졸업했으리라고 내가 지금 생각되는데요.

민영규 : 선생님 클래스에 몇 명 가량, 그때 한 클래스에 학생이 어느 정도…

정석해 : 그때 아마 스물이 못 될 거야. 스물이 못 될 거예요.

민영규 : 그게 4년제였습니까, 5년제였습니까?

정석해 : 4년제, 중학교는 4년제.

민영규 : 그러니까 1918년, 9년.

정석해 : 그런데 1917년, 17년, 그것이 2월 말인가 지금[1915년 2월임—엮은이]. 그래 3학년 마치고 4학년 올라가기 한 달 전에 스트라이크를 일으켰거든. 그때는 스트라이크란 말도 없었어. 동맹휴학이라든지 이딴 말도 없었고 그래. 소위 거기서 지금 전하는 말로는…. 그때 이제 자격 없는 선생님들 내쫓는 운동이라.

민영규 : (웃음) 그러니까 울분을 이제 그런 데에 터뜨리는 건데, 뒷얘기지만 나 그 배재[培材學堂] 다닐 때도 매년 그런 종류의 스트라이크가 있었어요. 그건 괜히 그저 학생들 울분 터뜨리는 그 발싸구(발싸개)죠. (웃음)

정석해 : 거기 이제 그 서양 사람의 그걸로 가난한 학생 도와주느라고 목공소를 세웠어요. 그러니까 그 목공을 가르치는 선생이 또 그것을 한

과목으로서 가르치는데, 그 보조받는 학생들은 대패질이라든지 다 배워 가지고서 쓸모가 있지만, 다른 학생도 공연히 가서 그거 배우느라고 귀찮거든. (웃음)

민영규 : 자기도 선비인데. (웃음)

정석해 : (웃음) 그래 지금으로 말하면 글쎄 상업학교 들어가는 오히려 한 첩길인데,

민영규 : 그래 사대부가 그런 걸 또… (웃음)

정석해 : 그래 그 목공 선생을 첫째로 이제 부족하다고… 그런 걸로 시작을 해서는 스트라이크를 일으켜서, 그때 말로는 이제 소위, 그 후에 말이지, 도무지 모든 걸 다 까부순다고 해서 그 '다까회'라는 것에 의해서야. (웃음)

민영규 : 다 까부셔. (웃음) 그럼 얼마쯤 거기서 벌을 받았나요?

정석해 : 그래서 그 다음에 무슨, 그때는 이제 말이, 출학(黜學)이라고 이제 하는 말, 출학(黜學)이라고 그랬어. 많은 사람이 출학(黜學)된 줄 알았는데 4월 초하룻날 되니까니 다 편지해서 너는 다시 오라 했는데, 세 사람만은 편지가 없어요. 그런데 그 후에 들으니까 두 사람들은 가서 소위 교회식대로 자복(自服)을 하면은 넣어준다고 해서 가서 자복을 하고 들어가고, 그 다시 못 다닌 사람이 내 생각엔 아마 두 사람일 것 같아요. 나하고 곽산 사람 김기영이라고 기억되는데, 그 사람의 후를, 내가 지금까지 소식을, 생사를 몰라요. 그런데 그 선언문 쓰기를 그 다까회의 이제 그 교수, 이제 갈아달라는 선언문 짓기를 그 사람이 짓고, 또 활동운동은 내가 하고 그랬는데… (웃음) 그 사람은 나보다 4년 위인데요. 그런데 그 후로 도무지….

민영규 : 굴복하지 않았군요.

정석해 : 예. 그래서 그 둘만은 나오고 말았죠, 이제.

민영규 : 그래서 이제 17년[1915], 그게 4월입니까?

정석해 : 2월인지 3월인지 지금 모르겠어요. 한 달, 하여간 학기 진급 하기 한 달 전이에요.

민영규 : 그러니까 4년 진급 못하고 그만…

정석해 : 그럼, 4년 진급 못했지.

민영규 : 그러면서 서울로 왔습니까?

정석해 : 그 다음에는 또, 내, 얘기를 다 하지.

민영규 : (웃음)

정석해 : 자 그리고 집에 돌아오니 집에는 조부님이 계시지요, 아버님은 이제 다른 데 가서 용천 용암포(龍岩浦)의 사립학교의 교원으로 있었어. 우리 아버님은 평생 교원 일을 보셨지. 훈학과 그게 전문인데. 집에 조부님이 계신데, 와서 뭐라고 말할 수도 없고. 그래 또 학교를 낮에 안 가니 말씀을 안 사뢸 수가 없어 다 이렇게 됐습니다, 하고는 그냥 있을 수는 없단 말이야. 그런데 그때 그 신성학교 졸업생들이 난관이 뭐였냐면 대개 아무래도 이제 사립 소학교에 가서 교원 노릇하는 것이 이제 하나의 직업인데, 신성학교 졸업생들이 일본말을 못하니까 그 교원시험에 합격을 못하거든. 그래 그때는 보통학교 독본들, 일어로 쓴 보통학교 독본들을 갖다가 첫 권부터 이제 자습이외다. 가갸거겨 일본말을 자습을 시작해서는 그 네 권을 다 떼고, 이제 평양고등보통학교에서 쓴다는 무슨 그런 책이 몇 권, 그게 어떻게 손에 들어왔어요. 그거 이제 보고선, 이놈 내가 졸업은 못했지만 너 졸업생보다 먼저 내가 지금 교원 시험에 합격을 하겠다는 이런 생각으로, 그해 의주에 도청이 있었는데 도청 학무과에서 교원시험 친다는 것이 8월 중순이야. 한창 더울 적이야. 집에서

돈을 몇 원 달라 해가지고서는…

민영규 : 신의주까지 가셨구나.

정석해 : 구의주. 구의주에 들어와서 교원시험을 쳤습니다. 쳤더니 1호가, 평양고등보통학교 졸업생이 1호로 붙었고, 2호하고… 3호가 내가 붙었어. 뭐 산술문제 무슨 이따우 문제 나오면 그거는 문제가 아니거든. 나로서는. 그래 어떻게 됐든지 하여간 붙었단 말이야. 붙어가지고서는 왜놈이 구두시험을 합디다. 학무과의 누구인지가 나와서 구두시험을 하고 일본에 대해서 충성을 하겠느냐는 그걸 물어요.

민영규 : 아이고.

정석해 : 그걸 물어요. 그걸로 아주, 학생이 이제 일본 정신을 넣어 주겠느냐고 그걸로. 시험 친 놈이 아니요, 하면 [교원을] 못할 게고. (웃음) 그래 "예!" 대답을 했더니, 하여간 뭐이냐… 발표하는데 붙었어요. 이제 붙어서 구두시험까지 다 통과를 했어. 그래 거기서 교원 자격을 그 이튿날로 증서를 내주더군요. 그랬는데 그때에 이제 거기서 무슨 평안북도 노회던가, 기독교 노회가 열렸어요. 열리면서 목사 장로들이 모였는데, 산골에서 어느 사립 소학교에서 그 교사를 구한다… 그래 그 나 좀, 어떤 길로 들어와서 그 나 좀 해달라고. 그때 누구였던지 내가 지금 소개했던 사람을 모르겠어요. 그러니까 그분이 또 내 아버님 아는 친구야. 그래 내 아무개 아들이니까 이제 조금 [소개]하고, 난 또 지금 교원 자격증서까지 받았다 그러니까, 이 사람이 좋아서 "아, 너 예수 믿고(,)…".

민영규 : 그럼 됐지 뭘. (웃음)

정석해 : (웃음) 장로 아들이고 그러니까. 그럼 우리, 그곳도 기독교 학교예요. 그래 가자, 해서는 그래 거기서 내가…

민영규 : 그러니까 1918년입니다.

정석해 : 17년. 아 18년인가? 18년이야. 그래, 18년이야 18년[1916년의 착오—엮은이]. 이제 거기서 그냥 떠났지 집은. 집에는 지금 모르지, 말도 없고. 그리고 저기…

민영규 : 아니 댁에, 아니 그 홍패(紅牌)만큼 자랑스러우셨겠네요. (웃음)

정석해 : 그래서 내 거기서 이제, 거기 얘기 가운데 소위 시골에 있다가 그 6월에… 아이고 그게 뭐야, 관동제일루(關東第一樓)라 그랬나? 관문, 큰 그거 있지요. 남대문같이 큰 문 있지요 의주에. 큰 그 뭐라고 하는가, 문루에 붙어있는 액자에 이제 그렇게 쓴 것. 거기서 그 문루도 보고, 그 다음에 이제 통군정(統軍亭)에 올라가 구경한 것이 내 지금까지 잊히지 않는데. 그런데 거기서 '통군정'이라고 쓴 거, 참 뭐 그 큰 글자에 저그 실사 변의 첫 대구리가 어떻게 크던지 아주 그 내가 지금 인상이 깊어요. 그런데 그 옆에 글쎄 내가 지금까지 원수라고 생각을 하면서도, 사내정의(寺內正毅, 데라우치 마사다케)가 거기에 붙인 글씨가 있어요. '황풍무변'(皇風無邊)이라 썼어요. 황풍이 갖[邊]이 없다 이렇게 했는데, 만주를 쳐다보게 이렇게 붙여놨는데, 만주를 먹겠다는… 여기가 끝이 아니라 하는 그놈의 뜻이… 그때 생각에는, 그래서 내가 지금까지 그 뜻을 아는 거야.

민영규 : 기운이 참…

정석해 : 왜놈이 이렇게 적다고 하지만 저 속은 저놈들이 저렇게 크구나 하는 그걸…

민영규 : 그 제2차 전쟁 때 싱가폴 점령해가지고 싱가폴을 소남(昭南)이라고 떡 붙이지 않았어요. 그것도 다 같은 소식이죠. 소남이다…

정석해 : 예, 그 만주까지 먹겠다는 뜻으로. 거기서 압록강을 건너서는, 그땐 중국으로 들어가요. 내 갈 곳을 가는데 중국으로 해서 그 [길

이] 빨라요. 거기 강이 내려오다가 구부러진 곳이니까. 중국으로 이렇게 건너서 가는…. 거기서 몇 십 리를 만주 땅으로, 이제 그래 처음으로 만주 땅을 가서 만주 집들도 보고 만주 개 사납던 것 때문에 혼이 나고, 흰 옷을 우린 또 입었으니까. 거기서 다시 창성(昌城)에 건너가서 배를 타고, 창성에 건너가서 창성읍이더만요. 창성읍에서 자고, 어드메냐 하면 창성 대유동(大楡洞) 불란서 사람의 금광에 있는, 거기에 있는 교회의 사립 소학교예요. 학교 이름도 지금 잊었수다. 거기 가서 그래 겨울을 나고, 그 이듬해 내가 아마 3월 초순까진가 거기서 가르쳐주고, 다른 사람은 뭣들 하고. 그리고 나는 서울 가서 공부할 마음을 하고 그리고 거기서 내려와서는 집에 왔죠. 여길 와서는 서울 가서 공부하겠다니까 아버님이 깜짝 놀라시더만요. 네가 뭐 어떻게, 여러 가지로 중학 졸업장도 없는데 어떻게 가겠느냐. 그런데 그때 다 시험을 본다고 그랬거든. 시험과 시험과목이 났어. 여기서요. 시험과목에 내가 그 뭐 쳐봄 즉합니다. 또 그동안 산골에 가서도 내가 틈틈이 공부를 했으니까 그렇다 하니까, 그래도 네가 4학년을 마치지 못한 놈이 가도 될까, 이제 그러세요. 그러면서 이미 서울 가서 유학을 하려면 세브란스의학전문학교를 해라, 그거야. (웃음) 그래 가지고 예, 그랬지 뭐.

　민영규 : 생활이 걱정이니까요. (웃음)

　정석해 : 그럼. (웃음) 예 그랬지, 거기서. 그러고는 그날 올라오는데, 아버님이 정거장까지 한 40리 되는데 같이 나오셨다가, 그러고는 노인이 하나 있어. 철산군 천도교 교구장 김 씨인데, 그 노인이 군성 씨인가 그랬는데, 그이에다가 나를 이제 부탁을 하더만요. 하시니 그 노인도 좋다고. 그래 올라와서 서울에 처음 내리니까 밤 아마 거의 10시가 됐는데, 전차가, 이거 못 보던, 첫 번 보는 거 아뇨. 불이 환한데다가, 전차가 참…

민영규 : 그러니까 1919년이 됩니다.

정석해 : 응?

민영규 : 19년이 되지 않겠어요?

정석해 : 아니 17년. 아니 가만 내가 아까…

민영규 : 18년에 그… 아까 그 소학교 교원 부임이 17년이라야 맞겠습니다. 거기서 겨울 나고 1918년에 이제…

정석해 : 아니야, 17년에 여기로 올라왔어. 그래 내가 19년 2월에 내가 여기서 2학년을 마치지 않았소, 여기서. 연대(年代)가 뭐이 틀렸나.

민영규 : 거기서 저, 소학교 교원자격증 얻어가지고 부임한 게 17년이라야 옳은데,

정석해 : 그건 내 나이하고 연대하고가 혼동이 되는데, 이태 차이인데 전에 이태를 잘못 불렀구만. 그래 그 서울 올라온 것이 17년 3월이야. 그 전에는 내가 잘못 말한 거고. 중학교에서 그건 그러니까 내가 15살이고, 연대로서는 2살이 덜해야 되나. 그럼 15년인가.

민영규 : 네. 그럼 바로잡을 수 있겠죠. 그럼 17년 3월에 서울로 올라오셨구만.

정석해 : 그럼. 중학에서 나온 것이 1915년이구만. 1915년이고, 그리고 16년에 자격 얻고. 그해 겨울 나고 17년에 여기 서울에 올라왔어. 올라와서는 그이한테 갔더니, 그래 전차를 타고 들어갔는데, 그 다음에는 그이가 너 다른 데 갈 것 없이 내가 지금 교구장 회의에 오는 것이니까 우리 천도교 거기로 가자 그랬어. 그게 그 천도교 중앙본부예요. 한식집인데 굉장히 큽디다. 그때는 또 시골 눈으로 보니까 복도인지 그걸로 긴데, 이 방 저 방이 있는 빙 둘러 네모난 각방인데, 돌아서 들어가서 거기서 하룻밤을 자고는, 그 이튿날 아침에 철산군 천도교 교구장이 나한테

뭐라는고 하니, 자, 여기 우리 천도교에서 경영하는 보성중학교가 있어. 그러니까 내가 거기다가 너를 넣어줄 터이니 그렇게 안심하고 있거라, 그래.

민영규 : 아까 저 천도교 그 얘기부터서, 예.

정석해 : 그래서… 그러니까 그 보성중학교에 소개를 해줄 테니 거기로 가도록 하고 안심하고 있으라, 그래요. 그러나 내 속에는 중학교 다시 들어갈 필요는 없을 터인데 하고서는, 그래 예, 하고 나와서는 이제 YMCA를 찾았죠. YMCA가 어디 있나. 서울 복판이니까, 그것도 아마 이제 아주 가까워서 좀 내려와서 YMCA를 이제 들어가 봤지요. 봤더니 연희전문학교가 있거든. 연희전문학교는 내가 중학교 3학년 적에 들으니까 기독교대학이, 기독교대학이라고 그래요. 평양 숭실대학보다 더 큰 기독교대학이 서울에 되는데, 우리 그, 나같이 출학을 안 맞고 졸업한 사람이 벌써 입학을 했거든.

민영규 : 그게 1915년이죠?

정석해 : 웅? 그 사람은 이제 그 다음해 16년에 아마 한 모양이야.

민영규 : 그때 뭐 숭실대학이 서 있었나요?

정석해 : 아, 숭실대학이야 그때 벌써 여러 해 졸업 났지. 숭실대학은 그건[개교는] 아마 합병 직전이지요. 그건 벌써 졸업 났지요. 여러 해 졸업 났어.

민영규 : 그래 그때 또 연희전문학교가 아주 YMCA 귀퉁이에…

정석해 : 그럼, YMCA 빌딩에 있었지. 그리고 저 학교를 보니까 저 아래, 윗방 둘 얻어가지고는 그게 학교야. (웃음) 방 두 개 얻어가지고는 그렇게 있는데, 그래 뭐 이제 시험을 뭐 어느 날 친다 하고, 여기 와서 여기가 시험장이다 그래서 그걸 다 알았지. 알고서는 가서, 천도교 그 본부에

다시 가서 그 노인한테 고맙다고 그러고, 내 딴엔 이제 식대라든지 뭘 다 내야 되지 않겠냐. (웃음) 그랬더니 뭐라고 하냐면, 너 그 무슨 소릴 그런 소릴 하냐고. (웃음) 그래서 어디 뭐 다른 데 하숙할 덴 얻었냐고 그래. 이때는 나보다 전에 올라와서 여기 다니는 이를 만났거든. 만났더니 자기 하숙으로 오라고 해서 이제 나도 거기 가려고. 그런데 가서 본즉슨, 그 독립운동의 철산 지역의 지도자로서 사형 받아 죽었습니다. … 이름 자가 지금, 함자가 지금 안 나오는데, 이제 우리 집안이에요.

민영규 : 정 씨로군요.

정석해 : 예. 정 씨에 내 이제 조부의 행[行列]인데, 정… 원범이! 정원 범(鄭元範) 씨. 그분이 사형 받았어. 독립운동, 네. 그 정원범 씨한테서… 나는 [그를] 모르는데, 너 아버지 성명이 뭐냐 그래서, (웃음) 아무개다 그래서, 어 그래? 그러데. 그렇구나, 나다. 잘 안다, 나는. (웃음) 그리고 그 자리에서 이제 절도 하고, 그리고 시험 날에 여기 와서 시험 보지 않았겠어요? 여기 와서 시험을 봤더니 시험에는 또 합격이 떡 됐거든.

민영규 : 몇 명쯤 그때?

정석해 : 그때… 도무지 그 수는 얼마라고 생각 안 돼요. 아마 그저 한 30명이나…

민영규 : 그러니까 그때 문과, 상과, 수물과…

정석해 : 그럼. 내 그 우스운 얘기가 좀 몇 개 있어요. 그때가 17년인데, 그해부터가 조선총독부 인가가 났어. 그전엔 대학이라 했건 어드랬건 전부 개편을, 전문학교 규칙에 의한 개편을 하는데, 문과가 4년제요 상과가 3년제라고. 그런데 나보다 먼저, 우리보다 먼저 이태, 3년 있었던 사람들도 거기 따라서 한 해씩이, 상과가 3년제 되니까니… 그것이 이제 이태 다닌 사람이 2학년으로 내려가고 3년 다닌 사람이 2학년으로 되고,

그렇게 내려가더만요. 그래서 내 이거는 참 나밖에 알 수 없는 것이, 그 총독부에서 하라는 대로 학교 서식을 한 모양이에요.

민영규 : 예, 그러니까 커리큘럼이 내려오고.

정석해 : 그럼. 커리큘럼이 내려오고 이제 그 서식이, 학생카드가 이제 됐어요. 그 카드가 지금 여기 남아있습니다, 1학년들. 그런데 상과 3학년이면 나보다 지금 이태를 더 먼저 들어온 사람이거든. 15년에 들어온 사람들이에요. 그 사람들이 여기 지금 학적부에는, 여기 학적부를 그때 처음으로 시작했는데, 학적부에는 나와 마찬가지로 17년 상으로 지금도 그렇게 기록돼 있습니다. 그걸 아마 기록도 후에 잘못한 모양이지요. 그런데 김원벽(金元璧) 씨 같은 이가, 내 이 김원벽 씨 사건 때문에 이 학적부를 봤는데, 내 학적부가 내가 17년의 입학생이고 그이도 17년의 입학생이에요.

민영규 : 사실은 15년 입학생인데.

정석해 : 그럼, 15년 입학생인데. 그러니까 이원철(李源喆) 박사라든지가, 아마 그것도 뒤지면 아마 그럴 거예요. 수리과(數理科)도 이제 그때, 그러니까 이 선교사가 뭐한 것에는 서류상의 분명은 없다 이 말입니다. 그 다음에 법의 명령에 의해서 그 다음에 학적부를 만든 모양인데, 또 거기 지금 우스운 것은 신분 난이 있습니다. 평민과 귀족이 거기 적혀 있다 그 말입니다.

민영규 : 있죠. 나도 그거 기억해요. (웃음) 우리 연령 때까지도 그게 있었어요.

정석해 : 내가 여기 지금, 석 달 전엔가 처음으로 이제 그 학생이 와서 김원벽 씨의 옛날 그것을 묻고 날더러 이렇게 대화를 해달라고 해서, 그 좀 해야겠는데, 뭐 좀 참고를 하려다가 뒤에 보니까니 여기 학적부가 그

렇게 돼있어요.

민영규 : 사족(士族)이다 뭐 상민이다, 이제 그렇게.

정석해 : 아 그것도 뭐 또 그랬어. 그래 그 신분 난이 있는 걸 보고도 깜짝 놀랐고. (웃음) 김원벽 씨라든지 노준탁 씨라든지, 제1회 졸업생들이 다 17년으로 잘못 기재돼 있어요.

민영규 : 그래요?

정석해 : 여기 그 서류라는 것 하고는…

민영규 : 그때 선생님 클라스에 누구누구, 앞뒤로…

정석해 : 있는 것은, 난 처음에는 수학과에 입학을 했어요. 수학과 입학을 했는데…

민영규 : 그러니까 이원철 선생님도 거기였다?

정석해 : 그 상급이지. 상급인데, 이원철 선생께는 내가 이제… 그 서양 선교사가 수학을 가르치는데, 우리나라 말로써 수학 문자를 모르겠으니까니, 뭐 절선이니 뭐니, 그러니까 거기서 벌써 먼저 배워놓은 학생들이 하급을 가르치는 기라. 한 급 이상 사람이 그걸 가르쳐. 그런데 또 우리는 그걸 또 알아듣기에는 그거 쉽다. 나는 또 영어를 못하니까 말이야. 영어로 또 했다 손치면 배우기엔 좋은데, 어떤 문제에 들어가서 난관을 당하면 설명을 못한단 말이야. 내가 배운 것은 이제 미국 가서 있던 장세운(張世雲) 씨인데, 수리과 1회 졸업생이지요. 우리보다 이제 이태 앞선 선배인데. 그런데 그 어떻게 뭐, 좀 푸는 것과 모든 것이 아주 예리한 맛이 없어요. 그래 내가 수학에 대해선 그렇게 못하지, 둔하지 않았어. 뭐 학적부 뒤지다가, 내 글씨가 상당히 좋은 글씨에요. (웃음) 그래 아 이건 한 달 배우니까 말이야, 이렇게 수학 배우려다가는 그건 뭐 낮잠 자야겠다고. 그래 다시 문과로 전학을 하겠다니까 한 달 후에 전학을

144

시켜주더만요. 그래서 한 달 후에 문과로 들어왔는데, 그때 여덟 사람이었어. 김윤경(金允經) 선생, 이묘묵(李卯默), 또 저 노 누군가, 저 강원도. 하여튼 또 무슨 오봉순이. 또 무슨 박정렬이던가, 강서 사람. 그런 사람들 여덟 사람이었어요.

민영규 : 졸업까지 다 가진 못하죠.

정석해 : 김윤경, 오봉순은 다 졸업한 사람들이고, 3·1 운동 나기 때문에 그 다음에 한두 해 떨어진 사람이 절반 더 될 거예요.

민영규 : 아, 이묘묵 씨도 졸업했겠고.

정석해 : 그럼. 그래서 한 너덧 사람은 졸업하고 너덧 사람은 못했을 게외다. 그렇게 해서 여기서 문과에 들어와서…

민영규 : 그러니까 그때는 이쪽[신촌]으로…

정석해 : 아니지, 아직은. 아직도 YMCA에서 내가 지금 한 해를 더 배웠지.

민영규 : 그래 가지고 이제 저 보명학교를, 목조를 지어 옮겨온 거군요.

정석해 : 오는데, 그래 그해에 그러고, 학교 땅을 샀다는 말은 나요. 그러니까 이제 18년, 18년 4월인가 얼마에… 18년 4월 말인데, 봄철 원족(遠足)을 나오겠는데, YMCA에서 이 자리 이리로 원족을 나와요. 그래 모여 앉기를 어디로 앉았느냐면 지금 이공대학 지은 그 자리입니다. 그 터에 이제…

민영규 : 그럼 보통 논밭이 있던 데 아닙니까?

정석해 : 논밭이 밑에가… 그럼, 논도 있고 그 위에 이제 그래도 풀이 좀 있고 한데. 이제 와서 앉았는데 원한경(元漢慶) 씨가 또 자기 부인 에델 여사(Ethel Van Wagoner Underwood)인가, 부인하고 같이 나왔는데, 애기를 안고 나왔어요. 애기를 안고 나왔는데 이제 6달된 애라고 그래요.

그게 지금 누구냐 하면 원일한(元一漢) 씨입니다. 그 원일한 씨가, 내가 그 생일이 1917년 10월이라고 짐작을 하는 거예요. 언제 본인께도 그런 얘기를 내가 한 번 한 적이 있는데, 내가 젖먹이 때에 본 그가 원일한이라고. (웃음)

민영규 : 그래 가지고 언제 이…,

정석해 : 그 다음에. 그 다음에 그러니까 이제 우리 터를 우리들이 나와 봤죠 다. 그때 다 나와야 도무지 그것이 아마 50명 미만의 학생일 겝니다.

민영규 : 아니 그러면요,

정석해 : 그해에 이제 그 다음, 가만, 아냐 50명이 아니고 60여 명이 될 겝니다. 그해에 이제 받았으니까 또. 나보다 아래 급을 하나 받았으니까.

민영규 : 그런데요, 그러면요 그때 원두우(元杜尤) 씨는 여기에 없었죠? 그 이듬해 미국으로 돌아간 거죠?

정석해 : 아니, 17년 내가 입학할 때에 벌써 미국의 자본 얻으러 들어가서 거기서 작고하셨거든. 원 언더우드는.

민영규 : 예, 그래서 에비슨(Oliver R. Avison) 박사가 그러니까 여기…

정석해 : 그럼, 벌써 이제 에비슨 박사가 교장이지.

민영규 : 그럼 이 지역을 얻은 거는 훨씬 뒤로군요, 그러니까.

정석해 : 아니, 그때는 여기 그저 전부 부지의 땅은 다 얻었지요. 땅은 다 있는데, 이렇게 이 집도 되기 전이고 그러니깐요.

민영규 : 네, 그러니까 보명학교 그 목조건물을…

정석해 : 그래 이제 그것이 그해부터, 이제 우리가 18년 봄에 나왔고, 그해부터 가교사를 짓기 시작했어요, 가교사를.

민영규 : 18년부터요?

정석해 : 그럼.

민영규 : 예.

정석해 : 가교사를 지어서…

민영규 : 그때 규모로는 꽤 큰 건물이었는데, 2층으로.

정석해 : 예, 2층으로 이제 목조를 써서…

민영규 : 꽤 큰 건물이었어요, 생각하면.

정석해 : 예. 우리는 꽤 그래도, 전에는 두 방에서 서로 갈라가지고 이제 다 했는데…

민영규 : 교실이 한 10여 개 됐을 겁니다.

정석해 : 사무실, 서쪽으로는 사무실 쓰고, 동쪽에 큰 걸로, 큰 방으로 쓰고. 2층들엔 각 교실로 만들고.

민영규 : 꽤 컸어요.

정석해 : 예. 적어도 한 편에 두 방씩, 가운데 두 방인가 있고, 또 저쪽으로도 두 방 있고 하니까 아마 한 층에 여섯 방은 적어도 됐을 겁니다.

민영규 : 상당히 규모가 큰…

정석해 : 예. 아, 우리가 나올 때는 뭐 YMCA 셋방살이 하다가 거길 나오니 굉장히들 기뻐했죠.

민영규 : 그렇지만 여기로 통학하는 일이 큰일이죠.

정석해 : 그럼. (웃음)

민영규 : 그때는 교통도… (웃음)

정석해 : 그래서 그때 교통 때문에… 여기는 도무지 집이 없거든. 여기서부터 서울까지, 서대문까지.

민영규 : 아무것도 없죠.

정석해 : 우편국은 있고. 거기 냉동(冷洞)에, 조그마한 집들에 거기
서…

민영규 : 신촌정거장이 있으니까…

정석해 : 하숙을 했죠. 아니 신촌정거장 이 길은 안 났습니다 아직도,
용산으로는.

민영규 : 그래요?

정석해 : 그럼. 그것도 이 길 닦는 거를 그 다음에 우리 나와서야 봤으
니까요.

민영규 : 그래도 경의선이 된 건 1910년 전에 됐는데?

정석해 : 경의선은 저리로 해서, 용산으로 해서 서울역에 들어왔다가
다시 또 되나가서 신의주로 가거나 그럽니다. 그 이거 하던 것이 19년에
이거 해서 아마…

민영규 : 그러니까 그 전 의주 가는 길은 신답(?)으로, 저, 당인리 그쪽
으로…

정석해 : 그럼. 당인리 그 길이 그 길이지. 그거예요.

민영규 : 그러니까 모두 걸어서 다녔겠군요.

정석해 : 그럼. 거기 냉동에서 여기까지 걸어 나오려면.

민영규 : 꼭 10리길인데…

정석해 : 저 릉에, 애기릉[북아현동 의녕원懿寧園 터—엮은이]. 애기릉
앞에 되놈이 저….

민영규 : 네, 농사짓는 동네… 크지 않았었죠.

정석해 : 그거 하나 있고, 그 다음에 무슨 초가집이 하나 있어. 그거 둘
밖에는 여기 도무지 없어요.

민영규 : 그리곤 전부 솔밭이었죠.

정석해 : 전부, 그럼. 이젠 기억도 희미해서 그저 솔밭, 솔도 하여간 많았고 애기묘도 많았고.

민영규 : 여기도 솔밭이고, 이화 그 너머 북아현동 거기가 전부 솔밭이었어요.

정석해 : 이 터 안의 전체가 솔이라는 것은 우리 아름드리 솔이었다고. 다 백여 년 이상짜리 솔이야. 그래서 키도 높고 그걸. 그래서 거기서 이제…

민영규 : 그러니까 여기로 이사 온 게, 보명학교로 이사 온 게 그러니까 1918년이래야죠?

정석해 : 18년, 그건 어느 학기에 왔는지를 내가 지금 분명히 모르겠어. 18년에 왔어요.

민영규 : 18년 가을 정도겠죠.

정석해 : 네, 가을이든지…

민영규 : 가을이겠죠, 아무래도.

정석해 : 네, 18년. 그건 뭐 두 달 석 달이면 지을 테니까. 사실은, 사실은 18년에 시작해 가지고 우린 4월 달에 이리 나오고, 그 서넛, 너덧 달에 지었을 때니까.

민영규 : 그렇죠. 지하실이 있는 것도 아니고, 초석만 놓고 그냥 나무 기둥 올려서.

정석해 : 그럼. 나무 2층집[치원관致遠館―엮은이] 짓는 거니까. 18년 가을에 나왔을 겁니다. 그리고 이제 그 다음에 19년 이제 되지 않소? 19년에 이제 거기서 3·1 운동이 일어나는, 그런 김원벽하고 아주. 그때 여기는 아직도 지금에 있는 집이라고는 하나도 없었어. 여기 다 나무야.

민영규 : 그러니까 ○○○○ 그 다음에… (웃음)

정석해 : 그 후에 들어왔지 뭐. 여기 송치명(宋致明) 장로라든지 다가.

민영규 : 나도 그 보명학교(延禧普明學校), 그전 해방 직후에 홍순혁(洪淳赫) 씨랑 몇 번 거기로 돌면서 보명학교 2층 돌아보고 그랬는데, 그때 규모라 하니까 참 큰 건물이다, 아주 서양식으로. 그, 그때 벌써 낡아서 삐그덕 삐그덕 하고.

정석해 : 18년, 이제 여기 나오고부터는 전국 교복제도가 났습니다. 교복을 다 입게 됐어요. 교복을 전부 다 교복을. YMCA에서는 어떤 사람이 이제 교복을, 한복에다가 두루마기에다가 이제 네뿔(사각) 난 전문학교 학생 모자 말이야. 네뿔 난 모자는 썼지만 전에도, 이젠 두루마기 위에다 쓰고 다니면서 이제…

민영규 : 보통 썼죠.

정석해 : 네, 그걸 가지고 전문학교 학생이라고. 아직도 한국에 무슨 대학은 안 있었으니까 전문학교 학생이라고 해 가지고 그래도 최고학부 다닌다고 자신 있는, (웃음) 뽐내던 때지. 그러던 때지요. 그때가 다 좋았던 때요. 여기 나와서부턴 이제 그 다음에 양복을, 양복으로 교복을 입어. 그걸 뭐라고 그러나? 네리…

민영규 : 쯔메리(詰襟, つめえり).

정석해 : 쯔메리, 쯔메리라는 그걸 해서 입었어요.

민영규 : 그러면 저… 만세 소동은 잠깐 쉬었다 하실까요?

정석해 : 네, 좀 쉽시다.

민영규 : 좀 피로하실 것 같으니까.

(잠시 중단)

민영규 : 자, 이제 다시 19년 3월 그때 얘기로, 그때 뭐 만주 가시고 한 게? 아, 만세 터질 땐…

정석해 : 19년 3월 1일이죠. 벌써, 뭐이던가… 그때 강화회의가, 파리에서 강화회의가 열린다는 그 소식이 벌써 18년 겨울에 들어오는데, 그게 아마 내가 분명히 모르겠습니다만 1월 달부터 강화회의가 열리는지 무슨 그렇게 되는 모양이에요. 그래서 여기 저 몽양(夢陽)하고, 여운형(呂運亨) 씨랑 장덕수(張德秀) 씨랑 그 다음에 또 김규식(金奎植) 선생… 여기, 내 짐작에는 서병호(徐丙浩) 씨도 그때 거기 계셨던 것 같고 또…

민영규 : 그때 김규식 씨는 여기 학교, 원두우…

정석해 : 아니 아니, 벌써 나갔지. 있다가 나갔어. 여기 서기로 있다가 나갔지. 15년에 있다가. 벌써 그때 나갔어. 그쪽으로 말이에요, 18년에. 그 남경에서 무슨 신한청년당(新韓靑年黨)인가 그렇게 조직을 했어. 거기서 이제 그 김규식 선생을 대표로 뽑아서 파리로 파견을 하면서 선우혁(鮮于赫) 씨, 선우혁 씨는 내 중학교 선생님인데 선우혁 씨를 국내로 들여보냈어. 이번 그 학생, 거기 난 가운데 글자를 잘못 썼습디다. 남강을 보내는 걸… 남강 선생이라는 걸 뭐라고 했더라(,)? 이승훈 씨, 남강(南岡) 이승훈(李昇薰) 씨라 해야 하는데 거기 다 잘못 썼더만. 남강 이승훈 선생이 여기 들어와서 강화회의에 우리 이제 대표 보내는 것과, 또 여기서 같이 호응해서 일어날 것을 남강 선생님께 얘기했어. 그 기독교 측에서 역시 3 · 1운동을 준비할 생각을 갖고 있었던 터요. 동시에 서울에서는 2월 8일 동경 유학생이, 2월 8일에 송계백(宋繼白)인가 이제 그 선언서를 가지고 여기 들어오지 않았어요? 들어와서 김성수(金性洙) 씨라든지 송진우(宋鎭禹) 씨한테, 그땐 다 중앙학교 거기에 있을 적인데 거기서 획책을 하고, 그때 아마 최남선(崔南善) 씨하고 통해 가지고 천도교

하고 일어나야 되겠고, 또 최남선 씨는 신민회 사건으로 서로들 남강이라든지 다 아는 사이들이니까 다시 이제 서로 만나고. 그 두 군데 운동이 합쳐서 합업이 됐거든. 그 벌써 2월 달에 들어오니까 뭐 벌써 웬만한 데서는 대개 지금 이 두 군데서 일어날 것이, 3월 달에 궐기하리라고 하는 것이 이제 대략 짐작들이 돼 있었어. 떠들고 이제 다들 서로… 그러나 왜놈들이, 그것들이 뭘 해, 하고는 오히려…

민영규 : 만심(慢心)을 일으켜서…

정석해 : 그럼. 도저히 경미히 여겼던 모양이야, 오히려 사실은. 그래서 그때 이제…

민영규 : 그때 정 선생님은 저 겨울방학 때 고향에 돌아가셨다가 다시,

정석해 : 그럼. 겨울에 나는 12월 달에 내려갔다가… 그땐 12월 18일께 쯤이면 방학해요. 그 들어가서 두 주일 하거든. 일본 사람이 무슨 정월 5일인가 이제 그거 지내면, 신년축하 뭐라는 그거 지내면, 그 다음부턴 개학이에요. 그러면 올라와. 그러니까 1월 달에 벌써 올라와 여기 있지. 그때 냉동에, 내가 지금 김춘수라고 하던가 무슨 김춘수 목사네 집이에요. 냉동 그 우편국 뒤에. 그 하와이 목사를 갔다고 그때 그럽디다. 그 목사한테 이제 묵을 적인데, 거기 이경화(李敬華)라고, 저 33인회의 돌아간 이명룡(李明龍) 씨 아들이야. 또 우리 중학 동창이거든. 물론 졸업은 그 사람이 이제 경신(儆新學校) 나와서 졸업을 하고 여길 들어왔고. 같은 클래스였는데. 지금도 살아있지만 이제 과는 다르고, 상과 그때 2학년 계병호(桂炳鎬)가 같은 하숙에 우리 셋이 같이 있었어. 그러니까 그 이명룡 씨가 이제 올라오는 것이, 남강 선생하고 같이 33인회 그네들이 여기 올라왔어. 그러면 무슨 심부름 시킬 일이 있고 하니까 우리가 거길 갔지. 그때 신행여관이라고 종로 보신각 뒤입니다. 거기에 이제 오시더만.

민영규 : 남강…

정석해 : 아니, 이명룡 씨가. 그 아들하고 이제 거길 가면, 그러면 이제 한번 남강 선생이 거기 온 걸 내가 봤어. 우린 뭐 가서 무슨 누구에게 말씀 전해라, 언제 만나잔다고 해라, 그저 이런 말을…

민영규 : 그 신행여관에서요? 같은…

정석해 : 신행. 이제 그것만은, 남강 선생이 거기에 유하는 것이 아니라 간혹 이제 오는 것, 그것만 봤어. 그래 이제 우리는 그러니까 그분들이 뭐 제 아들을 안 믿을 것 있소? 그리고 또 서로 가까운 동창이고 하니까. 그래서 3·1운동, 거사운동 하는 걸 조금 빨리 안 셈이지. 얼마쯤 내부에 좀 되는 것도 이제 좀 안 셈이고. 그 전에 이제 YMCA에 기독학생 청년회들이 이제 있어서 혹 강연을 하곤 합니다. 그러면 이제 학생대표 강연하거나 또 저 승동(勝洞)예배당에서 강연하거나 기독청년학생회에서 강연하거나 하면, 원벽이가 장로교예요. 거기서 이제 강연하는 데도 우리가 따라다니면서 듣기도 했고.

민영규 : 승동예배당이 장로교던가요?

정석해 : 장로교예요. 승동이 장로교예요. 김윤경 씨도 그 부친은 장로교입니다. 그 다음에 이제 종교(宗橋)예배당 다니고…. 배화학교에 오래 계시고 하면서 감리교와 관계하지만 본시는 장로교입니다. 우리가 1학년 적에는 김윤경 씨하고도 같은 하숙에 같은 방에 지냈어요. 강화에 있는 상과에 있던 그 지금 이름은 기억 안 나는데 황 씨하고 셋이서 같이. 그래 그때는 지금 독립운동 일어날 그 짐작은 이명룡 씨 아들하고 같이 있어서 서로 이제 그 다 알고, 좀 기밀을 다 알고 그랬죠. 그 김원벽 씨가 학생에 인기가 그 시대에 서울 장안에서 컸어요. 전문학교 학생으로서 가장 인기가 컸어요. 그런데 그 33인에 들어간 감리교 박희도(朴熙道) 씨

라고, YMCA 뒤에 중앙교회 있습니다.

민영규 : 그 당시에 웅변가로 알려졌죠.

정석해 : 그럼. 또 희뜻한[기특한, 애틋한] 일도 많이 했어요.

민영규 : 좋은 일 많이 했어요.

정석해 : 그 전에 이제 인천에서 청루(靑樓)에 들어간 14살 난 여자를 가서 사왔어요. 그래서 그 청루에서 그 14살 난 그 애를 구원해서 해방했어요. 그래서 어느 중학교엔가 다니게 해주고, 그리고 그때 거기서 사진들도 찍었는데, 그 사진이 지금 후에 어떻게 됐는지…. 그 후에는 이제 박희도 씨가 징역 지고 나와서는 사회에 여러 가지 비난을 많이 들은 일이 있는데, 그 박희도 씨가 33인 중에 이제 청년층이거든. 그런데 그이가 청년운동 관계를 맡게 됐는데, 기독교 전도사요. 그래서 청년을 잡는데에 그이 생각에는 김원벽이를 잡아야 대학생층을 잡는다 하는 이런 생각으로 김원벽이를 몹시 접근을 시작했는데, 원벽이가 응치를 않거든. 원벽이가 응치를 않으니까 이제 많이 노력을 한 모양입디다. 그런데 원벽이는 일단 결심한다면 대쪽 같은 사람이거든.

민영규 : 남자로구나 남자.

정석해 : 그럼. 그런데 그 연설할 때의 풍채라든지 키도 크고요. 김윤경 선생같이 키 큰데다가 ○○○○ 그 제스추어며 그 탁한 음성에, 이게 참 웅변가예요. 타고난 웅변가예요. 본시 그 자기 아버지도 목사고, 또 부유한 목사입니다. 그 무슨 과수원 다 가지고 그 집안, 그 황해도 은율(殷栗), 지금은 합군돼서 안악(安岳)이지만, 은율 거기…

민영규 : 나도 은율 한번 가봤어요.

정석해 : 예, 그 은율 출신이고. 그래 그이를 잡아가지고서는, 뭔가 대관원(大觀園)에서 전문학교 학생대표들 그 8개인가 있잖아요. 거기 들어

가서 오라고 했죠. 그런데 생존해 계시는 건 아마 이용설(李容卨) 씨, 세브란스의학전문학교 대표로서 참여하고. 그 다음에 이제 일을 계속할 때에는 두 사람이 제일 힘을 많이 쓴 모양이지요. 김원벽이와 보성전문학교 대표 강기덕(康基德)이. 그래 이제 벌써 일어나는 건 오히려 학생층에서는 다 이제 알려졌습니다.

민영규 : 그게 2월…

정석해 : 2월 하순에는 벌써 다 알려졌어. 그런데 우리 학교로 말하면 대개 알면서도 이제 뭐 어떻게 이젠 조직을 하고 행동을, 무슨 절차를 우리가 정해야 되겠는데, 28일에야 와서 12시, 그때도 기도회를 했던지 12시 척 지나서 대강당에 모이기로 했어요. 치원관에 이제 모여서. 그런데 뭐 다 모여야 이제 불과 학생이 도무지 전체가 60여 명이요. 어느 시대에나 우리가 말로는 대한민국이라든지 무슨 또는 대한민족 전체가 늘 어섰다고 하지만, 그런 위험한 기운에서 빠지는 분자라는 건 언제나 있으니까. 실상 거기 얼마 모였던지 그저 모였어. 그래 거기 김원벽이가 내일 3월 1일, 그때 결정을 내가 기억해냈는데… 2시로 시작을 했던가? 2시에 파고다공원에서 모여서 시위를 시작할 터인데, 절대 이 말을 밖에 나가서 어디 누구든지 친구 간에라도 말하면 안 된다. 우리가 단합할 것을 결심하고 그러자. 그런데 뭐 하나 반대가 있겠어요? 그러고 이제 헤어졌지. 그리고 내일 아침에 나오면 그 이튿날 그 시간에, 그 정한 시간 전에 이제 가지 않았어요? 아마 내가 1시쯤에 거기 갔음 직해요. 벌써 파고다공원이 교복 입은, 중학생은 검정 교복이고 우리들은 이제 그때 여기서 사지(serge) 곤색으로 우린 입고. 아 그런데 뭐 전문학교 학생, 무슨 중학교 학생, 꽉 들이찼단 말이야 이제. 아 그러니까 무시무시합니다. 왜놈은 오히려 무슨 아무 경관이든지 뭔지 그런 걸 알 수도 없고 뭐 어떻

게 학생들만 우글우글하는데, 아 그래 2시 시간이 거의 돼오는데, 아무나 뭐 나가서 지도하는 지도자가 있어야 할 텐데 지도자가 없단 말이에요. 이거 뭐, 나는 그래서 내 본 얘기만 하니까. 이왕 뭐 전체적인 사건의 진행은 아니지만, 그래 거기서 그 이명룡 씨 아들 이경화하고 둘이서, 태화관(泰和館)에 모인다는 건 우린 벌써 알았거든. 그러니까 이거 가서 알려야지, 이렇게 사람이 많이 있다고. 왜놈이 먼저 여기서 우리를 포위하면 안되겠으니까 가서 어떻게 하려는가를 묻더라도 어떻게 가보자고 하고서는, 그래 태화관에 슥 갔수다. 아, 가니까 태화관에 순사가 싹 둘러싸고 말이야. 너희들 왜 오느냐고 하거든. 그래 할 말이 없어서 여기 음식 좀 사먹으려고 한다고 그랬더니, 음식 여기 안 파는 데라고 나가라고 그러더란 말이야. 그러니까 벌써 이제 33인은 벌써 이젠 다…

민영규 : 그때 태화관 자리가 지금 종로(경찰)서 그 자리예요?

정석해 : 아니, 지금 기독교 태화관 거기. 집은 그 집이 아니지. 그땐 얇은 한 층짜리지. 그래 거기서 다시 파고다공원으로, 파고다공원에 뒷문이 있었습니다. 뒤의 옛날 문, 빨간 칠하고 한 문. 그 문을 쓱 들어서니까, 벌써 누군지 모르겠는데 팔각정에 올라서서 독립선언서 낭독이야. 그 우리 들어가자 거의 마지막 줄 읽을 때야 벌써. 그러니까 빨리 읽어 내려갑디다. 그러고는 뭐 척, 그저 마지막 소리가 뭐 그만두자, 무슨 33인 이름 부를 새가 없어. 그때 말로 "조선독립 만세"야. 조선독립 만세! 하고… 아 그러니 뭐, 와 하고 일어나니 그저 누가 지도를 하겠어. 쑥 막거리로 나가서는 시위가 시작되는데, 내가 지금 한 마디 남기고 싶은 건 어떤 기록에, 더욱이나 또 해외에 나가서 이제 (당시 그곳에) 계시지 않던 박은식 선생의 독립사(『한국독립운동지혈사』, 1920)에서는 그날 거기서 태극기를 걸었다 그랬어. 그건 와전이고, 이 일이 일어나리라고 해서 누

156

가 지도를 맡았더냐 하는, 지도 맡은 사람이 없다 그 말입니다.

민영규 : 예, 계속해주시죠. 그때 그 어느 분이 낭독하셨는지 그건 기억이 안 나시는지요?

정석해 : 나도 그때는 몰랐는데, 낭독하던 이가 누구였는지는 저는 몰랐는데, 이제 내가 해방 후 또는 4·19 다음해에 국립방송국에서 4·19 시대의 회고담을 하는데, 그때 유옥경[주옥경(朱鈺卿)의 잘못─엮은이] 여사하고 정재용(鄭在鎔) 씨하고 나하고 셋을 불렀어. 그래 거기서 선생이, 주옥경 씨는 의암 부인이시니까 이제 손의암(孫義菴) 이 얘기를 하기로 하고, 정재용 씨더러는 독립선언서 낭독하던 그때 상황을 얘기하게 하고, 날더러는 학생의 시위운동 하는 걸 얘기하라는, 그 자리에서 선언서 낭독은 본인인 것을 처음으로 알았고, 그 다음에 그이가 다른 친구한테 물었어. 그이가 48인 중의 한 사람으로서 징역을 몇 해 하고, 그 48인에 들었던 배화학교(培花學校) 교장 한 이가 있어요. 김지환(金智煥) 씨인가? 48인에 들었던…. 그이도 33인에 연락하느라고 개성 지방에 다녔던 책임자예요. 그러니까 48인 중에 골라져서 같이 정재용 씨하고 징역을 하게 됐는데, 그이가 선언서 낭독한 것은 사실이라고 같은 동지 중에 한 사람이 증언한 그 말씀을 내가 들었어요.

민영규 : 그런데 어느 분이?

정석해 : 정재용 씨가 했다고. 그러니까 자신의 말만이 아니라 또 이제 같은 48인에 들어간…. 그럼 뭐 확실하다고 봐야지. 그래서 그 정재용 씨가,

민영규 : 그래, 저 아까 이제 3월 1일에 거기서 만세를 부르고 그 뒤에 어떻게? 계속해주세요.

정석해 : 그날 이제 그렇게 해서 아마 저녁 거의 6시경까지 경복궁 쪽

으로 갔다가 그 다음에는 외국 영사관, 그런 데에 이제 가서 독립선언문…

민영규 : 그게 정동쪽 그쪽이죠?

정석해 : 그렇죠. 그런데 거기 가서들 이제 본국에, 그때는 외국 사람의 신문기자가 여기 들어와 있다는 건 우린 듣지를 못했어요. 그래 거기서 본국에들 알려달라고, 독립선언을 알려달라고 청탁을 하고. 그래 이제 각국 영사관을 다니면서…

민영규 : 그때 남대문 얘기가 나오잖아요?

정석해 : 그 다음에 이제 그날 저녁으로, 그 경복궁에서부터는 두 줄로 갈려서 하나는 외국 영사관으로 가고 하나는 그냥 곧추 내려가던, 지금 시청 앞으로 내려가던 그 두 줄이 그 시청 앞 거기, 지금 말하면,

민영규 : 덕수궁 옆으로 끼어서…

정석해 : 예, 소공동 쪽인지 이제 거기 와서 다 이렇게 만났어요. 만나가지고는 그 다음 진고개 들어가는 겁니다. 진고개를 들어가는데, 그래서 이제 총독부 앞에까지 가서 독립만세를 외치려고, 그저 만세! 만세! 하면서 행렬이 들어가는데 그때는 행렬이 커졌어요, 많이. 진고개 한복판 쯤 가니까 그때는 마병, 마병이 칼을 뽑아가지고서 두세 사람이, 거긴 좁은 골목 아니요, 진고개란 건. 그런데 그 마병이 이제 뭐 앞줄도 있고 뒷줄도 있고 거기서 막 검을 내두릅니다. 그리고 말을 때리니까니, 그래 이제 거기서 뭐 참 수라장이 됐댔지요. 그래도 이제 그렇게 많이 상한 것을 내 눈으론 보지 못했어요. 뭐 짓밟히고 서로 그런 건 이제 있었는데. 그날까지는 발포는 안한 것 같아요.

민영규 : 그 마병이라 하니까 그 6·10 만세 때 나 어려서 기억인데, 그때도 마병 가지고 군중을 그냥 저어 흩뜨려놨어요, 네.

정석해 : 그, 사람 있는데 말이 막 달려 들어오고…

민영규 : 네, 그저 흩어지죠.

정석해 : 위에선 그저 칼로 막 휘두르니까 뭐. 그 다음에 이제,

민영규 : 마병이 나온 게 저녁 해질 무렵이었겠군요.

정석해 : 그럼. 그저 다섯 시 반쯤이나 그저 이렇게 됐을 거요. 그 다음에 다섯 시쯤 될까? 이제 그쯤 되고. 이제 하여간 그날은 그렇게 해서 해산을 했지요. 했는데, 그 다음에 조금 있다가 이제 저녁에 되니까 각 곳에서 오는, 우리 기숙사에서 돌아오는 소식을 들으면, 파고다공원을 첫째로 해서 일본 보병이 와서 파수를 섰고, 또 각 기관 앞에 관공서 앞에다 지금 육군이 파수를 섰고, 서울 골목골목마다 군인이 지키고 있다고 그러더군요. 그런데 이제 그날, 그 이튿날 아침에 다시 여기 학교에 우리가 모였어요. 다시 모였는데, 자 이젠 독립운동을 이미 시작했는데 앞으로 또 어떻게 해야 되느냐. 그래 거기서 이제 3월 3일이 인산 아니요? 고종황제 장례식인데, 거기서 여러 가지로 그 장례식 날에 사람이 많이 나올 테니까 거사를 하자, 시위를 시작하자 하는 그 의논도 나오고…. 그건 지금 우리 학교 학생만입니다, 여기서는. 거기서 의견이 그래도 돌아가기를, 그날은 고종황제 승하한 것이 우리 지금 민족운동을 일으키게 하는 한 기회가 됐었으니까 그이 가시는 날에는 조용하게 보내는 것이 우리 신민의 도리라고 이제 이렇게 생각을 하고, 그 다음에 4일 날은 시골서 왔던 사람들이 물건을 사가지고 뭐 다 서울 구경도 하겠고, 5일 날 돌아갈 것이다…. 그러니까 5일 날 아침에 서울역 광장에서 시위를 해보자. 그런데 그땐 다 계획을 여기서 하는 거예요. 이 연희전문학교는 남대문 앞에서부터 몇 시까지 나가서 모이게 하고, 어느 학교는 어디서 이제 오리라 하고, 그건 연락을 해라. 그리고 중학생들은 전부 그 아래서부터 죽 나와서 섰도록 하고.

민영규 : 그때 김원벽 씨도 참가했었던가요?

정석해 : 원벽 씨랑 다 같이 한 거예요. 그러면서 나 하나 지금도 기억나는 것은, 1일 날 많이 잡으려고 하고 또 일본 경관이 밉게 봐서 따라가는 것이 뭐이냐 하는 것 같으면, 학교 교복 입은 학생들을 많이 따르더라. 그러니까 우리 연희전문학교는 이번에는 전부 다 한복을 입자, 교복을 입지 말아라. 그래 우리는 한복을 입었어, 전부가. 한복을 입고 나가서는 남대문 앞에…

민영규 : 자 이제, 남대문에 모두 한복을 입고 집합한 거기서부터, 예.

정석해 : 그런데 내 기억으로는 그때 아마 이제 9시쯤을 상약(相約)을 서로 했는데, 그것도 여기서 우리 학교에서 다 획책을 했어요. 김원벽 씨는 물론 먼저 그런 아이디어를 갖고 그랬던지는 모르지만. 자기네가 강기덕하고 둘이 인력거를 타고 나오고 남대문을 쓱 나서자, 그 인력거가 이제 자기네가 태극기를 내뽑겠다고, 내들겠다고 그랬어요. 태극기를 치켜들 테니까 그때 만세를 시작해서 서울역까지 나가자. 그건 우리가, 모든 계획을 다 충분하게 했습니다. 그날 나가서 9시가 딱 되니 그대로 지금 거사가 되는 겁니다. 서서 기다리니까, 내가 쳐다보니까 우리 반에 키 큰 친구가, 김윤경이 우뚝 서서 있어. (웃음) 한복을 입고…. 그래 나는 이경화라든지 계병호랑 같이 나가보니까 다들, 거기 다 우리 2학년이니까 다들 가까운 친구 아녜요. 과(科)는 서로 달라도. 그래 거기 기다리고 있다가 9시 되니까 그대로 나오더니, 남대문을 쓱 인력거 둘이 척 나오더니, 태극기를 높이 치켜들고 늘어섰다고. 그러니 만세가 나오고. 거기서 그 다음부터는 인력거 뒤로, 길 복판에 인력거 뒤로 좌우 도열했던 학생들이 전체 들어가면서 인력거를 잡아당기는 거예요, 그러니까 인력거가 인력거가 아니라 인력거가 들려서 지금 가는 게요.

민영규 : 그건 남대문에서 서울역을 향해서입니까?

정석해 : 서울역을 향해서 나가는 거지.

민영규 : 내려가는 길이군요.

정석해 : 그때는 남대문 통으로 사람을 통하게 했습니다. 전차는 우 (右)쪽으로 다니지만 남대문 안으로써 나가는 게 있고. 지금은 더 넓혔지만 그 길을. 그래 그 학생들이 밀면서, 뭐 그러니까 순식간에 서울역 광장에 갔지. 그래 서울역 광장에 가서 이제 그 또 우리들은 전단 준비한 게 있으니까… 전단지란 게 더할 거 없이 저 선언서를, 그저 그거 그저 몇 자 그저 조그맣게 적은 거를 쓴 거죠. 그 선언서를 준비해가지고 그거 나가서 뿌리고. 김원벽이가 이제 늘어서서 뭐 한 2분 말했을까, 하여간 대한독립 할 필요를 말하고, 그저 고향에 가면 독립만세를 같이 이제 부르시오, 하고는 다시 돌아서서 시내를… 지방으로 내려가는 데는 말했으니까 돌아와서 이제 시내에서, 문 안에서 종로까지 갈 생각으로 인력거를 밀고 올라오고, 다시 또 이제 학생 군중이 지금 따라서 올라오는 겁니다. 거 뭐 어느 개선장군이 그만한 위세가 있었겠소. (웃음)

그래 거기서 이제 서울역에서 뭐 얼마 안 되지만 세브란스 앞에 오니까, 우리가 되돌아오는데 벌써 그 동안에는 일본 경관이 와서는 시위행렬 거기에다 막 칼로 쳤습니다. 그래서 여기 뭐 팔에 맞아서 피나는 사람, 배에 맞아서 피나는 사람, 길가에 벌서 수두룩해요. 그러니까 세브란스 간호원들이 나왔어요. 이제 그걸 싸매주겠다고 뭣하겠다고 이제 나와서 붕대를 가지고 그러는데, 뭐 왜놈 순경들이 마찬가지로 체포야. 그 저 간호원이고 뭐이고 전부 다 그냥 체포하더만요. 그런데도 하도 이 학생 군중의 세력이 세니까니 아마 그 인력거, 저 강기덕의 인력거는 첫 번에 아마 그 위험에서 거꾸러졌어요. 그런데 김원벽의 그것은 앞서서 어떻게 해서 그냥 갔어요. 그래 가지고는 남대문 문 안까지 들어왔어. 내가 원벽이 목소리의 마지막으로 한 말이, "문 안까지만 들어밀어다고!" 이제 그러는 거야. 그래 아마 7~8명이 밀어서 문 안까지 들어왔어요.

그리고 이제 문 안까지 들어올 것 같으면 전차가 이제 와서 도는 거기가 있거든. 그 전찻길에 탁 와 서니까, 안에, 그 문 안에 그 전차길에 탁 와 서니까 순사, 헌병 할 것 없이 그저 가득 둘러쌌는데, 그놈들 복판에 우리가 딱 들어갔더랬어요. 그런데 원벽이가 태극기를 들었으니까 주모자를 잡으려고 말이오, 전부 저 검을 빼내가지고 뒤흔들고 그랬다고. 거기서 원벽이는 태극기 대를 거꾸로 잡아가지고서는 그 깃대를 가지고 검을 이제, 인력거 위에서 치는 거야. 그러나 뭐 하도 많은 사람이 내려치니까, 그래서 인력거 끌고 몰고 하는 사람은 지금 다 얻어맞고 땅에 넘어졌지. 넘어졌는데 이제 그 그건 괴수를 잡으려고 그러니까, 싸움을 한창 합디다. (웃음)

민영규 : 강기덕 학생은 서울역 앞에서 벌써 거기서 잡혔고.

정석해 : 어디에선지, 하여간 세브란스까지 오는 데서. 그때는 [시위 대열이] 두 개가 아니야, 벌써 그때는 하나야.

민영규 : 남대문까지 들어온 건 김원벽 씨고.

정석해 : 김원벽이 다시 남대문 안으로 들어왔어요. 그 후에 글쎄 알고보니까 김원벽이가 그때 그 검 등으로든지 그렇게 맞아서는 쇄골이 부러져서 마지막에 죽기도, 징역을 살고 나와서 돌아가기도, 그 골절염으로 고치지 못하고서 사리원에서 돌아갔다는 그런 말을… 예, 사리원에서.

민영규 : 그때 인력거 끈 사람은 역시 인력거꾼이었나요?

정석해 : 아니, 학생들. 첫 번에 거기서 몇 번 나가다가 그렇게 되니까

인력거꾼은 다 도망갔어요. (웃음) 전부가…. 그 내려갈 적부터 앞에서 채드는 사람, 뒤에서 미는 사람, 뭐 인력거가 굴러가는 게 아니라 인력거 가 하늘을 떠갔지, 그저. 그거 다 학생이 했어요. 인력거꾼 하나도 없어 요. 다 도망가고 없었어. (웃음)

민영규 : 그래 이제 남대문… 어느 쪽입니까 지금? 그러니까 어디까 지 들어왔나요? 그 문턱까지 왔습니까?

정석해 : 아니, 문 안에를 들어왔어요. 들어와서 이제,

민영규 : 지금 그란도 호텔 앞에, 거기서 지금…

정석해 : 그렇지, 그랜드 호텔. 거기도 그저 남대문에 그저 전차가 뱅 돌았으니까, 남대문을….

민영규 : 거기서 그냥 모두 포위돼가지고…

정석해 : 포위돼가지고 뭐 얻어맞고 쓰러지고 그러는데… 그런데 이 제 잡으려고 한창 하는 동안에 나도 얻어맞고 뭐 그랬지마는, 가만히 생 각하니까 거기서 이제 나갔는데, 왜 그랬냐면 그 가운데 우리는 사복을 했거든? 한복을. 그러니까 학생이 아닌 거지. 학생만을 눈이 벌게서 교 복 입은 놈만을 먼저 잡는 거라.

민영규 : ○○○○ 그때 연전만 그랬나요, 보전도 그랬나요?

정석해 : 아니 보전은 다 교복들.

민영규 : 교복 입고?

정석해 : 교복 입고 붙들렸지. 저 법학전문(京城法學專門學校)도 교복 입었어요. 교복 입고 우리만은 한복을 입었거든. 아마 보성전문학교는 본시 교복이 안 됐는지도 모르겠어요. 아무튼 그래서 이제 그날은 오히 려 우리가 덜 잡혔어요. 아이고 그렇게 하고서는, 그래 이제 그 옆에 바 로… 그때는 길도 좁고 그 전찻길 착 건너서 2미터가 안 될 만치 건너가

면, 그 다음에 거기 뭐인가, 고물상이여. 헌 낡은 구두 팔고,

민영규 : 장바닥.

정석해 : 그럼, 장바닥. 낡은 구두 팔고 혹 낡은 책도 팔고 하는 그런 데가 있는데, 거기 사람들이 하여간 벌벌 기는 거지. 들여다가 저의 방에 넣고서는 먼저 찬물을 줍디다, 물을. 그래 물을 얻어먹은 거, 내가 그거 지금 생각이 나요. 그렇게 하고 거기서 한 한 시간 이상 거기서 있다가 그 다음에 다시 그 조선은행 앞으로 해서 지금 소공동으로 이렇게 돌아오는 거니까… 그저 여기서 저기서 학생 떼들이 이제 흩어져가지고서는 그러면서도 만세를 부르는 거요. 그저 검으로 치는데, 난 그때도 조선은행 착 돌아서서 소공동에서 [누군가] 이 얼굴이 이렇게 맞았는데, 칼에 맞았는데, 얼굴이 전부 피뿐이에요. 절절절절 피가 흐르는데 그저 끌고 갑디다그려. 아이, 참 못 보겠습디다 참말.

민영규 : 그건 대부분이 이제 중학생들이었겠죠.

정석해 : 그럼, 대개가 중학생이지. 그땐 뭐 전문학교래야 몇 개가 돼요?

민영규 : 몇 십 명 안 되니까, 셀 정도니까. 여학교 학생들하고.

정석해 : 그 다음에 시청 앞에서, 지금 대한문 이제 거기 모퉁이에서 이화전문과… 뭐 이화전문이래야 몇 사람 그때 안 될 때예요. 열 사람 안 될 때예요. 덕수궁 담 그 착 들어가는 거기서 이화학교 학생들 얻어맞는데, 검으로 얻어맞는데, 뭐 아유 참, 그때… 참 뭐 그땐, 참 얘기는 얘기가 되지 않아요. 그때는 머리가 있었거든요. 여자학생들 잡는 거 제일 쉬워요. 그저 머리꽁지 잡아가지고 그저 쥐어흔드는 거예요. 그렇게 하고는 탁 넘어 채놓고는 구둣발로 그저 짓밟고, 그저 머리고 뭐고 상관이 없어요. 검을 빼서 쳤으면 모르지마는 검 등으로 막 내려치고 그러는 거

죠. 그때 인간인가 뭐 개돼지인가 학대를 하고 그랬는데, 그걸 보고서, 그렇게 해서 3월 5일 날 여기서 이제, 그건 이제 순수히 학생운동이요. 또는 주축이 우리 학교요. 계획부터도 여기서 난 거예요, 사실.

민영규 : 오히려 보전이나 법전보담도 여기가…

정석해 : 여기가 중심이에요. 여기서 모든 기획, 순서를 그렇게 해서 그렇게 하고, 그 다음에 가서 원벽이하고 그 다음에 누군지는 모르겠지만 대표부에 가서 그렇게 해서 행하도록 그렇게 다 하고. 여기서 우리 다 얘기를 했으니까…. 그런데 이거 참 연희전문학교 그 시대, 오늘날 연세대학, 또 세브란스 그때 의학전문학교, 다 독립운동을 참… 근원되는 연원이외다.

민영규 : 그 다음날 어떻게 피신하셨어요? 이제 검거 선풍이 돌았을 텐데.

정석해 : 아이고, 그날 저녁부터외다. 벌써 전문학교 학생이 있는 집들이라는 것은 전부가 그저 수색을 하는 거예요. 더욱이는 또 우리 학교에서는 그 전단을 뿌려놨어. 독립 그 전단을 뿌려놨어. 이건 중학교 학생은 그 등사판이 없으니까 못하고, 우리는 여기서 여기 학교에 이제 등사판이 있었는데, 신관, 저기 치원관 거기서. 등사판은 저 뭔가 미지하고 판 쓰는 거 있지 않소? 그거는 이제 여관에 가서 다 써다가는, 여기서 해가 지고서는 다 또 정동예배당, 종각 그 밑에서 그걸 이제 각 중학교 대표가 와요. 그러면 그걸 다 이제 배부해 주지. 그래도 그 전날 배부했는데 하나도 나타나지 않았어. 비밀이 그렇게 어떻게 잘 보장되겠소. 다 계획대로 다 진행돼 나간 게요. 그러니까 그것 때문에 우리 학교 학생들 기숙사는 더 엄중히 밤에 수색을 하는 거예요. 어떤 때는 밤에 세 번 들어온 적도 있어요. 저녁에 왔다가 그 다음에 밤에 이제 새벽 두시에 왔다

가 또 새벽에 또 오고 그렇게 하는데, 아 뭐 참, 못 자겠습다. 무섭기도 한이 없고. 그래 이제 낮에는 고등계, 우리나라 고등계 형사 하나 붙여 와서 턱 있거든, 같이. 나가나 어디로 가나 따라다니고…. 그래도 그때 내가 들은 말인데 고등계 형사놈 말이 우스워요. 아 이거 당신들이 독립 운동 하는데, 나도 조선사람이니까 팔이 안으로 굽지 밖으로 굽겠소? 당 신네들 계획을 내가 숨겨주면 숨겨주지 내가 그걸 갖다 고발하겠소? 안 심하고 하시오. 이건 지금 보려고, 뭘 찾아. 거기 가서 뭐 있는가 보려고, 그걸 다 알려고. 아이고 그놈한테 참 내가 한 열흘 동안… 혼났습니다. 그런데 목사님 부인이 아무래도 여기 있다가는 체포될 거니까 고향에 가서 좀 쉬어라…, 또 그 다음에 벌써 그땐 다 이젠 철시가 전부요. 서울 안에 뭐 도무지 장사를 해야지. 다 철시하고 있고 또 서로 만나려야 만 날 수도 없고, 또 많이 이제 잡혔고, 많이 또 이제 고향으로 다 피신갔고. 그래 나도…

민영규 : 몇 일 날짜에?

정석해 : 아마 13일에 갔는지, 지금 18일에 갔는지, 두 날이야.

민영규 : 학교도 거의 뭐 휴교상태였겠군요.

정석해 : 학교는 벌써 휴교지. 휴교고 전부 뭐, 지금같이 무슨 뭐 휴업 령이 내렸는지 그건 우린 지금 모르지만.

민영규 : 그땐 저절로 다.

정석해 : [학생들이] 저절로 다 없으니까 전부. 중학교고 뭐 전문학교 고 다.

민영규 : 자기 고향으로 내려가서부터 이제…

정석해 : 그럼. 그렇게 해서 내가 고향으로 열사흘 날인가 내려갔어. 그러다가 이제 가서 한 보름 있었어요. 있다가 28일 날에 아마 압록강을

건넜던 것 같아요. 그런데 거기서 내가 글쎄 지금도 저….

민영규 : 지도받은 분이 있지 않아요? 저 누군가 압록강 건널 때. 장춘(長春), 길림, 그리로.

정석해 : 그건 또 다른 사건이고, 그 후의 사건이고. 그분, 독립운동사에도 그 사람 이름은 올랐습디다. 아는 사람은 극히 드무나 원체 의병을 한 사람이고, 우리보다 15년인가? 15년도 아니라 근 20년 장(年長)도 되는 이예요. 상해에서 이제 돌아온 뒤에, 윤기섭(尹琦燮) 씨가 잘 알더만요. 김동평(金東平)이라고. 그 신흥학교 거기에 다 같이 있던 이예요, 김동평.

민영규 : 서간도예요?

정석해 : 예, 서간도 그쪽 어디에. 씨는 연산(連山) 김 씨입니다. 그런데 그이의 청으로 그 후에 다시 우리나라 들어와서 연산 그이네 문중에 내가 갔던 일도 있어요. 부탁으로. 김동평 씨가 만주서는 여러 가지로 내 앞길을 지도해줬지요.

민영규 : 그 3월 18일 만주로 건너가셔서, 도경(渡境) 후에는 어떻게 됩니까?

정석해 : 그때 건너가서요, 내가 우스운 얘기를 하나 해야지. 그 18년 겨울에도 내가 그 집엘 갔댔고, 또 그 전해에도 17년쯤에도 그 그룹이, 독립운동하겠다는 그 그룹의 한 6~7명이 만주에다가, 높을 릉 자 있는 건 생각이 나는데 그 이제 무슨 상점을…

민영규 : 예, 이릉상회(怡隆商會)?

정석해 : 그건 이제 영국 사람과 애란(아일랜드) 사람 쇼(George Lewis Shaw)의 거기인데, 거길 무슨 양행이라 그랬더라… 그 상점을 열어놓고,

민영규 : 안동현(安東縣)에다가요?

정석해 : 안동현 바로 신시가, 그 구시가와 그곳에 신시가… 구시가에 접경인 신시가에다가 그걸 열었어요. 그저 3분 뛰어나가면 이제 중국 거리가 될 만한 요지요. 그런 데에다가 상점을 하고 쌀장수를 처음 열어놨어요. 그건 겉치레지. 겉치레로 그렇게 하고는(,) 그 사람들이 이제 서북간도로 다녀갈 사람들 연락하고, 거기서 나오는 사람 본국에 이제 또 연락해주고 하는 그런, 그걸 이제 17년경에도 있었고 18년경에, 18년 겨울에 내가 그 집에 가서 조금 있었던 일이 있어요. 방학에 내려갔다가 아마 4~5일쯤 있었는데, [1919년] 3월 18일 날 이제 건너가서는 아는 데가 없으니까 그 집을 찾아가지 않았소? 옛날에 벌써 상해 갔다 온 사람도 둘이 있고. 그래서 이제 거기 가서 묵으면서, 내가 우스운 건 그때는 교복을 입고 건너갔어요.

민영규 : 그때는 이제 안심하고….

정석해 : 응, 안심하고 이제 교복을 입고 건너갈 적에, 다리를 건널 때별 말이 없어서 건너갔어요. 건너갔는데, 거기에 있는데 하루는 왜놈의 순사가 조그만 놈이 이제 순찰을 돌아요. 돌아오더니, 우리 방에 이제 쌀장사가 있는데, 문을 쓱 여니까 쌀 파는 놈은 하나도 없다. 없으니까니 이놈들이 뭘 하는가 보고서는, 그 방안에, 그 우리 또 열어놓고 있지 않고 방안에 앉아서 윷놀이를 했거든. 아 윷놀이를 턱 하더니 말이야, 아 이놈이 너희들 도박한다 그래요. 아 이거 도박이 아니고 이제 서로 장난이외다 그러니까, 또 그 대답도 그 말이라도 할 수 있는 것이, 내가 일본말을 한마디라도 하고 그놈의 말이, 묻는 말도 조금 알아들어도 알아듣지. 또 그 다음에 다 모릅니다. 그런데 내가 이제 참 먼저 나서서 대답을 하잖아. 이놈이 이렇게 쳐다보더니, 너 학생이로구나, 교복을 이렇게 내려다보더니, 또 전문학교 학생이로구나 하게 되니, 그놈이 내가 경상도

에서 순사노릇을 하다가 여기 건너왔는데, 거기서는 윷을 돈을 내고 하더라. 너희들 판돈 있겠는데 판돈 내라. 아 판돈 들춰야 있나. 그거 다 뭐거지들이 지금 모인 셈인데. 돈은 없다 그러니까, 그랬더니 날더러, 네놈 반자이[萬歲] 부르고서 온 놈 아니냐.

민영규 : (웃음)

정석해 : 아니 본격적인 또 이거 훈육을 또 늘어놓게 된단 말이야. 아니 난 뭐, 그거 뭐 반자이가 뭐냐고 이제. 아니 지금 내가 여기 있지 않느냐고. 봄방학이 돼서 그저 놀러 내려왔지 그랬더니, 아니다 이놈, 뭐 아무튼 너 좀 조사를 해야겠으니까니 나오너라, 하고는 끌고 갑니다. 그래 그 안동현 거기 가서요, 다행히 그놈이 저 있던 파출소로 끌고 갔어요. 끌고 가서 이 말 저 말 하야, 그게 정말 뭐 여기서 혼자 저이가 뭐 어떻게, (내가) 뭐 말 안하는 이상 알 까닭이 있소. 아 그러더니 너 언제 조선으로 돌아가느냐. 뭐 저는 몇 날 있다 돌아가지요, 그랬지. 정말 돌아가? 돌아간다고. 어 그래? 그래, 그렇게 가서 잘 공부나 하고 있거라…(웃음) 훈계를 넣으면서, 아무래도 너가 그 도박을 한 것 같으니까 너 도박을 한 벌을 좀 받아라, 그런단 말이야. 그러더니 소좆몽둥이(쇠좆매)를 떡 꺼내요. 내가 이거 도박꾼으로 벌 받은 거요. (웃음) 소좆몽둥이를 벽에 걸어놓은 걸 이만 한 걸, 내 팔 길이만 한 걸 꺼내요. 꺼내더니 양팔을 이렇게 내대라고. 그래 안 내댈 수 있소? 내대니까 치는데 죄 힘껏 쳐요. 그것이 불이 나당기는 것 같습니다. 어떻게 아프던지, 벌써 한대 맞았는데, 이놈이 벌써 눈을 부릅뜨기 시작합디다. 그래 그 한 대 칠 적에 뭐 천하가 뭐 깨질 만하게 고함을 쳤지 뭐. 내 본시 고함을 잘 치거든. (웃음) 아 이놈이 말이야, 기운이 아직도 생생하구나, 아니 또 그래. 이제는 내가 말해주는데, 그저 내가 아무리 치더라도 악 소리를 안 하면 내 그냥

뇌주마. 아 이놈이 또 그래요. 그럼 또 팔 내대라고 그래. 나야 뭐 그놈의 말을 믿을 까닭이 있겠소? 그래 둘째 번 또 치는데, 아프니까 고함소리가 전보다 더 크게 이제 되거든. 이 자식아, 남자가 서로 언약을 했으면 지켜야 되는 것 아니냐? 아 이놈이 놀려대면서 이런단 말이야. 너 임마 악 소리만 안 쳐봐라, 그 다음엔 내가 안 친다 그래. 또 내대라 그래. 세대를 떡 내대라고. 자 이번에는 입술을 물고서는 말요, 내가 참아야 하는가보다, 저놈 말을 한번 믿어보자 하고서…. 냅다 치는데 아프기는 아프더만. 그저 가만히 있었지. 그랬더니 음? 괜찮다 이젠. 이 이놈이 뭐 이렇게 놀려대는 거야. 내가 너 같은 거 본서로… 영사관 서, 본서로 보내진 않겠다, 나가라. (웃음)

민영규 : 호굴(虎窟)을 벗어났군요. (웃음) 호굴을 벗어났어.

정석해 : 글쎄 말이에요. (웃음) 아따, 그렇게 해갖고 오니까니 뭐 벌써 한 놈도 없어. 다 다른 데로 도망가고. (웃음) 내가 지금 얘기하려던 우리 ○○○○ 거기서 밥해주는 아줌마만이 있었어.

민영규 : 그 집이요?

정석해 : 그럼. 그 집이야 다.

민영규 : 그때 압록강은 걸어서 건넜습니까, 차타고 건넜습니까?

정석해 : 그걸 내가 아마…

민영규 : 차 타도 한 정거장인데.

정석해 : 그럼. 그거 내가 지금 불분명해.

민영규 : 대개 걸어서도 많이 건넜죠?

정석해 : 걸어서도 내 글쎄, 거의 뭐 압록강을 걸어 건너가고 걸어 올라가고, 소위 그 후부터는 도강증이라고 하는 게 있었으니까. 도강증.

민영규 : 그런데 그 철교 된 게 1910년, 12월 아주 마지막에 철교가

되는데요.

정석해 : 10년, 그럼.

민영규 : 10년 12월 아주 마지막에 되는데….

정석해 : 그때에 글쎄,

민영규 : 아니 그 이듬해 정월엔가 그렇게 돼요, 그 겨울에. 왜 그걸 내가 아는고 하니…

정석해 : 105인이 이제 그 개교식에, 철교 개교식에 사내(寺內, 데라우치) 총독이 내려오는데, 사내총독 암살하려고 한다고 해서 그때 그 잡은 거 아니오.

민영규 : 그런데 1910년 8~9월 달에 나라가 망하자 강화[파리강화회의] 그분들이 이제 만주 홍도천(興道川)으로 가는데, 10월 달에 의주에 도착해요. 그래 가지고 그해 그 12월이 되도록까지 강을 못 건너요. 못 건넌 까닭은 철교가 되지 않았고, 또 강물이 얼길 기다려서, 썰매가 왕복하기를 기다려서, 거기서 적어도 한두 달씩 다 지체해가지고, 그래 가지고 겨우 얼음이 얼어서 썰매가 다닐 때 그때사…

정석해 : 그것 적에 개교식(開橋式) 한 것이 12년인가 11년인가, 11년일 겁니다. 우리 그때 나는 아마 생각에는 그때도 그 저기 뭐요, 다리로 건너갈 것 같으면 밀수 무슨 그것들이, 그런 그 몸을 뒤지거든. 그러니까 오히려 차로 가서 안동현에 내리는 것이, 찻간에선 몸(수색) 당하는 것이 오히려 쉽단 말이야. 그때는 뭐라 하는가요, 이동경찰이라고 하는 건 아직까지도 없었어. 아직까지 안 된 저기거든. 국경경찰로 그저 경찰이 묻긴 하지만 그렇게 심하진 않을 때니까.

민영규 : 안동현 일본 경찰은 그 영사관에서 다 했겠죠?

정석해 : 안동현에선 그럼. 영사관에서 영사경찰이, 경찰서가 따로 있

고 그 안에. 그놈이 본서로 안 보낸다고 아주 생색을 쓰던데. (웃음)

8월 30일 2차 대담

　민영규 : 오늘이 30일이죠? 그러니까 먼저 26일 날 녹음하시는 통에, 조금 연대(年代)가 조금, 기억에 조금 저 착오된 데가 있어서 그걸 다시 한 번 좀 해주셨으면…. 그러니까 선생님께서 기해생이시니까 8살이면 1906년이지요? 그해 봄에 그 저 사립학교 입학하시죠? 봄이죠? 그때도 봄이…

　정석해 : 그때 이제 소위 서당이, 평안도 말로 서당이 소학교로 변혁이 됐다고 할까. 그래서 학교제도로…

　민영규 : 그때도 봄에 신학기가 있었습니까? 그 지금 기억이…

　정석해 : 아 그건 그때 소위 인화재가 인화소학교로 되던 거, 뭐 그건 지금 어느 때로 시작했는지, 우리나라 개화할 첫 번이외다. 그런데 무슨 학제가 뭐 있어서 나온 것도 아니겠고.

　민영규 : 그 4학년이 1909년에서 10년까지인데, 그게 조금 사고가 있었죠?

　정석해 : 예, 한 소학교에 있다가 또 다른 소학교에 가도 무슨 일정한 규정의 무슨 그 학제가 돼있지 않은 시대니까, 소위 그 첫 번에 뭔가 개화한다는 시대외다. 그래서 선생들이 봐서 그저 편하게 여기도 있고 저기도 있고 하던 그때예요. 지금 생각하면.

　민영규 : 4년 정규학년 마칠 때 그해가 이제 나라 뺏긴 해인데 1910년, 12살 때죠.

정석해 : 그렇지, 예.

민영규 : 그래 가지고…

정석해 : 내가 아마 13살까지인가 1911년까지 철산면의 면 소학교를 마치고, 그 다음에 1911년, 12년 겨울, 그러니까 내 나이로 열셋, 열넷 두 겨울을 한학을 공부했어요. 그 다음 1913년 1월 달에, 그때는 이건 지금 중학인데 신성중학 1학년 셋째 학기, 그때 이제 3학기 제도였어요. 셋째 학기 마지막 학기에, 1월 달에, 중학교 1학년 셋째 학기에 입학했어요.

민영규 : 15살 때.

정석해 : 예, 15살적이에요. 그 다음에 이제 16년, 17년…

민영규 : 아니죠, 열여섯, 열일곱 살 때.

정석해 : 아, 저 연도가 자꾸 혼동되네. 1913년 1월 달에 입학하고 또 14년, 15년…, 여기 와서는 15년 3월에는 4학년 진학하기 전, 3학년 마지막 시험 칠 때인데…

민영규 : 그때 스트라이크가 나서… (웃음)

정석해 : 스트라이크가 나서 이제, (웃음) 소위,

민영규 : 17살 때로군요. 그래 가지고…

정석해 : 그리고 그 다음에 18살에, 이제 1916년이구만요, 16년. 아마 8월경에 교원시험을 쳐서….

민영규 : 예, 자격증을… 예.

정석해 : 예, 그거 돼가지고서 그럼 저 창성 대유동에 가서 소학교를 이제 몇 달을 가르치고, 17년 봄에 3월 달에 서울 올라와서 연희전문학교 시험을 치고 입학을 했지.

민영규 : 그리고 그 인제, 그 만세 때 파고다공원에서 선언서 외쳤다는 분 정지용 씨에 대해서 좀.

정석해 : 정재용(鄭在鎔). 있을 재 자하고 쇠 금 변에 얼굴 용 자 하는 정재용.

민영규 : 네, 그래 잘못하면 그 시인 정지용 씨와 자꾸 그,

정석해 : 그래서 그 음이 비슷해서 자꾸 나도 기억이 잘못…

민영규 : 네, 그 지난번에 19년 3월 18일, 그러니까 압록강 넘어서 안동현에서 잠깐 며칠 유하시다가 돌아와서…, 그 뒤부터서 이제 좀 계속 해주시죠.

정석해 : 거기 그 19년 이전에, 내 지난번에도 한번 말했지만 안동현에 그런 젊은 사람의 그룹이 있었어요, 한 그룹이. 그 사람들이 이제 서간도 신흥학교(新興武官學校)도 들어갔다 나왔다 하고, 또 그 무슨 대종교 단체하고들도 관계하는 젊은 사람이 몇 사람 있었는데, 그래서 나도 여기 학생으로 있을 때 이제 거기 그 사람들을 알게 됐어요. 그 지금 그런 그룹 가운데 든 사람으로, 한 분은 여기 세브란스 3학년 마치고 들어갔던 이상철이라는 사람도 있었고.

민영규 : 이상철, 네.

정석해 : 또 그 다음엔 저 경상도 고령에 있는 유 씨도 있어요. 이름은 모르겠고요. 인월도 유(兪) 자. 또 평안도의 선천사람, 정주사람, 이런 사람들이 이제 있었는데, 그 그룹하고 어떻게 알게 되고, 그 후로 정주사람 백선행이가 자기 돈을 내서 그 동륭상회(東隆商會)라고, 동녘 동 자 하고 높을 융 자 동륭상회라고 열어서 거기서 이제 쌀장사를 한다 하고서….

민영규 : 안동현.

정석해 : 그럼, 안동현.

민영규 : 아, 지난번에 생각 못하신 거, 그분이 바로 백선행 씨로군요.

정석해 : 예, 백선행 씨.

민영규 : 동릉상회.

정석해 : 그런데 동릉상회가 되고부터는 거기 중심인물들이, 지금 또 갑자기 이름이 기억 안나나… 김진제(金鎭濟). 그 진정 진 자 하고 건널 제 자예요. 그이 형님은 서간도에서 지사로 이름이 있습니다. 진호 씨. 웬만한 지금 서간도에 있던 노인들은 다 아는 인물이에요. 해방 후에 여기 나와서 돌아갔습니다. 그의 동생 진제, 내가 다른 이름으로는 구슬 옥 변에 별 경 한 자, 그래서 이제 김경(金璟)이라 하고. 그리고 지금 내가 저번에 부산 내려가서 만난, 김…

민영규 : 부산서 뵌 분이,

정석해 : 저 김규형.

민영규 : 무슨 규 자?

정석해 : 별 규 자 하고 빛날 형 자, 김규형(金奎烱). 그이가 이제 저,

민영규 : 빛날 형 자가 불 화 변에…

정석해 : 불 화 변에. 그네들이 이제 백선행, 김진제, 또 김규형, 이제 거의 중심인물이에요.

민영규 : 그런데 김진호 씨랑은 같은 이름을 가진 분이 근현대에 많은데 내가 알기도. 저 그 전 일제시대 한성도서주식회사도….

정석해 : 아니, 이 사람은 아마 그분은 아닐 거고.

민영규 : 그분은 아니고 또,

정석해 : 이분은 순전히 평안도 사람으로서 그저 만주에 들어가서 만주에서만 일생을 활약한 사람이에요.

민영규 : 내 중학 때 그 내게 참 많은 영향을 주신 그 목사님, 김진호 목사님. 그분도 같은 김진호. 여러 분 계세요.

정석해 : 그래, 안동현을 건너가서는 이제는 있을 데가 없고 그러니까

이제 첫 밤은 그이들하고 있었는데, 그네들이 벌써, 벌써 자기네가 관계가 있어가지곤, 독립운동이 일어나니까, 그네들은 직접 행동파라고 그때 소위. 그건 뭐 이러고저러고 할 것 없이 그저 왜놈의 고관이든지, 한국 사람의 또 그 무슨 소위 한간(韓奸)이라고 그러지. 밀정들. 이런 거 다 그저 죽여버리는 게 좋다 하는 이런 극단파들이에요.

민영규 : 실제 행동대.

정석해 : 예, 실제 행동파예요. 직접 행동파인데, 그네들 거기 같이 있으면서 같이 섞였는데 지금까지도 내가 몰라요. 몇 달을 있으니까 날더러, 너는 우리 중에서 그래도 왜놈의 말을 좀 하고 하니까 왔다 갔다 하는 책임을 맡아야겠다, 그래요.

민영규 : 연락책이군요.

정석해 : 연락책이죠. 그러더니 어느 날은 좋은 양복을 해 주마, 그래요.

민영규 : 그런데 그게 1919년 3월 18일 이후 어떻게 됩니까.

정석해 : 그러니까 그게 지금 얼마 안됐지. 이제 내 얘기 나올 거야 이따가.

민영규 : 일단 의주로 돌아왔다가 이제, 네.

정석해 : 그걸 내가 지금 이제, 내 이야기가 한다는 건 이제, 그네들을 위해서 봉사하는 것 중에 내가 지금 길림엘 들어가서, 길림에 가서 그네들이 장만해둔 무기를 안동현으로 가져오는 거인데, 그때 안동현 가지고 온 다음다음날이, 원보산(元寶山)에 올라가니까 낭랑제(娘娘祭)를 합디다 그려.

민영규 : 예, 낭랑제라고 유명한 게 있죠, 만주에.

정석해 : 4월 18일이야 낭랑제가. 음력 4월 18일이 됐어. 내 그래서 그 전전날 내가 나왔거든. 그러니까 그 음력이에요.

민영규 : 음력 4월 18일(양력 1919년 5월 17일).

정석해 : 그럼. 음력 4월 18일에 벌써 내가 여길 돌아 나왔거든. 그러니까 양복을 해주길래 양복을 말쑥한 신사복을 아주 해 입고, (웃음) 그리고 또 좋은 가방과 또 좋은, 그때는 지금 같으면 우습지만 이제 그 담요 좋은 걸 들고서, 차 탈 적에 그걸 가지고 다니거든. 조금 왜놈의…

민영규 : 그렇죠. 내 기억에도 어려서 만주서 좋은 담요가 들어왔어요.

정석해 : 예, 아주 가죽가방을, 그 이제 작은 가죽가방이지, 말쑥한 거를 해줘요. 그리고 길림을 들어가라. 그런데 그건 명령인데, 길림은 가면 내가 어디서 어떻게 만날지 모르는데 그저 덮어놓고 가라는 겝니다. 그러니까 그네들은 벌써 다 이제 서로 연락이 있고, 어떠한 얼굴을 가진 놈이 어떠한 모양의 옷을 입고 가리라고 한 모양이에요. 다 서로 연락이 있었는데 내가 지금도 몰라요. 그 돈이 어디에서 나왔던지는 지금까지도 우리가 몰라. 요 몇 날 전에 부산 가서 글쎄 그 같이 참여했던 김규형 씨와 그걸 물어도 그 사람은 또 오히려 내게다 묻고. 서로 우리가 참, 일종 비밀이란 건 참 그처럼 끄집어내지 못하고 죽어요. 그래 길림을 들어가니까 길림에는, 그때 내 서너 가지 이상한 경험을 했는데, 길림엘 들어가서 정거장에 내리니까 벌써 본인이 나왔어요. 김동평 씨가. 김동평 씨는 벌써 한학만 공부한 지사로서, 젊은 지사로서 그 시대에 나라 망해질 때 벌써 의병을 했어요. 어린 나이에…. 의병을 하는데 고향은 충청남도 연산 김 씨네 대갓집입디다 그 집은. 연산에, 충청남도 연산에. 김동평, 동녘 동 자 하고…

민영규 : 평 자는?

정석해 : 평할 평 자.

민영규 : 예. 그러니까 저 경술년에 그냥 만주로, 의병 하다가….

정석해 : 어느 때 갔는지 내 그건 몰라요. 벌써 의병 하다가 그 사람…
네, 그 한학자요. 그래 뭐 강경합디다 사람이, 인물이. 그런데 벌써, 정거
장에서 벌써 그이를 만나서 그이의 소개로서 어느 숙소도 정해 있으니
까, 그러니까 벌써 3월에 들어가고 또 그 전이라도, 만주에 연락이 없이
들어갈 것 같으면 왜놈의 정탐이라고 해서 막 죽은 사람도 많고… 혐의
를 받아서. 독립운동하려고 갔던 사람도 줄을 못 타면, 딴 줄로 들어가면
잘못 그렇게 해서 그렇게 된 사람도 많고.

민영규 : 한용운(韓龍雲) 선생님도 그래서 총 맞지 않았습니까?

정석해 : 예, 그런 경우가 많은데, 나도 그러한 위험한 생각을 받게 되
는데, 김동평 씨가 거기에선 벌써 이름 있는 지사하고서, (나와) 만나는
걸 보더니 그 다음에 그 사람들이 아, 이건 그 젊은 놈이 옷 잘 입고 들어
왔는데 그놈이 왜놈의 앞잡이는 아니로다, 벌써 그건 내가 면했어요. 그
다음에는 이제, 그렇게 되면 내 파로 오라, 네 파로 오라, 내 파 네 파 해
서 사람을 당겨가는 그 또 난관이 있어요. 그러나 벌써 김동평 씨와 연
락이 되어 놓으니까니 감히 그런 다른 파로 끌고 오려고 그러지는 좀 않
는 것 같아요. 그 다음에는 돈 가지고 왔을 것 같으면 서로 이제 그 관계
를 좀 맺으려고 하는 그런 눈치가 보입디다. 그래서 오히려 며칠 있는
동안에 초대를 해서는 대접을 해주곤 해요. 그리고 뭔가 송화강에서 뱃
놀이를 하면서 술을 마시고 이제 서로 놀다가, 왜 내가 길림에 왔을까
하는 그 속살을 알려고 그래요. 그러나 이거는, 우리는 그 사람들보다도
더 직접 몸을 내놓고 더 위험한 일을 하려는 사람이니까, 암만 그 템프
테이션이 많아도, 유혹이 많아도 거기 넘어갈 처지는 안됐거든. 그러니
까 아마 물건이 되지 않았던지 거기 가서 아마 6, 7일은 아마 지낸 것 같
아요. 그랬더니 김동평 씨가 하루는, 내일 아침 새벽에 떠날 준비를 하

라고 그러더만요. 그러더니 밤에 '물건'이라는, 소위 무기를 가지고 왔어요.

민영규 : 그러니까 저기 다 길림에서의 얘기 아닙니까?

정석해 : 길림에서의 얘기지. 거기서 모젤(Mauser) 그,

민영규 : 기다란 거.

정석해 : 아니 동식(動式). 그 모젤은 조그맣게 손아귀에 잡는 거.

민영규 : 아 그렇게 작은 게 있어요?

정석해 : 작은 게 있고, 그거 작은 게 있는데, 그거는 뒤에 일곱 알이 한꺼번에 있어 가지고는…

민영규 : 가제트(gadget)를 놓으면,

정석해 : 그럼, 가제트로, 그렇게 해서는 이제 일곱 알을 한꺼번에 넣으면 그 다음에 그저 쭉쭉쭉 나가는 거외다. 벌써 이제 우리가 모젤을 그때 그걸, (웃음) 그거 네 자루 하고 둘은 그 긴 거, 가운데에서 이제 등 그렇게 이렇게…

민영규 : 육혈포[리볼버]라고,

정석해 : 여섯 알을 이렇게 둥그렇게 하나하나씩 넣으면 그 다음에 이제 돌아가는 거. 뱅뱅 돌아가는 거 그거 둘 하고, 여섯을 장만했더만. 그 지금까지 몰라요, 어떻게 장만했는지. 다만 그 모젤 같은 것이 그때 말에 체코슬로바키아 군사들, 소련으로 해서 나오는데 이제 그거를 러시아령에서 사들여오고 하는 걸로 온다, 그리고 또 무슨 다른 건 그 중국…

(녹음 중단 후 재개 45:53)

민영규 : 그러니까 그 저, 모젤 큰 거 두 자루 하고 또 그….

정석해 : 모젤은 그 작은 것을 모젤이라고 해요, 독일제고.

민영규 : 아 그러나요? 네, 그 네 자루하고 조금 긴, 총신이 긴 육혈포 두 자루하고.

정석해 : 육혈포, 예.

민영규 : 역시 그 당시 소련, 그 모두 백계(白系), 그 모두 [러시아] 혁명 전후로 해서 흘러들어온 것이겠죠?

정석해 : 그럼, 거기 뭐 그 시베리아에 이제,

민영규 : 아직도 저항분자들이 많았었습니까? 저항세력이?

정석해 : 그럼. 연합국에서 출병을 해놔서 각국의 무기가 거기 들어가 가지고선 서로 헤어졌을 때이지. 그러니까 김동평 씨가 어떻게 그런 걸 다 준비를 했는지 그건 모르겠어요. 그래 가지고 그 이튿날 아침 그 다음에는 새벽차로 떠났어. 길림에서 떠나는데 장춘에 아마 그저 11시 반이나 될지 정오가 될지 그때 아마 도착을 하더만요. 그 길장철도(吉長鐵道), 그건 중국 철도입니다. 길장철도는 그때 중국 철도.

민영규 : 길장이요. 그 동청철도(東淸鐵道)의 연장 아닙니까?

정석해 : 아니, 그건 딴 줄이지. 이건 중국 철도야. 그건 러시아 철도하고 일본 철도하고 그것도 아니고, 중국 철도예요. 그러고서 와선 그 다음에 내가 하나 얘기를 하자면, 장춘에서 내려서 역에서 중국의 열래장(悅來莊)이라고 하는 중국 큰 호텔인지 이제 들어갔더니, 글쎄 그 뭐라고 할까, 호텔 지배인이라고 할까? 이제 이런 또 하인을 내보내서 짐을 받아 들여 오라고 그러는데, 자, 나는 그 짐이, 그 가방 안에 든 물건이라는 것이,

민영규 : 남에게 들려서는 안 되지. (웃음)

정석해 : 그럼. (웃음) 그러니까 그걸 뺏어서 그냥 그 놓지 아니하고

서 방만 인도해달라고 그랬는데, 2층에다 방을 주더만요. 그래 하인놈들도 이제 이상스레 여기는데, 그 다음에 지배인이 올라와서는 방을 소개하는데, 이 방은 이쪽으로도 문이 있고 저쪽으로도 문이 있는데, 이리로 나가면 어디로 나가서 내려갈 수 있고 저리로 나가면 어디로 갈 수 있다 하는 그 말이 벌써….

민영규 : 백전노장들이죠. (웃음)

정석해 : 경찰이 와서 너를 조사하게 되면 이렇게 피하면 된다고 하는 것을 슬그머니 암시하는데, 그럼 그 사람이 나를 뭘로 알고 그랬나, 아편 장사로 알고서 그렇게 했단 말이오. (웃음)

민영규 : (웃음) 그리고 그 당시엔 마적이 한창 성했을 때니까.

정석해 : 그러나 큰 도회에는 아직도 마적이 들어오지는 못하죠.

민영규 : 그래도 무기 수입과 흥정은 그런 데서 하지 않았겠어요?

정석해 : 글쎄 어디에서 했는지 그건 모르겠어요. (웃음) 그래 서로 속는 것을, 서로 이용한 경우를 내가 기억나는데. 그 다음에 글쎄 저녁에 나오게 되는데,

민영규 : 그때가 한창, 생각해보니까 초여름인데….

정석해 : 그럼.

민영규 : 낭랑제 있을 때니까 초여름이죠.

정석해 : 그럼. 장춘서 이제 그래 떠나서는, 그 마음에야 지금 무시무시하지. 이걸 가지고 가는데, 철도를 일본 사람만이 타는 찻간에 타기 위해서, 일본 사람 많이 타는, 이제 그 삼등을 타가지고서는 일본 사람 타는 칸으로 철도에 들어갔어요. 그게 내 지금까지도 한 기적인 것이, 들어가니까 차표 검사 한번 합디다. 그런데 뭐 앞에도 일본 여자가 둘이 있고 이제 내 옆에도 일본 사람이고, 그러니까 내 가방은 차 머리 위에 올

려놓고는 담요 깔고 앉았는데, 한번 차표 조사하고 그 후에도 뭐이 지나 갔겠는데, 나는 거기서 벌써, 그때 오고 아마 너덧 시나 다섯 시에 이제 차 탄 것 같은데, 한참 앉아서 어떻게 깊은 생각에 담겼다가는 잠이 들었어요.

민영규 : 역시 긴장이 풀려서 그래, 긴장이.

정석해 : 잠이 들어가지고는 잠을 깨놓으니까 벌써 봉천으로 왔다 그 말이에요. 그 이튿날 아침이에요.

민영규 : 아이고, 호굴을 탈출을…. (웃음)

정석해 : 그러니까 뭐 그 동안에 무슨 조사를 했든지 어쨌든지를 모르고 그저 편안히 와서 그저 내렸다 이 말입니다. 봉천 와 내려서. 그래 또 봉천서 또 가만 보니까 큰 여관에 들어가야겠더니 봉천 역전에 그 일본 여관, 그때 거기서 제일 높은 여관이에요. 그 돈들은 저 사람들이 내게 가득 줬으니까 뭐. 거기 또 들어가서는 저번도 서로 얘기했지만….

민영규 : 그 일본 하녀가, (웃음)

정석해 : 일본 하녀들이 글쎄 둘이 와서 밥을, 꽃 같은 색시 애들이 둘이 와서 뭐, (웃음) 한 젓가락으로 이걸 떠주면서 먹으시오 하고 잡수시오 하는데, (웃음) 나는 일본말도 능치 못한데다가 말요. 아주 밥 먹기도 아주 좀 수줍어서 그랬는데, 그래 그렇게 하고. 그런데 그 타고 내려온 차는 이제 대련(大連) 직행하는 차였고, 봉천서 갈아타게… 안동현으로 갈아타야 되니까. 헌데 벌써 안동현 나가는 차는 없다고 그래요. 저녁에야 이제 있다고 그래. 그래서 그저 여관 안에서 낮을 지내고서는 또 저녁에 떠나는 것도 또 이제 차표를 사다 달라 하니까, 사오라 하니까, 아 뭐 몇 등을 사야 되느냐 그러는데, 큰 호텔이니까 이제 그런데… 아 난 그저 3등 탄다고 하니까는 애들이 좀 웃는 얼굴, 좀 비웃는 얼굴 같기도

하나, (웃음) 내 속셈은 난 또 다르니까 그런데. 그래서 일본 사람들만이 타는 걸 이제 타가지고서 거기서도 그 다음 그저 차표 한 번만, 일본 사람 속에 들어가 있으니까 차표 한번만 그저 조사하고는, 가방을 머리 위에 놨었는데도 별 일 없이 또 그 이튿날 아침에 안동현에 와 내리더만요. 그래 안동현에서 내려서는 가방을 들고는 바로 이제…. (웃음)

민영규 : 아휴. (웃음)

정석해 : 내 딴에야 우쭐거리지만 속에는 지금 무서운데, 그래 새벽 일찍 내렸어요. 그래 아마 거의 여섯 시 전 같아요, 지금 기억에. 그래 뭐 사람들이 거의 없다시피 해. 그래 소위 왕보차[往復車]라고 그러나? 무슨 뭐 인력거를 타고서, 인력거를 타고….

민영규 : 그때 그럼 동릉으로 가셨던가요? 동릉상회?

정석해 : 그럼, 그리로 해서 거기 가서 편하게 왔단 말 하곤, 즉시 그 다음엔 다시 또 그걸 가지고서 구시가로 건너갔죠.

민영규 : 예, 그 뭐 한시바삐잖아요. (웃음)

정석해 : 그러니까 구시가로 건너가 가지곤, 이젠 저 물건을 어디다가 이제 감추어 두느냐 하는 것이 이거 큰 문제거든. 그래 이제 저 애란 사람, 이륭인가?

민영규 : 이륭상회.

정석해 : 예, 이륭.

민영규 : 예, 거 참 고마운 사람이었어요.

정석해 : 예, 그 쇼, 애란 사람 그 쇼가 열은 이륭양행에 우리 독립운동 자들이 상해하고 연락처를 거기다 두고, 거기 가서 다 숨어있지 않소. 그런데 우리 가운데 이제 내가 아는 건 그때 박춘근 씨… 박춘근, 그 선천 신성학교에 내 선생님이었어요, 수학을 가르치는. 그때 수학을 가르치는

선생님이었고, 또 나와 같은 반에 있다가 나와 같이 이제 동맹휴학에 출학당한 황대벽(黃大闢)이. 그 후에는 이제 조선일보가 된 이후에 와서 아마 영업부장으로 많이 하고…. 황대벽 씨가, 이제 대벽이가 거기 있었어. 그래 그이를 만나야겠단 말이야. 그래 거기를 가져다줘야 안전하게 숨겨놓을 수가 있었으니까. 그래갖고 연락을 했더니 왔어. 만나서는 그래 황대벽이를 만나서, 자 내가 이러한 위험한 물건을 가졌으니까 네가 이렇게 해서 가져다가 좀 다 거기다가 두어 달라, 그리고 거기 맡겼댔지.

민영규 : 그럼 그때까지 아직 김동평 씨와 연락이 안됐군요.

정석해 : 아니 동평 씨는,

민영규 : 아 길림(吉林)서?

정석해 : 길림서, 길림서 다 이제 그이가 다 전부 주선해서 준 거고. 그 물건을 사고, 그 물건을 사는 돈도 어떻게 했는지, 그거 지금까지 우리가 모르는 게요.

민영규 : 그래서 황대벽 씨를 통해서 이륭상회엘….

정석해 : 보관했지.

민영규 : 숨겨뒀고,

정석해 : 그게 이제 후에, 그 다음 그 내 이제도 말한 거지만, 거기서 중국여관에 며칠 있다가 이틀만엔가 원보산엘 올라가니까 나도 이젠 살 아났구나, 이제는 한숨을 쉬고…. (웃음)

민영규 : 책임완수. (웃음)

정석해 : 그럼. 그리고 원보산엘 올라갔더니 글쎄 낭랑제를 합디다 그려.

민영규 : 그 굉장했겠네요.

정석해 : (음력) 4월 18일인가가 낭랑제요. 그래 그 뭐 중국 처녀들이

좋은 비단옷을 입고 나오는 그걸 보고, 모국을 나와서는 구경도 못했던 그런 참 훌륭한 비단들을 입고 있는 그런 걸 내가 거기서 봤어요.

민영규 : 그리고 저 압록강 총을 모두 넘기는 데도 무슨 그 좀 얘기가 있지 않았어요?

정석해 : 글쎄 그건 이제 또…, 그리고 이제 그 다음에는 거기서 구시가에서 중국 사람의 여관에서 전전해서 숨어있기도 하고, 또 이제 아까 말한 신시가에 이네들이 났던 동릉상회에 와서 숨기도 하고, 또 어떤 때는 신시가에, 지금은 미국 갔습니다만 백경보(白敬普) 씨, 백경보 장로네 집에서도 이제 숨어있고….

민영규 : 그러니까 이릉상회는 그게 구시가입니까, 신시가입니까?

정석해 : 아니 신시가와 구시가의 사이에 있는, 신시가에 속한 상회예요.

민영규 : 동릉이 그랬죠.

정석해 : 동릉이 그랬어요, 예.

민영규 : 그리고 이릉은?

정석해 : 이릉은 아주 구시가지.

민영규 : 구시가.

정석해 : 이릉은 구시가지, 그건 아주 중국의…. 그래 이제 여기저기 숨어 있다가 몇 달을 지나니까 그 김동평 씨 그룹에서 명령이 내려요. 국내로 그걸 들여가라 그러거든. 명령이 나와요. 또 책임을 또 내게 또 떠맡기는 게외다. 그런데 이제 그 동릉상회의 백선행 씨의 소실이, 백선행 씨의 소실이 전라도 김씨 아줌마예요. 전라도 김씨 아줌마예요.

민영규 : 그 얘기를 좀 자세히 좀 해주시죠. 그 저 눈물겨운 얘기가 많이 있는 것으로 아는데.

정석해 : 네, 그래 내 얘기 하던 것만 좀 먼저 하고. 그, 그 압록강을 어떻게 내가 무기를 건넬 도무지 방책이 없단 말이오. 그래 하루는 할 수 없어서 거기에 그 백선행 씨의 소실되는 김 아줌마하고서는 의논을 했습니다. 자, 실상은 내가 지금 이런 사명이 있는데, 당신은 우리 그룹을 뭐 다 아니까 같이 지금 사는 저, 이젠 생사를 같이 해야 할 게야. 내가 지금 이런 사명을 맡고서 가는데 나와 같이 이런 모험을 하겠느냐 하니까, 얼마 있더니… 뭐 나야 뭐 아주버니들 하는 일에 내가 지금 같이 섞였으니까 기뻐서 그걸 하겠노라고 그래. 그땐 아마 벌써 무슨 도강증인가가 생겼어요. 그런 것 같애. 그래 그 어느 편으로 안동경찰서에서 본국으로 들어가는 그런 허가증을 받은 것 같아요. 그걸 둘 다 얻어서, 얻어 가지고서 건너가기로… 거기다가 모젤 둘인가 하고 또 그 하나 긴 거,

민영규 : 육혈포.

정석해 : 육혈포. 아마 그렇게 셋인가를 몸에다 허리에다 끼게 하고, 그렇게 하고 우리 둘이 서로 찻간에 서로 마주보면서, 조금 멀리 떨어져 서로 마주보면서 앉아서 건너오는데, 그때는 '이동경찰'이라고 으스대는 그 말은 안했어요. 이동경찰이 그 후에는 독립운동 잡기 위해서 아주 굉장히 심했는데, 그때는 아직도 그저 '국경경찰'이라는 거예요. 사복한 경찰들이 일일이 이제 한 사람씩 다….

민영규 : 찾아 검문하는군요.

정석해 : 찻간 안에서 다 하나하나씩 물어보지요. 어드메 살며 뭘 하러 본국에 들어가며, 이제 전부 다 해요. 검문하는데 다 물어보는데, 뭐 그 저, 그 여자를 보곤 몇 마디 묻더니, 여기 보니까 저, 아무 말도 없이 슥 지나와요. 그러더니 그이가 본시 몸이 좀 뚱뚱한데, 편안히 앉아서 태평하게 히죽히죽 웃어가며 그저 잘 다니더만요. 그 다음에 또 나에게 와

서, 거기가 이제 고향이 가까우니까, 철산이 내 고향이니까 고향 갔다오 겠다고 했더니, 그래서 이제 그때 그이하고 가서 그걸, 다시 도중에서 차 표를 갈아타 가지고서 선천까지 왔어요. 선천에 와서 지금, 그 사람 지금 현재도 부산 사는데, 김규형 씨 사는 선천 원동(院洞)이라고, 학원이라는 그 원 자 선천 원동에… 거기 독립운동자의 한 중심지나 다름없었어요, 그때.

민영규 : 김규형 씨를 그때 만났습니까?

정석해 : 그 전부터도 알았지만, 그건 서로들 벌써 안 지는 벌써 몇 해 됐지만, 그이 집이 거기 있고 아까 김진제도 거기 있고, 또 그 후에 이제 거기에 박정건(朴貞鍵)이라고, 박정건. 그이네 집안은 그 아버지가 박 목 사로서, 또 그 형도 또 그 독립운동자로서 그 맏아들 형과 그 박 목사가 선천경찰서 폭탄사건으로 한 분은 옥사하고 한 분은 형에서 또 죽고, 형 받고 죽고, 또 그 다음 다, 마지막 박정건이는 상해 독립신문 주필하고, 광주 광동성이라고 그러나? 남방 거기에 등현(藤縣)이라고, 등나무 등 자에 등현이 있어요. 등현에서 이제 거기 가서 객사했어요.

민영규 : 아, 객사한 분.

정석해 : 예, 다…. 그 집안이 전체가 독립운동으로 다 죽고 말았어요.

민영규 : 그 이것도 아직 1919년 얘기입니다.

정석해 : 그렇지. 그러니까 그 이전에 내가 말한 이제,

민영규 : 그러니까 여름에서 가을로… 예.

정석해 : 그 지금 선천경찰서 폭탄사건이 아직 일어나기 전의 일입니 다. 그 사건은 그 후에 이제 일어난 사건들이고, 내력을 그저, 만났던 우 리 친구들이라는 것이 그런 사람이란 걸…. 그래 거기까지 내가 무기를 가져다줬죠. 그러니까 내 또 둘째 사명은 다 한 거예요. 그런데 또 거기

서도 또 내가 이제, 우리 같은 친구들 사이에도 사람 서로 믿는 것은 한도가 있다는 것이, 그 무기를 본국으로 건네가라 하는 명령에 그걸 건네오려고 하니까, 이륭양회에 그거 맡겼었는데, 선생님, 박춘근 선생님이 아니 이런 건 우리도 구해지 못해서 그랬는데 이건 나도 하나 가져야겠다고, 안 내놓는 거야.

민영규 : 이륭상회에서요?

정석해 : 그럼, 이륭상회에. 그래 이제 거기 있는 내가 믿고서 맡겼던 선생님도, 자 이건 한 자루는 자기가 꼭 호신용으로 가져야겠다고 안 내놓지요. 대벽이가 또, 아 이건 나도 뭐 여태껏 구하려고 해도 우린 못 구하는 것인데, 이제 이건 내 생명이나 마찬가진데 뭐 내가 이걸 내놓겠느냐고⋯ 너 이젠 네가 나를 죽여서 빼앗아 가면 몰라도 나는 안 내놓는다고⋯.

민영규 : 욕심이 모두⋯.

정석해 : 그럼. 아 나는 이렇게 위험하게 해서 구해 와서 잠깐 유치해달라고 했던 거인데, 보관해달라고 했던 거인데, 이걸 내줘요. 그래 두 자루를 잃었어. 두 자루를 잃고, 그러고 이제 그 다음에 아마 그해 여름인가는 이제 그렇게 지나는 것 같고, 이제⋯.

민영규 : 그런데 혹시 그 선천 원동에서, 그러니까 세 자루를 갖다줬죠?

정석해 : 그렇게 됐지, 예.

민영규 : 그게 나중에 어떻게 쓰였는지 그건 혹시 못 들으셨어요?

정석해 : 이제 그 다음해외다. 나는 전혀 없고, 다음해인데, 내가 지금 헛갈리는데 김동평 씨 자신이 나왔어요. 그런데 이이는 구한국 적에 한국 땅을 떠나가지고, 의병하다가 떠나가지고서 도무지 왜놈이라고는, 왜

188

놈하고 상대가 없었으니만치 어떻게 처신해야 할지를 모릅디다. 그래서 안동현에서부터, 안동현서 나왔는데, 길림에서 나왔는데 만나가지고선, 그이를 건네는 것을 또 내가 앞잡이를 해야 되거든. 그래 이제 그 아까 말한 것처럼 도강증을 이제 얻어내는데… 그러니까 민적 호적이 없는 시대고 그러니까, 또 중국에 그때 도무지 없고, 중국 전체가…. 그러니까 이제 봉황성(鳳凰城)에서 농사하는 사람이라 해가지고서 저 안동경찰서 가서 일본경찰서 영사관 경찰서에 가서 이제 그걸 써서 넣었더니, 그저 묻고는, 본국 건너가겠다 하니까 글로 건너가라 그래서 도강증을 얻었어요.

민영규 : 그건 그 이듬해 얘기죠 지금?

정석해 : 내가 이거 두 해를 지금 섞여서 지금 모르겠어. 그래 이제 본인을 내가 인도해서 건너왔는데, 그 다음에 건너와서 그 사람들이, 그 사람들이 다른 이하고, 내가 생각건대는 그 이제 박정건이하고 김동평하고가 서울에 무기를 가지고, 그때는 자기네들이 가지고 여기에 올라왔습니다. 여기에 올라왔어요. 올라와서 그 김동평 씨가 자기 고향에를 갔었을 게외다.

민영규 : 충청도 연산이죠?

정석해 : 충청도 연산으로 해서 전라도 일대를 돌아들어 왔을 겁니다. 그러니까 그건, 그 안에 내막은 지금 우리가 서로 모르니까… 누가 무슨 일을 하고 다니고, 알려고도 안하고 묻지도 않고. 또 어느 날 그놈을 알면,

민영규 : 안 되죠.

정석해 : 그럼 뭐 그 다음에 악형 받을 적에 서로….

민영규 : 서로 연루가 되니까.

정석해 : 예, 그러니까 서로 몰라요. 글쎄 지금까지도 모르는 일들이에요. 그 사람들이 무슨 사건을 저지르고 갔는지. 하여간 김동평 씨가, 내가 불란서 가서 24년경에 들으니까 봉천서 잡혀가지고 대련 가서 사형받았다는 편지만을 내가 지금 아는 거예요. 그 후에 모르지요. 이거 지금, 이 말 한 이후에.

민영규 : 1924년에 그 얘기를 들으셨던가요?

정석해 : 그럼. 예, 24년.

민영규 : 그러니까 그 뒤 한두 해 얼마 안 있어서 그만,

정석해 : 무슨 사건이 났던지도 지금 모르는 거예요. 예, 동평 씨 사건은. 우리 참 이상스레 서로 그저 제 것 할 것만 딱 하고는 그 이상치는 알지 못하게 했어요, 서로들.

민영규 : 그래야, 일을 하려면 그렇게 해야죠.

정석해 : 행동파니까 뭐 서로 그렇게들. 그래 이제 하고, 아까 무슨 말씀을 하다가, 내 다른 거 하다가 잊었네. (웃음)

민영규 : 저, 백선행… 담양 김씨.

정석해 : 김씨 얘기를 내가 좀, 내가 지금까지도 마음에 지금까지도 걸리는 일인데, 같이 생사를 같이 한…

민영규 : 고마운 분이죠.

정석해 : 예, 고마운 부인이… 그 이듬해외다, 내가 지금 기억하는 건.

민영규 : 이듬해라니까…

정석해 : 그게 20년이지, 20년. 아니구나, 이게 지금…

민영규 : 20년이면 선생님 22살 때인데.

정석해 : 아니야, 그러니까 지금 아직도 이거 19년 일…

민영규 : 21살 때, 예.

정석해 : 19년 일인가봐. 왜 그러냐면 내가 지금 여름에 생긴 일이기 때문에, (20년) 여름에는 내가 지금 벌써 북경으로 떠날 적이거든. 그러니까 아직도 19년이던 모양이야. 그러니까 이거 다 한 이후지.

민영규 : 그러니까 선천 원평에 육혈포 전하고… 그 무렵이죠?

정석해 : 전한 그 무렵, 그 후야.

민영규 : 그렇지만 그해의 일이로군요.

정석해 : 그럼, 그해의 일이야. 그 여자가 그 일 다 하고, 이제 그러니까 서로 그랬는데, 그 여름에 내가 그게 8월인지 모르겠어. 여름에 한창 더울 적이요. 하여간 나도 이제 국내에 있다가 다시 이제 안동현을 몰래 건너갔는데, 그 부인이 날더러 날도 더운데 압록강 뗏목 위에 바람 쏘이러 나가자고 그래요. 그래서 난 눈치 없이 그동안 또 얼마동안 못 만났으니까 그저 그럼 나갑시다, 하고 같이 나갔더니, 대뜸 그 평안도에서 수건을 쓰잖아요, 여자들이. 그 두건을 벗습디다. 벗어서 떡 보니까 머리를 빡빡 깎았어요.

민영규 : 깜짝 놀라셨겠군요.

정석해 : 그래 뭐 깜짝 놀랐죠. 이거 웬일이오. 그러니까 그때 이제 모든 참, 아주버님은 모르지만 이 그룹 안에 서로들 큰 문제가 생긴 것을 내가 실토를 다 해야 되겠수다, 그래. 그러니 그때 벌써 다른 사람들 다 있지는 않아요. 이제 백선행 씨의 소실인데, 그 백선행하고 김진제 씨하고 그렇게 가까운 사이였는데 아마 여자를 놓고서 그만 서로 상관이 됐던 모양이야. 그러니까 백 씨는 백 씨대로 노하고, 또 김 씨는 또 김 씨대로….

민영규 : 김진제 씨로군요.

정석해 : 그럼, 예. 서로 이제 그, 그러고 해서 서로 다 헤어지기로 됐

다고… 그러니까 자기도 이제는 헤어지게 됐다 그거예요. 그러니까 나갈 곳은 어디요, 하면서 내 손목을 잡으면서, 나는 이젠 이 자리에서 압록강에 내가 빠지거나 그렇지 않으면 절간으로 돌아가거나 두 길밖에 없습니다…, 그래 눈물을 흘리면서 그래. 나도 역시 따라서 이제 울고.

민영규 : 그때 그분이 나이가 얼마쯤 되었을까요?

정석해 : 나보다 아마 6, 7세 위일 게요. 한 6년 위 되지 않는가 그렇게 생각돼요. 그러니까 아마 내가 21살이면…

민영규 : 그래도 그때 부인은 실제 나이보담 그 세파에 쩌들고 그래서 아무래도 한 2, 3세 더 늙게 뵈겠죠.

정석해 : 예, 나도 지금 분명하게는 모르는데. 그래 겨우 위로를 해서, 만류를 해서 죽는다는 게 뭐냐고… 우리가 앞날이 지금 튼튼한 희망을 갖고 나가는데 그럴 수가 있느냐고 만류를 해가지고, 하여간 고국으로 돌아가고, 돌아가서 또 고향으로 돌아가서 부모를 만나는 것이 좋지 않으냐…. 그때에야 이제 그이의 본 내력을 처음으로 내가 아는 게외다. 자기 집안 내력을 말하는 거예요. 자기도 그때 뭐 그러니까 한, 지금 그이가 아마 27, 8세라 가정하면, 그 합병 착 된 후인 모양이지요. 그때 전라도에 그 의병들이 있었는데, 그 의병이, 내가 지금 그 고향 고을 이름을 잊었으니까 말이 잘 안됩니다마는, 그 고을에 자기 집이 큰 집인데, 의병들이 유하는 것을 자기 집에 와서 유하게 되고, 이제 싸움하다가 피해서 거기 오게 되면서, 그래 그러니까 벌써 한 10년을 우리가 잡고서, 그이가 가령 그때에 16, 7세 된 처녀가 있으니까, 거기에 소위 의병대장이라 하는 사람이 밤에 이제 자기를 홀려내 가지고서는 몸을 허락하게 됐던….

민영규 : 심부름 보다가 그렇게 됐겠죠.

정석해 : 예. 그러다가, 그러니까 몸을 다치니까, 그 다음엔 또 일본 사

람하고 전쟁하는데, 거기서 쫓겨서 그 의병들이 이제 도망을 하게 되는데, 자기도 그 다음에는 이미 그 그룹에 몸을 허락했으니까 자기도 따라간다고 하고 그래 나와서는, 그러나 자꾸 전쟁은 지고 지고 하니까… 오늘날로 말하면 게릴라라고 할까, 무슨 이런 전쟁에 이제 거기 섞여서 돌다가 마지막에는 그네들이 다 패해서 죽기까지 하고, 그러면 자기는 면목이 없어서 고향을….

민영규 : 못 돌아가지.

정석해 : 못 돌아가고, 그래 전쟁은 패해서 청루에 몸을 던지게 되고, 서울, 평양, 안동현까지 왔다가 이제 소위 우리 그룹을 만났는데, 만난즉슨 전에 자기가 첫 번 몸을 허락하게 됐던 그네들과 그 목적이 같다 그거예요. 그래서 기뻐서 모든 심부름을, 자기 생명을 다 내놓고 심부름을 ○○히 해주려고 하는 이제… 그때 비로소 그이의 내력을 처음으로 알았단 말이오. 그래 거기서 서로 울고 붙잡고 그러다가는, 벌써 다른 이들은 다 이제 헤어졌어요 다들. 뭐 또 그때 일이란 건 잠깐 그저 모였다가는 또 가고 하니까. 그래 다시 같이 내가 길을 데려다 서울 가서, 당신네 고향에 내가 연락을 할 테니까 나하고 같이 올라가자고…. 그래서 서울을, 참 머리 빡빡 깎은 여자를 두건을 씌워가지고서 올라와서 남대문 앞에 여관에 들었어요.

민영규 : 그 서봉여관이라고 있었죠.

정석해 : 글쎄 그 근처예요. 자리는 그 근처예요. 그 근처에 일본 여관인데, 일본 여관에 들어서서는 고향에 누구를 이름을 대달라고 하니까, 그 자기 사촌오빠가 그때 현직 군수일 거라고 그러더만요. 그래 그, 그 주소 기억하는 주소로 사촌오빠에게 편지를 했어요. 그랬더니 과연 며칠 만에… 그 당신 누이가 여기 와있으니까 지금 와 달라 했더니 과연

그이가 올라왔어요. 예, 올라와서 참 그 동안의 얘기를… 우리 그룹이란 건 이런 그룹이고 다 항일하는 운동이니까, 당신네는 일본 고관인데, 관리고 그런데, 서로 우리를 싫어할 사이지만, 또 그동안 나가서 이러한 그룹에 있다가 지금 서로 헤어지게 돼서 하니까 누이를 다시 데리고 가 달라 하고…. 그리고 또 자친이 지금까지 생존하셨다니까 자친한테 가서 용서하고 받아주면 우리가 고맙겠다고 하니까, 그이가 참 고맙다고, 고맙다고…. 지금 생사를 몰라서 누이 생사를 몰라서 그랬는데, 또 누이도 자기 뜻이 아니고, 그때 지금 의병하고 일본하고 싸움을 하는 가운데서 이렇게 됐는데, 지금 살아있다니까 어머님이 얼마나 기뻐하셨는지 모르겠다고… 참 다시 데려다줘서 고맙다고. 그러고선 거기서 서로 내보내면서, 우리가 여기 문밖에 나가면은 눈물을 흘려서는 안 된다고, 아무 상관없는 사이로 하자고 그러고 헤어지자고…. 그래서 그이가, 사촌오빠가 데리고 내려갔는데, 그것이 오늘날까지 말이오, (복받침) 오늘날까지, 저번 내가 부산 가서 또 만났던 김규형 씨도 참 우리에게 가장 큰 역할을 했는데….

민영규 : 그렇죠, 목숨을 바친 일인데.

정석해 : 지금 이름까지 다 잊어버렸고 그때에 그 주소를, 그 편지 쓰느라고 한 번 그 주소를 한 걸, 아, 그만 깜박 잊어버렸어. 그저 담양 어디이리라 하는 이런 생각밖에는 지금 남은 것이 없어요. 이런, 그건 좀 내가 참… 예.

민영규 : 아는 데까지 밝혀내야 할 얘기로군요.

정석해 : 그래서 내가 저번도 우리 그런 얘기를 했습니다만, 그이는 이제 더구나 절로 가서 일생을 지낼까 그랬으니까, 참.

민영규 : 그것도 찾아보면 나올 겝니다. 가까운 내장사나 백양사, 네.

정석해 : 글쎄, 돌아갔다고 가정한다면 혼을 위로하기 위해서도 재를 한 번, (복받침) 올려주고 싶은 생각도 있어요.

민영규 : 참 갸륵한 분이지, 갸륵한 분이야.

정석해 : 다 숨은 얘기로 참 위험을, 뭐 그때 거기서 잡혔으면 그저 사형 아니오.

민영규 : 그런데 그걸 세 자루씩 그걸 몸에다 숨기고, 그거 보통 일이 아닙니다.

정석해 : 그런데 또 그 다음에 그 무기가, 이제 그해 11월 달, 11월 달에, 그거 이제 있는, 이릉양회에 남아있는 무기들과 가지고서…

민영규 : 그러니까 이릉양회에 이제 한 자루가 남아있는 셈이군요.

정석해 : 두 자루, 두 자루 남고…

민영규 : 황대벽 씨가 하나 가졌고.

정석해 : 예. 두 자루 남아있는데, 뭐 그거는 저 어떻게 이용했는지 그건 지금 내가 모르겠는데, 그 겨울에 지금 이북에 있는 고준탁(고준택高準澤의 오기)이, 뭐 장관까지 지냈답니다 고준택이. 또 그 다음에,

민영규 : 역시 고준택 씨란 분이 그 일본 앞잡이를 총 맞춰 죽인 사람이죠?

정석해 : 그럼. 그거 으스대는 사람이야. 고준택이야. 그 다음에는 윤형보(尹衡保). 윤형보는 이제 그 우리보다 중학교 아마 3학년 앞섰는가 그래요. 그이는 그 후에 이제 하남(河南) 풍옥상(馮玉祥)이 경영하는 병기 제작소에 갔는데, 그 후에…. 가기 전 두 사람이 무기를 가지고서는 구의주를 건너왔어요. 도청이 그때까지 구의주에 있으니까. 구의주에 와 가지고는, 거기도 경찰 고등계인가 무슨….

민영규 : 예, 고등계 형사라고 그랬죠.

정석해 : 예, 과장인지 무슨 계장인지. 하여간 그 한국인으로서는 평안도 경찰계에서 최고 높은 자리에 있어요. 지금 기억은 성이 장가예요. 11월, 음력으론 11월경이고 양력으론 12월인데, 저녁 늦게 저녁밥 먹는데 그 집에 달려 들어가서 한 가족을, 그 두 사람이 그걸 가지고 몰살시켰지요. 그리고 겨울이니까 압록강을 얼음 타고 건너가서, 다시 이륭양회에 와서 있었는데….

민영규 : 그런데 그 뒤에 그분을 다시, 불란서에서 돌아오신 뒤에 만나셨어요?

정석해 : 그래 그 얘기는, (웃음) 1941년 겨울인가, 나도 불란서에서 돌아와서 이제 얼마 안 된 얘기지요. 마음대로 다니지 못하는데, 신의주로 들어갔더니, 내 누이가 신의주에 살기에 들어갔더니, 거리에서 갑자기 그 고준택 씨를 만났는데, 그 사람은 벌써 이미 국내에 들어왔으나 어떻게 들어왔는지는 지금 나도 모르는 것이고, 또 저 사람은 내가 또 어떻게 돼서 불란서 간 줄은 아는데 어떻게 여기 들어와 있는가…. 둘이 만나서 서로 무서워서 속말을 못하는데, 길가에선 말할 수가 없고 어디 어디로 만나자 해서 서로 저녁에 만났는데, 그래 내가 먼저 나는 그동안 불란서에 가 있다가 22년 후에 여기 들어온 지가 지금 몇 달이다, 내 그래서 다닐래도 다닐 자유가 없다, 경찰의 허락 맡고 지금 여기 와있고, 여기 와있는 것도 지금 보고를 해야 된다… 그랬더니 그이도 그 다음엔 마음이 풀렸는지 대뜸 하는 말이, 나는 그동안 상해에서 무슨 사건으로 인해서 들어와서 4년 징역을 졌다. 징역을 지고 지금 나왔는데, 내가 아는 그 사건은, 우리가 아는 그 사건은 경찰이 알지를 못해. 그러니까 내가 4년 징역을 해도 다른 건으로 졌지 그 사건은 전연 모르니까, 너 말 안하고 나 말 안하면 이 사건은 세상이 알지 못하는 사건이다, 그래. (웃음)

민영규 : 그 사건 오늘 현재도 모르지 않아요?

정석해 : 그럼. 도무지 모르지.

민영규 : 어디 밝혀지지 않았으니까.

정석해 : 그건 또… 예. 그때에 무슨 신문이라고 있어야지. 매일신문 (매일신보)인데 그런 사건들은 발표는 안하니까 그저 그런 신문사… 그 것이 아마 재등(齋藤, 사이토) 총독을 그 뭔가,

민영규 : 만세 뒤에 문화정책이라고 하는 그때….

정석해 : 예, 재등 총독이 취임하려고 할 적에 강우규(姜宇奎) 의사가 폭탄 던진 것이 이제 독립운동 이후에 첫 저항, 그 무슨 발포이고, 아마 그 다음에 총이 터진 것은 아마 구의주에서 그것이 그 다음 사건이 될 겁니다. 그러나 그것은 세상에 도무지 숨겨져서 모르는 일이죠.

민영규 : 그때 그 장 형사하고 또 그 뭐, 일가족을 전부?

정석해 : 그럼. 그 부인도 죽고 어린애 하나 있는 것까지 죽고, 셋이 다. 불쌍한 어린애까지 다 돌아간 일이에요.

민영규 : 그러니까 그건 신문보도도 일체 없었겠군요.

정석해 : 없지, 없어요 일체. 뭐 있었던지도…. 뭐 또 우리가 신문 볼 일도 없고 하니까 뭐.

민영규 : 그러면 이제 1920년 되게…

정석해 : 그게 이제 벌써 그럼 20년, 이제 겨울 일이니까 넘어가지요.

민영규 : 그래 가지고 이제 어떻게 해서 불란서로 넘어가세요?

정석해 : 자 그 다음엔 내가 또 서울을 한 번 들어왔었는데, 20년엔가 내가 또 한 번 들어왔어요. 들어왔다가 그거는 내가 지금, 이거 연대가 지금 서로 섞여서….

민영규 : 어렵죠.

정석해 : 예, 그건 또 유교, 서간도에 있는 유림… 유림에서 경상도 유림들을 모셔오라는 그런 사명이에요.

민영규 : 서간도에서요?

정석해 : 예. 그런데 이게 지금 그것도 20년 일인 것 같고, 아니 저 19년 일인 것 같애. 그 저 하회에 유만식(柳萬植) 씨가 있어요, 유만식. 그이의 손자 되는 이가 지금 어느 고등학교 교장, 해방 후에 고등학교 교장을 하고서 지금 아마 퇴직됐는지 모를 겝니다. 그 다음에 경상도 상주에, 상주에 삼산… 호는 삼산, 조수연. 조수연의 '수'는 이제 뭐라고 하나, 수요(壽夭)라고 하는 수 자랑 그럴 연 자. 삼산 조수연 씨가 의병으로 있고, 의병 참모로 있고. 저 청산리 싸움에 앞에 사령관으로 있던 사람, 저 단야 김 뭐인가.

민영규 : 김좌진(金佐鎭).

정석해 : 김좌진 다음에 그 사령관으로 있던… 김규식이오. 글자 꼭 같습니다. 그이는 그때 내가 말을 듣기는 저 뭐요, 의병으로 있다 잡혀서 7년 징역하고 나왔다 그럽디다. 두 분 다, 삼산하고.

민영규 : 유만식 씨하고,

정석해 : 아니 유만식 씨는 아니오. 그건 선비분이고, 유교… 이제 유림의 대표 분이고, 그 두 분은 의병….

민영규 : 예, 그러니까 저 그 두 분, 저 삼산 조수연 씨하고…

정석해 : 이제, 그 김규식.

민영규 : 예, 김규식 씨하고.

정석해 : 그네들을 모셔오라는 명령이 내렸어요. 날더러요. 그래 상주를 갔죠, 서울서. 상주를 가서, 상주를 가서 유만식 씨네 댁엘 가려고 하니까 사람이 그쪽에서 와요. 벌써 무슨 냄새를 맡은 것 같으니 하회까지

오지 말라 그럽디다. 그 다음에 나 또 안동에 누구를 모시겠다고 그때 그랬는데, 그때 하여간 정 씨가 한 분 있어요. 그래 그이도 모시고 가려니까 그 안동 고개를 넘는데, 거기서 연락하는 사람이 오는데 넘어오지 말라, 위태하다. 그래 서울을 올라와 있으니까 그 다음엔 그네들이 다 왔어. 네. 다 왔어. 유만식 씨가 올라오고 또 조수연 씨가. 조수연 씨를 중심해서 또 김규식 씨가 또 오고. 아마 장사동(長沙洞) 어느 조그만 집에 내가 머물렀던 것 같습니다. 그이들과 같이…. 그러자 또 거기 이제 그이는 서울 근처 사람인데, 말이. 나이는 우리보다 뭐 10년 장(長)밖에 더 안 될 정 씨가 있습디다. 아마 상투를 짜고 있던 것 같아, 내가 지금 생각에.

민영규 : 그때는 대개 상투를, 그때가 겨울이었습니까?

정석해 : 아냐, 이거 지금 첫 여름 될까 말까할 거외다.

민영규 : 그럼 20년이 될 가능성이 많겠는데….

정석해 : 하여간 지금 이게 지금 분명치 않아서.

민영규 : 예, 20년이 될 가능성이 많겠는데, 예.

정석해 : 그래 그이들 룸에 이제 묵어도, 여비라든지 이제 모든 것도, 거기 가서 이제 무슨 활약하려면 또 자금이라든지… 그것 때문에 몹시 애를 쓰더만요. 그래 나는 또 오래 여기 머물 수가 없고. 그래 할 수 없이 두 분 만이라도 먼저 가라 하더만요. 내 이름 모르는 정 씨하고 또 그 다음에 조수연하고…. 두 분을 모시고 안동현으로 건너갔었어요. 건너가서 이제 구시가에 가서 자리를 잡고 했더니, 그 조수연 씨는 그 의병에 그렇고 그 선비인데 몸은 약하고, 폐병은 걸렸는데도 그 열의는 굉장해요. 누구보다도 난 그런 참 지사다운 인격을 가진, 한학에 유능합니다. 그분 뭐 나이도 많으시고 한데, 지금도 여기서 그이를 말하면 그 지방분들은 아는 노인이 있어요. 두 분을 만나봤어요. 성백선(成百善) 선생 아버님이

알고, 또 다른 노인이 또 누군가… 미신, 저 계룡산파의 노인이 또 그이를 아시더만요. 의병으로서 여기 이름이 있던 이에요. 다 무명 의병이요. 실상 또 이런 의병으로….

민영규 : 정말 진짜, 진짜 지사셨군요.

정석해 : 만주 가서 돌아가셨답디다. 그 얘기를 내가 들었지.

민영규 : 그런데 서간도에서는 어떻게 해서 연락을 받으셨어요? 처음에 두 분을 모셔오라는, 그것이 안동현에서….

정석해 : 안동현에서 가운데 나에게 전하는 사람은 누구냐 하면 김진제예요. 그런데 아마 그것도 내 생각에는 김진제보다도 그 뒤에 김동평 씨의 명령이 아닌지 몰라요. 김동평 씨는 그 유림이랑 가까우니까.

민영규 : 그러면 서간도에 이회영(李會榮), 석영(石榮), 모두 이시영(李始榮), 그분들 모두 같은 움직임인가요?

정석해 : 같은 움직임일 거예요. 이게 이제 신흥학교 중심으로 지금 노는 거예요. 이게 다 그 신흥학교 중심으로 노는 파예요.

민영규 : 그런데 그 서간도 기록에서 그건 본 기억이 없는데, 역시 같은 움직임이로군요.

정석해 : 저 뭐 독립운동사와 그런 데는 김동평 씨 이름이 한번 나왔습니다.

민영규 : 나와도 이렇게 서간도 관련 이건 나오기 어렵겠네요.

정석해 : 그래 또 김동평 씨 이런 활동한 건….

민영규 : 그건 안 나올 겝니다.

정석해 : 우리는 다 김동평 씨 밑에서 저기한 거예요.

민영규 : 그럼 그게 저 안동현에서 먼저 통화(通化), 흥도천(興道川) 거기로 가는 데도 그게 꼬박 보름 걸리는 여정이거든요. 마차 타고. 그 흥

200

도천에서 또 이제 노야령(老爺嶺) 산맥 넘어가지고 이제 삼원보(三源堡) 그쪽으로 가려면 그게 또 굉장한 어려운 길이었고. 그 길도 그때 한번 가보셨어요? (웃음)

정석해 : 나는 오히려 이렇게 철도 타고 연락을 했으니…. 지금 부산에 있는 김규형 씨는 러시아 가서 총 메고 전쟁을 했고, 청산리 뒤쪽에서도 그랬고. 뭐 그 남북만주에다가 거기 이제 그 서로 그랬는데, 그러나 서로 각기 행동은 했는데,

민영규 : 모르죠.

정석해 : 이거 어드메에 명령해서, 어떻게 해서 자금이 나왔고, 어떻게 해서 무기가 나왔고, 서로 몰라요. (웃음)

민영규 : 그런데 작년에 김규형 선생 연락으로 그 뭐, 저 하루빛[하얼빈?] 어디서 잡지, 그 이야기 좀 해주시죠. 그건 어떻게 해서 그…

정석해 : 아 예, 그건 글쎄 저 고려대학에 이원순(李元淳) 씨가, 자기가 평소 가지고 있던 독립운동 자료를 미주에서 모아두었던 것을, 자기 모교인, 저 보성전문 출신인데, 모교인 거기에다가 기증을 했는데, 고려대학에서 그것을 받아가지고 본즉슨 거기에 잡지가 하나 있는데, 『배달공론』(倍達公論)이라는 잡지가 있는데, 단순히 국내에서는 경무국 불령선인의 서류목록에만 있지 그건 내용은 한번도….

민영규 : 실물이 없었군요.

정석해 : 실물이 없었는데, 또 그 가운데서 벌써 지금 『배달공론』을 본즉슨, 암만 해도 만주에서 독립운동자가 했던 것 같이 추상이 됐어. 그걸 동아일보에다가 작년(1973년) 9월 몇 일 날로 해서 이걸 냈어요. 그런데 그것을 실상 발간한 사람은 지금 현재 김규형, 이제 부산에 살아있고, 또 아까도 말한 박정건 씨 두 사람이 주필이 돼서 이제 그걸 발간한 일인

데, 즉 단야 김좌진 씨를 중심으로 해가지고서 영고탑(寧古塔)에서 그 겨울에 숨어있으면서 독립운동 정신도 고취해야겠다고…. 그네들은 다 무장직접파지마는 역시 그걸 해야겠다, 잡지를 해서 정신적 계승을 해야 된다고 해서 그걸 했는데, 그 가운데는 여기 국내에 들어왔던 조성환(曹成煥) 씨, 그 씨도 있고. 또 많은 사람이 그 이제 대종교의 지도인물 김무헌인가 김무원인가[茂園 金敎獻을 말함—엮은이], 대종교의 2세 교주, 그런 사람들이 거기서 같이 해서 그 일을 했어요. 예.

민영규 : 그러니까 그게 상해 독립신문의 전신으로 봐도 좋겠군요.

정석해 : 아니 독립신문이야 이제 1919년에 벌써 났고, 이건 만주지방에서의 따로 또 이런 신문이오. 우리가 알기에는 김좌진 씨라든지 이런 사람들이 무력만 행동한 줄로 알았는데, 역시 정신적 그것을 계승하기 위해서 잡지라든지 이런 여론을 일으키려고 이것까지도 그네들이 썼다 그 말입니다.

민영규 : 그게 계기가 돼서 김규형 선생과 다시 재상봉하게 되셨겠군요.

정석해 : 그럼. 글쎄 그이가 지금 소경이 돼서 모르니까, 신문도 못 보니까, 두 달인가 석 달인가 지나서 누가 신문에 이런 일이 났더라 하는 이야기를 그 사람에게 했단 말이지. 그러니까 자기가 한 옛날 자기 일이거든. 그래 내게 편지하기를, 내 파리 있을 적에 그 신문을 아마 자기는 보내줬던 모양이고. 나는 이제 뭐 그 기억은 없어요, 지금. 그러나 내 편지에다가, 너도 알다시피 내가 그때 그것을 발간했는데 지금 이것이 『배달공론』이라는 것이 내가 발간했던 잡지인지 먼저 나부텀도 알아봐야 되겠다, 그러려면 내가 발간한 것은 첫 논문이 무엇이고, 「창조파(創造派)에게 여(與)하노라」[朴正殷, 「創造派諸君의게 與하노라」, 『倍達公論』

1, 1923. 9. 1.―엮은이] 하는 것이 첫 논문이고, 둘째 논문은 무엇이고, 셋째 논문은 무엇이라 하는 자세한 내용의 편지를 내게다 줬어요.

민영규 : 그때 '창조파'란 술어를 썼어요?

정석해 : 그건 왜 그러냐 하면, 상해 독립운동의 정부를 없애고 새로 이 정부를 창조하자 하는 창조파가 있었어요. 그 사실은 이제 상해정부 개혁한다는 그 파들과, 이 사람들은, 오히려 우리가 이상스럽지요? 이 사람들은 민족을 대표하는 한 정부가 서서 독립하기 전에 무얼 가르느냐 하는, 왜 가르느냐, 오히려 그 김좌진 장군은 오히려 상해정부를 계승해야 되는 아마 그런 뜻이었던 모양이에요. 그래서 그 창조파를 이제 공격하는 논문인 모양입디다. 그냥 그 한 정부 하에 통일 협력을 해야 된다는 이런 모양이었어요. 벌써 그때는, 벌써 상해에도 공산주의파가 손을 뻗기 시작한 다음입니다.

민영규 : 이제 자금이 한참 들고 그럴 때죠.

정석해 : 예, 다 들어오고, 외국서 들어오고 그러는데… 그래 이제 그 잡지를 냈는데, 그 고려대학에 가서 그 잡지를 본즉슨 그 제목과 그것과 꼭 같거든요. 그런데 그 참 그 기억이 좋습디다. 기억이 좋아요. 거기 그 당시에 만주에 가있는 사람이 별명이 몇 개씩이오. 본명 쓴 사람 없고 본 지방 쓴 사람 없고. 서로들 이제 그러는데, 그 뭐 다 별명인데, 그 별명은 본명은 누구요 누구요 이제 이런 것들 다 적어서….

민영규 : 생각나시는 거 그런 거 혹시 저 지금….

정석해 : 음, 이 사람도 인해(仁海)라 했던가, 자기를. 김규형 씨도 인해라 했고, 박정건이가 백암이라 했던가, 무슨…. 그 내 지금 기억이 안 납니다, 잠깐 또. 그렇게 여러 별명 여러 호….

민영규 : 그렇죠. 이름 다 모두 따로, 여러 개씩 따로 그… 예. 그래서

그 서로 연락이 되셨군요.

정석해 : 그래 그렇게 연락이 돼서 작년 겨울에 내가 내려가 인사를 해야겠다는 생각으로…. 그리고 또 뭐요, 천식 때문에 요번 여름에는….

민영규 : 그분이 연세가 얼마쯤 지금?

정석해 : 나보다 3년 위던가? 지금 일흔 아홉이야. 뭐 어떤 분은 김홍일 씨가 이제 백로파들과 무슨 적군들 싸움하고 이제 어떡하고 뭐 그랬는데, 그런 데 기록, 그 쓴 것과 비슷한 것도 많습디다. 그 같이들 있었던 모양이더만요. 러시아 그 우수리 강 건너편에 건너가서 이제 싸움된 이야기와… 그런데 그건 내가 그 배경을 모르니까. 그이가 뭐 그날 만나서 몇 시간 얘기를 하는데, 나머지 따로 얘기를, 남의 얘기를 전할 건 없는데, 자기 말마따나 글쎄 만주에서도 총 메고 싸웠고, 또 러시아 땅에 가서도 총 메고 싸웠고, 내 이렇게 약한 것이 총 메고 여태껏 싸우다가 이랬는데….

민영규 : 그분 그 기억력이 그렇게 아직도 좋으시다니까 누가 그 찾아가서 며칠 그 좀 녹음도 해두고 그랬으면 좋은, 정말 그 거짓말 없는 그 실제 기록이 나올 텐데요.

정석해 : 그럼. 곁에 또 같이 있던 사람들이 다 정말 일생을 독립을 위해서 희생한 이들 아니오.

민영규 : 정말 순수하고 정말 진짜 그, 참 투사들입니다, 예.

정석해 : 자기가 뭐 했노라고 말도 안하는 사람들.

민영규 : 안 하죠, 그럼. 할 리가 있습니까, 그 자존심이. 그런데 저, 선생님 그 저 불란서 가신 얘기가 아직도 조금 숙제로 남아있는데. (웃음)

정석해 : 나는 그래서 그 다음 그 이듬해인데, 그 그룹에서 내가 원(願)이 그 상해를 가겠다고 하니까, 상해를 가라고 이젠 돈을 줘요.

민영규 : 그게 그러니까?

정석해 : 20년. 내가 지금 5월로 생각을 합니다, 20년 5월. 봉천에서 아마 5월 31일에 내가 떠난 것 같수다, 상해로. 상해로 향해서 떠나는데, 그 다음 몇 달 있다가는 김규형 씨가 또 상해를 왔습니다. 내가 먼저 가고.

민영규 : 배로 가셨어요?

정석해 : 아니.

민영규 : 기차로?

정석해 : 기차로 봉천서, 봉천서 기차로서.

(녹음 중단 후 재개 15:50)

정석해 : 뭐인가, 정양문(正陽門) 보고, 정양문 위의 공원에 올라와서 북경 황실도 쳐다만 봤지. 그 들어가서 구경을 못했는데, 그때 내 우리 친구라고 있는 사람이 몇 사람이 있어요. 그건 참 내가 하나 이름 외워 둘 만한, 나보다 한 해 앞선, 중학 앞선 문승찬(文承贊)이라고 하는 사람이 있는데, 그이가… 가만있어, 그 서양 사람이 하는 대학이 무슨 대학이더라?

민영규 : 협화(協和)?

정석해 : 협화는 옆에 있어요.

민영규 : 연경(燕京)?

정석해 : 어, 연경대학이에요. 연경대학, 예. 그 서양인의 선교사 학교인데, 연경대학에서 일본말을 가르쳐요. 또 일본말을 잘하느냐 하면 잘하지도 못하나, 그러나 그럴 수 있는 것은 그 사람이 영어를 우리와 같은 중학을 나왔는데 영어를 제법 해요. 그래서 그 일본말을 중국 학생에겐 영어

로 번역을 해줄 수 있거든. 뜻을 말해줄 수 있단 말이야. 그런데 중국말은 또 유창하지는 못하지만 조금 알고. 그 뭐 평안도 사람이니까 한두 말 아는데. 그리고 벌써 우리 전에 한 이태 전에 벌써 중국을 거기 건너가서 있었어. 그런데 북경에서 그걸 하더만요. 그런데 또 그이로 말하면 그 후에 여기 저 만주사변이 나선가요? 미국 국회에서 만주사변 조사….

민영규 : 리튼 경(Victor A. G. B. Lytton).

정석해 : 리튼 경, 그래 그…

민영규 : 국제연합[국제연맹의 오기—엮은이]에서 보냈죠? 영국의…

정석해 : 그거 해서 이제 그네들이 조사단으로 들어오기를 북경으로 해서 우리나라를 들어오지 않았어요?

민영규 : 예, 통과했죠.

정석해 : 이렇게 들어왔는데, 들어오기 전에 북경으로 왔습니다. 리튼 그것(조사단)이 온다니까 그때 도산이 그 조사단을, 영미 조사단을 만나려고 북경으로 왔습니다. 북경으로 왔는데 그때 북경에 있는, 물론 지금 내가 얘기가 1920년 얘기에서… 그거는 32년 얘기니까,

민영규 : 훨씬 뒤의 얘기죠, 예.

정석해 : 그 연락인데 글쎄, 문이라는 사람 그 인물을 소개하기 위함이오. 그때에는 벌써 10년 후에는 북경에 있는 한국 사람으로 영어가 제일 나았었습니다. 그래 도산이 그 사람을 통역으로 해가지고서는 저 국제연맹 조사단하고들 통역을, 대화를 했어요.

민영규 : 네, 진실을 알려주려고 노력을, 예.

정석해 : 그럼, 예. 그런데 또 그이도 그만치 모든 활동을 잘한 사람인데, 뭐 하나, 그 후에 곧 죽었어요. 그런 만치 세상엔 이름도 모르는 것이고.

민영규 : 도산과 리튼 경 가운데에서 그 심부름 봤다면 그 대단한 일입니다. 그렇게 생각해요. 우리 민족운동사에서 대단한 일입니다.

정석해 : 그런데 내가 1922년에 갈 적에는 그 사람이 이제, 거기서 일본말 가르치는 연경대학에 이제….

민영규 : 티칭 펠로우(teaching fellow)라고…. (웃음)

정석해 : 티칭 펠로우로 있는데 뭐 다 주머니가 비어있고, 나도 또 그저 노비(路費) 가지고 가니까 내 북경서 구경도 못했어요. 그저 ○○ 왔다갔다 하다가. 그래 내 지금 평생 만보산도 보지 못하고, 북경 자금성인가?

민영규 : 자금성, 네.

정석해 : 자금성을 못 본 거야. 북경 가서 자금성 못 보고 온 거… 쳐다는 봤어. (웃음)

민영규 : 정 선생님이 워낙 그런 데는 좀 무심하시지. (웃음)

정석해 : 일생에 한 번 보는 걸 못 봤으니 글쎄 유감이외다.

민영규 : 그럼 상해에 가서 어떻게….

정석해 : 그게 아마 6월 그때 상해에 내려갔어요. 상해에 내려가서는, 그때 벌써 가니까 몇 달이, 그 한 해 반이 됐다고 할까? 독립운동한 지 한 해 얼마 됐는데 벌써 기세가, 독립운동의 기세가 좀 이제 꺾이고, 또 1년을 나와서 지내니까 생활 곤란이라는 것이 다 보입디다 그려. 내 하나 얘기는, 이광수(李光洙) 씨를 찾아갔댔어요. 찾아가서 내 앞일을 의논을 했어요. 자 이제는 중국서 상해서 유학을 하는 것이 낫겠습니까, 어떻게 하는 것이 좋겠느냐, 앞일을 좀 알려 달랬는데, 아주, 내 춘원(春園)을… 아주 다정하게 제 동생같이 아주 다정하게 맞아주면서, 글쎄 이리 와서 노는 것보단, 또 정치에 들어가는 것보다 너 실력배양을 위해서 공부해

라… 아주 정치하고 관계하지 말라고, 오히려 그이가 내게 맨 처음에 그런 얘기를 합디다, 학생으로서.

민영규 : 그것 참 진실한 친구로군요.

정석해 : 그러면서 이제 자기도 할 수만 있으면 쏘시올로지(sociology)를 더 공부하겠다고 하면서, 원문으로 된 쏘시올로지를 한 10여 권 사 놓은 것을, 책을 보입디다. 그러나 내가 뭐 그때 지식이 말이요, 누가 무슨 사회학의 명저인지 알아볼 수도 없는 거고, 그래서 공부하라 그래요. 그러다가 이제 그 뭔가 이제 실력배양 해야 한다는 그런 주의를 말한 것이… 즉 벌써 그때는 춘원이 도산의 제자가 됐더만요. 그래 가지고 이제 도산의 소개를 날 해줘요. 그래서 내 이제 도산을 만나보고, 그 후에 흥사단(興士團)에 가입까지 하게 된 계기가 됐지요.

민영규 : 독립운동하다 보니까 결국 문제는 실력이….

정석해 : 예, 그건 도산도 주장했는데, 그 이제 가을에 되니까 호강대학(滬江大學)에 입학하는 사람들이 있어요. 몇 사람들이 입학한다 그러는데, 그래 그 나도 입학을 할까 주저를 하다가…

민영규 : 그때 중국 학제는 가을에 입학이죠?

정석해 : 그럼, 중국 학제는. 그런데 그 다음 차차 또 내 곁의 사람들이 여기까지 왔으면 서양 유학을 아주 가지, 까짓 뭐 가서 고학을 할 생각으로 한번 가지…. 그런데 배 탈 돈만은 넉넉했으면 할 텐데 배 탈 돈도 넉넉치는 못한데, 그런데 들으니까 이석증(李石曾)인가 중국의 그때 거물이지요. 저 화법(華法)인가, 불란서 그 저 검학회(儉學會)라고 있어요, 검학회. 중국 학생으로서 불란서에 가서 노동해서 공부한다고, 검학한다고…. 이석증이의 그 화법검학회[유법검학회留法儉學會의 착오―엮은이]가 있는데, 그거는 이제 헐한 값에 간다 그러거든요. 그때 그 일을 주선

해주는 것이 김홍세(金弘世)라고 우리 해방 후에 들어오셨댔지요. 김홍세 씨가 우리나라 정부의 외교부의 일부로서 이제 유학생을 지도를 합니다. 그래 김홍세 씨가 그거 돈 몇 푼 안 가지고도 간다고… 그래 거기에 신청을 했더니, 우리 정부에다 신청을 했더니 우리 정부에서 이제 그다음해서 강서성(江西省) 유학생회에다가 해가지고는,

민영규 : 중국 사람으로요?

정석해 : 그럼, 중국 사람으로 중국 여행권을 얻어준다 말입니다. 그리고 그걸 가면 중국 학생들이 그때 아마 백여 명이 가죠.

민영규 : 지금 주은래(周恩来)도 그 당시에 유학간 사람 아니에요? 그 당시일 거예요.

정석해 : 나 떠나기 한두 해, 아니 저 한 몇 배 앞서, 배로 몇 배 전에 그 배를 타고 간 사람 같아요. 우리 같은 해인지도 몰라요. 19년, 아니 저 20년…. 난 지금 20년. 같은 해인지도 몰라요. 왜 그것 세계평화회의가 된 후에 중국에서 유학열이 올라가고, 또 불란서는 전쟁에서 승리는 했는데 노력(勞力) 부족이기 때문에, 외국 학생들이든지 외국 노동자든지 지금 자꾸 노력 부족이 돼서 그냥 받아들일 적입니다.

민영규 : 그 백성욱(白性郁) 씨 경우는 어떻게 됩니까.

정석해 : 백성욱 씨는 이제 그 몇 달 후야, 몇달 후.

민영규 : 불란서 가서 만나신 거군요.

정석해 : 그럼, 불란서 가서 만나지.

민영규 : 서영해(徐嶺海) 씨는 어떻게 돼요?

정석해 : 그건 같은 배로 가요.

민영규 : 아이고, 그러니까 두 분이 최초 그…. (웃음)

정석해 : 우리 같은 배에 스물 한 사람인데,

민영규 : 한국 사람이요?

정석해 : 한국 유학생이 스물 하나야.

민영규 : 하하, 그거 아주 기록할 얘기다.

정석해 : 일백 몇 십 명 중국 유학생 중에 꽤 우리가, 여기 돌아와서는 저 최린(崔麟) 씨의 앞에서 일도 많이 보고, 그 다음에는 여기 일본 시대에 방송국에 있고, 또 해방된 후에 우리 방송국에 아마 책임자로 있었지, 첫번째로. 이정섭(李晶燮)이라고…, 이정섭이. 그이 나하고 우리들 스물 하나에 다 같이 갔어요. 그게 아마 그 불란서 배가 몇 달 만에 한 번씩 오는데, 남양으로 오는…. 그 더워서, 그 더울 때에는 출발을 안 하고 있다가 우리가 11월 6, 7일 경에 상해에서 떠났을 거예요. 20년 11월 7일경에. 그랬더니 그 배 안에 들어가니깐요, 방이 아니라 짐 싣는 칸에다가 쇠로써 층층이 침대를 했어요. 아마 3층인가 그렇게 되는 것 같아요. 꼭 그저 엎드려서 들어가 누울 수만 있도록 이렇게 했어요. 방이 아니고…. (웃음) 짐 싣는 거기에다 그렇게 유학생이라고 데려간다고, 그렇게 해서.

민영규 : 그래 가지고 싱가포르 그 열대를 통과하다니 그건….

정석해 : 그거 뭐, 그런데 다만 이제 낮에 거기에 늘 있을 수는 없지 않겠소? 배의 밑이니까. 짐 싣는 그 아래니까. 그 위에 이제 그 저 뭐요, 선창인지 무슨… 아 갑판! 그 갑판 위에는 3등 갑판 위에 올라와 있을 그것만은 허락을 해줘요. 그러고서 낮에는 있다가는 그저 밤에는 또 잔다고 할 것 같으면 그 안에 들어가는 겝니다. 그래 뭐 여름이니까 남양을 지나갈 때는 그 뜨거운 것 그거, 아유, 오늘날 우리나라 학생들이 가는 시대와는….

민영규 : 비행기하고는, (웃음)

정석해 : 비행기 타고 가는 것과는, (웃음)

민영규 : 그럼 그게 한 달 넘어 이상 걸렸죠? 또 화물선이라면 또….

정석해 : 그러니까 그게 벌써 11월 6, 7일에 들어갔댔는데, 파리 가니까 12월 14일이야. 그거 하나는 내가 기억해. (웃음) 얼마 걸렸소?

민영규 : 아, 비교적 빨리 간 셈입니다. 만일 거 화물선이니까 어디 그하역 뭐 그런 거 하면 몇 달 지체될지 모르는….

정석해 : 아 그럼. 항구에 들어가면 하여간 사흘 나흘은 제일 짧은 게고 일주일도 묵어.

민영규 : 12월 몇 일 날이요?

정석해 : 14일에 파리 도착했어, 14일쯤에. 그건 내가 기억이 돼.

민영규 : 그럼 마르세유 거기로 경과해서?

정석해 : 그럼, 마르세유 해서.

민영규 : 아유 한겨울, 파리 겨울도 춥던데.

정석해 : 그때 그렇게 뭐 이쪽에서 여름을, 저 뭐냐 열대 지방을 지났으니까 그런데, 그래도 어떻게 동복을 가지고 갔기 때문에 나와서는 동복을 갈아입었어.

민영규 : 그러면 거기서 파리에서 한국 사람이라면 선생님하고 서영해 씨하고 그 일행이 처음 아니었겠어요?

정석해 : 아니.

민영규 : 그러면요?

정석해 : 그거 이제 그걸 얘기하면, 1918년 겨울에 이제 그 우리 19년에 독립운동 일어난 것처럼, 벌써 파리강화회의가 19년에 1월 달인지 이제 열리거든. 열리리라고 해서 벌써 상해와 남경에 있던 교포들이 김규식 선생을 그리로 보냈거든. 그래 김규식 씨가 가서 구미위원부(歐美委員部) 지부인지를 파리에다가 설치하고서, 벌써 강화회의에 나온 각국

대표에게 독립 청원을 드리는 활동을 하고 있었어. 그래 사무실을 정해 놓고…. 그걸 돕기 위해서 그 시대에 구라파에 출전했던 사람, 미국 군인 으로서 출전했던 사람, 수원 태생인데 황기환(黃玘煥) 씨라고 있어요, 황 기환…. 황기환 씨가 김규식 박사를 와서 돕고, 또 그때 영국에 유학을 갔다가… 아마 옥스포드지요? 가 있던 이관용(李灌鎔) 씨가 학업을 중지 하고 파리로 와서 김규식 선생을 돕습니다.

민영규 : 18년 그때부터요?

정석해 : 19년 초이지.

민영규 : 네 19년 초, 네.

정석해 : 와서 강화회의 지금 열리는 그 동안이지요. 그네들이 그렇게 활동을 하고, 그 다음에 말을 듣기는, 그때 건너 또 오기는, 창랑(滄浪 張 澤相)도 영국서 있다가 그해 거기 건너왔다는 말을 들었습니다. 그러나 신문에 글을 투고한 것은, 영어로 투고해 놓은 것은 이관용 씨가 하고 그랬어요.

민영규 : 그리고 그 무렵 아니겠어요, 그 개성 김중세(金重世) 씨?

정석해 : 어, 김중세 씨는 이제 독일인데 벌써 그 전에 갔지요. 그 전에 갔어요. 그 전에 가서….

민영규 : 그분이 학문이 대단한 분이었었는데.

정석해 : 벌써 그러니까 국가 망하기 전에 나갔으니까. 일본 합병하기 전에 벌써 독일에 도착했습니다, 그이는. 김중세 씨는. 그 이제 이이로 말하면, 이게 다 우리나라 신학문, 고등학문 공부하던 사람들의 한 이력 이니까 내가 아는 대로 얘기하는데….

민영규 : 아무도 지금 모르는데, 예.

정석해 : 예, 일본에 유학을 갔어요. 26살까지 한학만을 공부하다가….

민영규 : 개성서?

정석해 : 개성서. 일본에 유학을 떡 간즉슨, 일본 학자들이 하는 말이, 거 독일 누구 박사가 이렇게 말하고 독일 학자 누구가 이렇게 말한다고….

민영규 : 쇼펜하우어, 칸트… (웃음)

정석해 : 전부 독일 사람의 이름만 나오니까 김중세 씨가 자기 생각에, 아 이게 일본서는 배울 거 없구나. 저놈들 학문은 나만 못해. 그러니까 아예 독일로 가자. 그래서 독일을 벌써 합병하기 전에 갔단 말이에요. 그러니까 지금 우리가 얘기하는 데는 1919년 얘기 아니요? 독일에 벌써 있었지. 그러니 1차대전 전쟁 동안을 김중세 씨가 어떻게 지냈느냐, 본국에서는 돈은 가지 아니하고… 그러니까 거기 대학에, 이제 백림(柏林) 대학에 있으면서도 공부를 하는데 돈은 안 오고, 그러니까 거기에 인도 말하는 학자한테 가서….

민영규 : 막스 뮐러[Friedrich Wilhelm Karl Müller의 오기―엮은이],

정석해 : 누구던지 나는 모르겠어. 거기서 이제 그 아래 필사해주는 거예요. 그렇게 하고 그이가 인도 자전을 만드는 데에, 거기에 발음표를 언어학적 발음표도 쓰고 한국말로 그 발음을 쓰기도 하는 그런 것을 그 안에서 명령에 의해서 하는, 그 자전 편찬에 협동을 해서 일하면서 공부를 해서 그 대전을 지났지요.

민영규 : 나한테 우연히 들어온 것이겠지만, 김중세 씨가 그 독일서 프러시아아카데미 간행인가, 아주 그 수준이 높은 이쪽 그 산스크리트, 몽고….

정석해 : 글쎄 그것, 예. 산스크리트 자전을 했어요.

민영규 : 저 참 최고 간행물인데, 그 김중세 씨 이름으로 싸인을 한 게

나한테 들어와 있어요. 굉장한 분입니다. 이분이 어떤 분인가….

정석해 : 그이는, 그이는 벌써가 머리가 학자적으로 되고 단순해요. 이런 얘기는 해야 할지 안해야 할지 모르겠습니다만, 우리가 이제 독일 가서 들은 대로는 그 후에 독립운동 상해에서 하던 파들이 가면 그건 좀 와일드한 파 아니겠소? 그러니까 접촉을 좀 싫어해요. 그래 싫어하다가 마지막엔 거기 백림에도 있지 아니하고 라이프치히로 가서, 우리가 갔을 때는 벌써 라이프치히를 떠났지.

민영규 : 라이프치히에서 저 김중세 씨 싸인한 책이 나한테 여러 책이 들어와 있어요, 예. 라이프치히.

정석해 : 뭐 그러니까 그이가 적어도 학위 얻는 동안이 한 15년은 걸렸을 겝니다. 예, 그러니까 많은 그 후배들이 먼저 학위를 얻었고.

민영규 : 그래도 참 이분….

정석해 : 이극로(李克魯)라든지 후배들이 오히려 먼저 얻었을는지 몰라요. 학위는 제일 먼저 얻은 이가 아까도 말했지만 이제 구라파에서는 그 이관용 씨가 19~20년, 그 독립, 저 일을 그 파리… 도와주다가, 그 다음에 이제 다시 학업으로 돌아가서 취리히 가서, 서서(瑞西, 스위스) 취리히대학 가서 논문, 심리학으로 학위를 얻었지요.

민영규 : 내가 보기에 김중세 씨는 구라파에 가서 소위 요즘에 말하는 동양학, 최초로 아성을 뚫은 분이 김중세 씨라고 보여지는데, 너무 그분에 관해서도 아는 게 없어요. 너무 없어요.

정석해 : 그이는 거기서 그러니만치, 그이의 말씀에 이런 게 전해졌어요. 또 여기 독일에 와서, 독일에 와서 철학을 공부하고 뭐 칸트니 누구니 그러는데, 자기가 고대어를 배워서 희랍 말을 다 보게 되고 또 인도 산스크리트를 잘 알게 된 후에는 독일의 철학이라는 것이 이거 뭐 플라

톤 아니면 그 다음엔 아리스토텔레스인데, 그거 그 사람들이 다 말한 걸 독일 사람이 저의 나라 말로 옮겨놓은 것 뿐이지, 그거 뭐 별거 없다… 그러니까 학문은 희랍에만 있다, 이런 얘기를 해. (웃음) 그래서 고대철학을 오히려 중심으로….

민영규 : 그래 그 뒤 그분 말년이 어떻게 됩니까?

정석해 : 말년은, 그건 이제 후의 일이지만, 여기에 성대(京城帝大)가 26년에 섰소, 28년에 섰소? 여기….

민영규 : 글쎄요, 그 무렵에 모두. 예, 그 무렵에 아마.

정석해 : 그때 넘어와 가지고, 저 본국에 돌아와서는, 그렇게 하고는 성대에서 뭔가… 산스크리트 가르쳤지. 희랍어와 산스크리트 그 교사. 아마 여기 배운 이가 몇 사람 아직도 생존했을 게외다.

민영규 : 그래 가지고 그 뒤로 어떻게 됩니까?

정석해 : 그 다음에는 아마 일찍 돌아가신 모양이야. 그이의 서적이, 이제 그래서 고대 서적이 많던 거인데, 그것이 이제 뭐 자기네 팔기도 하고, 또 6·25사변이 난 후에 1950년 사변으로 그 책이 다 흘러져 나왔죠.

민영규 : 그러니까 해방되던 그 해 가을이에요. 45년. 그 원남서점이라고, 거기서 김중세 씨 책을 내가 여러 권 발견했어요. 아주 그 구하기 어려운 책을 거기서.

정석해 : 전부 그럼, 그 책을 다….

민영규 : 그러니까 거기에서 그렇게 해서 흘러내려왔구나.

정석해 : 나와서 ○○○ 씨도 그거 이제 많이 사고, 다 다른 이들도 다 사고.

민영규 : 그런데 너무 그분 이름이 숨겨져 있는 것 같아요.

정석해 : 단순한, 또 더욱이나 고대학문을 한다는 게….

민영규 : 그 선비니까, 예.

정석해 : 숨은 사람이니까.

민영규 : 그 세정(世情)에는 전혀 통할 리가 없죠. 그분 뭐 저 후손은?

정석해 : 글쎄 그건 자세히 모르겠어요. 그 원남서원이 대략 그 집안을 압디다. 그 원남서원이 대략 이제 그 집안을 알아서… 또 개성 사람들도, 그 개성 이러면 또 벌써 오랜 이니까 지금 사람은 다 몰라.

민영규 : 네.

정석해 : 아 잠깐만,

민영규 : 네, 그럼 오늘은…. 네, 오늘이 8월 30일…. 이 다음에 이제 좀 더 쉬어서 불란서 얘기를 하도록 하겠습니다. (웃음)

9월 9일 3차 대담

민영규 : 자, 먼젓번 30일 날 녹음해주시고 이제 벌써 달이 바뀌었네요. 오늘이 9월 9일. (웃음) 먼저 시간에 이제 1920년….

정석해 : 12월 14일에 파리 도착했다는 얘기가 나오는데.

민영규 : 예, 14일 파리 도착. 예, 거기서부터 좀… 오늘은 좀 재미난 얘기 좀 많이 좀 해주세요. 그때 뭐 불란서말 준비할 겨를이 없었겠죠?

정석해 : 그 말은, (웃음) 우스운 얘기가 하나 있어, 우스운 얘기가. (웃음) 불어라는 글자는 하나도 배운 적이 없고, 상해 가서 우리나라 독립운동자들이 피해 있는 것이 불란서 조계였거든. 불란서 공원에 들어가니까 변소에 한 켠에는 옴(Homme)이라고 쓰고 (영어로) 맨, 하고, 한 켠에는 이제 또 팜(Femme)이라고 썼거든. 옴, 팜 했는데, 자 이 글자를 알 까

216

닭이 있소, 뭔지? (웃음) 그래 잘못 들어가면 글쎄 욕을 보는데, 그 글자를 두고 그 다음에 와서 물었어요. 저건 뭐고, (웃음) 거기 가서 욕보지 않겠다고. 그래, 그 글자 둘을 배운 것이 첫 번 배운 글자고….

민영규 : 처음 듣는 얘기로군요. (웃음)

정석해 : 그밖에 더 아는 글자 없지. 배를 타고 가는 한 달 동안에 늘 듣는 소리가 뭔고 하니, 그놈들이 배의 선부들이 우리더러 늘 하는 말이 어떱시오, 어떱시오, 그런단 말이야. 저놈들이 저거 무슨 소리를 저러느냐, (웃음) 그 다음에 배운 게 그러니까 아땅시옹(Attention), 어텐션. 주의하라 주의하라, 좀 치워라…. 뭐 어떻게 주의하라는 말이야. 그럼 아땅시옹이라는 말이 어떱시오, 어떱시오 그런단 말이야. 그러니까 저런 자식들, 하고 우리는…. (웃음)

민영규 : 그래도 그 일행이 그때 21명인가 그랬는데.

정석해 : 불어하는 사람은 하나도 없고, 영어 이제 좀 나은 사람이 YMCA에서, 보성중학교를 졸업하고 YMCA에서 영어를, 아마 영어 코스를 몇 해 동안 한 모양이에요. 그이가 이제 통역도 하고.

민영규 : 그때 21명이라는 게 중국 사람 다 빼놓고 그런 거예요?

정석해 : 중국 사람 빼놓고 우리나라 사람만.

민영규 : 그 중국 사람까지 모두 해서 얼마나?

정석해 : 아마 200여 명이나….

민영규 : 어휴, 배 하나에요?

정석해 : 배 하나인데 우리는 무슨 방 가지고 그런 건 아니고.

민영규 : 예, 먼저 얘기 그건 나왔죠.

정석해 : 짐짝같이 그저 실어다 나르는 거지 뭐. 불란서에서는 이제 노동력이 부족해서, 그리고 우린 또 뭔가 '검학'이라고 노동하면서 공

부한다고 검학생으로 간 것이지. 이석증 씨가 이제….

민영규 : 그때 '검학'이라고 그랬나요?

정석해 : 그럼, 검학. 근면할, 이제 검(儉) 자를 써서 검학이라고 했어.

민영규 : 검약한다는 검 자로군요.

정석해 : 그럼. '검박하다'도 이제 그 검 자를 쓰고.

민영규 : 예. 그리고 고학(苦學)한다는 말이 그 뒤에 쓰이는데 그건 언제 어떻게 해서 만들어진 걸까요?

정석해 : 그건 아마 일본 문자지. 이쪽도 여기선 그 고학이라고 그랬어요.

민영규 : 그 말이 안 되는 거예요, 고학이라는 게. 말이 안 되는데.

정석해 : 근검하다는 그 검 자를 썼어. 그래 파리 도착해서, 자 첫날 저녁에는 그 이제 가르 데(Gare du), 도착한 정거장이 가르 데 리옹(Gare du Lyon)이라고 리옹 정거장이에요. 리옹 방면에서 들어가는 차니까. 남쪽에서 들어가는 차니까 가르 데 리옹에 내렸는데….

민영규 : 그 몽파르나사하고 달랐습니까?

정석해 : 거기하곤 다르지. 거긴 이제 서남쪽이고.

민영규 : 그건 서쪽으로 가는 철도고,

정석해 : 이건 동쪽으로 해서 가는 철도고. 동남쪽에서, 남쪽에서 들어오는 철도고. 그래 우리 위원부가 있어서 위원부에서 그때 아마 윤해(尹海) 씨가 직접 나온 것 같아요, 내 지금 기억에. 우리를 맞으러 나왔더만요.

민영규 : 윤해.

정석해 : 윤해 씨가 나왔어. 그래 내 얘기하고 [그 인물에 대해서는] 다시…. 그러니까 그이가 지도하니까, 그 어디로 데리고 가더니 이제 저녁 벌써 7시 가량 될 때인데, 레스토랑에 들어가서 저녁밥을 사 먹여주

218

더만요. 그러니까 뭐 그때까지는 그렇게 하고 호텔을 갈라서 정해줬어요. 그 지도를 받았으니까 그땐 편안했는데 그 이튿날 아침부터는 뭐 먹어야 되잖아요. 그러니 그이가 늘 뭐, 이것들 저것들 뭐 아침밥 먹어라 하고 이거 뭐 따라다닐 수는 없을 것 아니에요. (웃음) 그러니까 하여간 커피를 먹는다 하는 델 들어가서 글쎄 커피를 먹었는데, 우리 가운데는 그 불란서의 그 까페라는 것에 이렇게 꼬부라진 크루아상(croissant)이라는 게 있어요. 크루아상이라는 그 떡이 있어요, 조그만.

민영규 : 그렇죠, 빵. 예.

민영규 : 그래 그 크루아상 그 얘기부터…

정석해 : 우리나라 사람들은 본시 아침을 많이 먹던 성질이고, 그 나라 사람은 커피 하나에 그저 떡 하나 먹으면 되는….

민영규 : 네, 크루아상 한 조각.

정석해 : 크루아상 하나나 둘 먹었으면 다 되는데, 그런데 아침식사를 그냥 배를 채우려고 하니까, 그놈을 줏어먹으니 말이오. (일동 웃음) 14개를 먹었다니까. 하나에 14개씩을 먹으면 말이오, 그 집에 있는 거 다 동났어. (웃음) 한 사람이 이제 황해도 양반인데, 냠냠 줏어먹으니 14개야. 14개 값이 아 이건 뭐 점심값보다 더 많거든. (웃음) 그래 또 저녁밥 먹으러 이제 또 가는데, 그 뭐 알 재간이 있어야지. 메뉴를 내놨단 말이야. 메뉴를 내놓으니까, 뭐 첫째 이거 손가락 짚었지. 그래 떡 가져왔는데 슢(soup)이 왔지요. 그 다음에 또 모르니까 뭐 다른 걸 짚을 걸 둘째 번 어치를 짚었어. 아 또 슢이 왔지요. 그래 슢 딱 떠먹으니까, 뭔 그 슢 많지 않으니까 그까짓 두 그릇 먹어도 그건 뭐 성은 안 차요. 또 그 아래 치를 짚었지. 또 슢이 왔어.

민영규 : 세 번째로구만. (웃음)

정석해 : 세 번째. (일동 웃음) 하여간 세 번째 먹었는데 남들은 다른 거 먹는 거 보인다… 자 저거는 어느 걸 뭘로 먹는 건지, 여하튼 그놈 맞힐 수가 없잖아. 그래서 넷째 번치를 또 짚었지. 손가락 가리켰더니 넷째 번에 또 숱이 왔단 말이야. 그래 우리 중에서 한 사람이 저런 망할 놈들, 아무리 그래도 숱 네 그릇씩을 누가 청하리라고, 몰라서 그러는 줄 모르고, 그렇게 알지 않고 도로 저 가져왔으니 저놈들이 우릴 바보로 본다고, 나가자고…. (웃음) 그래 그 가운데도 여유 있는 사람은, 아 그거 우리가 지금 위탈이 나서 아마 숱만 먹는다고 그래 가져온 것이지…. (웃음) 그렇게 스스로 위로를 한 적도 있어요. 그때 나왔던 윤해 선생을 봤는데, 윤 자 하고 그 다음에 바다 해 자인데,

민영규 : 이윤해요?

정석해 : 아니, 윤해. 성은 윤 가고…

민영규 : 예, 윤 씨고… 바다 해 자.

정석해 : 그이가 보성전문학교 1회 졸업생으로서,

민영규 : 그러면 본명이 아닌 것 같군요.

정석해 : 그건 모르지. 독립운동자가 뭐 본 이름이 얼만지. 함경도 사람인데….

민영규 : 그 얘기가 났으니 말이지, 그 당시에 대개 선생님 모두 이름자, 딴 이름자로 가지 않았어요?

정석해 : 뭐 만주 있을 적에는 몇 개를 가졌던지 모르지.

민영규 : 글쎄, 바다 해 자면 저 항렬 자라도….

정석해 : 함경도 사람인가 그렇게 생각이 되는데요. 보성전문학교 1회니까 상당히 오래인데, 그리고 이제 나라가 합병이 되니까 즉시 해삼위(海參威, 블라디보스토크)로 들어갔어요. 그런데 해삼위에서 1918년에 이

제1차 세계대전이 종전이 되고 강화회의가 연다 하니까, 이번 강화회의에는 세계 구조가 이제 다르게 되리라….

민영규 : 그 무렵에 그리로 갔군요.

정석해 : 그래서 이제 노령에 있는 우리 한인 단체들이 이제 강화회의에….

민영규 : 보재(溥齋 李相卨)도 그때….

정석해 : 그럼, 이제 사를, 뭔가 특사를 보낸다고 해서 그이를 피선(被選)했거든요. 그러니까 여기서 전문학교도 나오고 국제법도 아는 이라고 해서 이제…. 그런데 그건 벌써 18년 말이니까 17년에는 벌써 러시아가 공산혁명이 일어나서 각 곳이 전쟁 중에 있고, 뭐 이 파, 백러시아파, 무슨 뭐 혁명파, 뭐 자기네끼리도 무슨 이제 여러 파가 있어서 서로 싸움하는데, 철도는 통하지 않고 그저 갈 수 있는 데는 해삼위에서부터 이제 서쪽으로 향해 가는데….

민영규 : 토막토막….

정석해 : 토막토막 가다가, 이렇게 가는 거를 마지막에 저기 파리 서구라파를 내려오려니까, 그때에 연합군이 점령했던 서쪽의 항구엘 가 가지고서, 러시아 서북쪽에 항구에 가서, 내 항구 이름은 그이가 탄 항구는 몰라.

민영규 : 페테르부르크겠죠?

정석해 : 무르만스크였던가 그건 자세히 모르겠고, 거기서부터 배를 얻어 타고서는 파리에 도착한즉슨, 1919년 강화회의가 종결된 지 무슨 석 달인가 지난 후이라. (웃음)

민영규 : 거기에 단신으로?

정석해 : 단신으로.

민영규 : 그 무슨 사명을 가지고 간 것인데 그렇게 됐군요.

정석해 : 그럼. 사명을 갖고 왔는데, 강화회의에 이제 독립 청원을 다 넣고 이제 운동을 하려고 온 것인데, 민족대표로 온 것인데 그렇게 됐어. 그런데 그때에 다시 우리 위원부가 소위 독립운동의, 미주에 있는 구미위원부의 지부가 파리에 설치돼서 먼저 김규식 박사가 거기 도착해서 강화회의 열렸을 동안에 활동을 하고, 어제도 말한 이관용 박사라든지 여러 사람이 와서 협조하고, 그런 다음에 그이가 왔으니까 거기서 이제 위원부의 한 사람이 돼가지고 있었어요. 그런데 그 위원부 조직으로 그때 말하면, 김규식 박사가 우리 갔을 때는 김규식 박사가 아마 19년, 이제 20년 초까지 여기에 계셨던 것 같은데, 워싱턴으로 돌아 넘어가고, 건너가고, 거기에는 2차 대전에 참전했던, 고향은 수원 사람인 황기환 씨가 있어요. 황기환 씨가 계승해서 그 위원부를 맡았어요. 황기환이라고 아마 터 기 자하고 바꿀 환 자예요. 그때 그런 생각납니다. 2차 대전에 참전하면서 아마 대령까진가 올라갔어. 미국 군대 위(位)로서의… 그래 가지고,

민영규 : 네, 아이고.

정석해 : 그 위원부를 맡아가지고 있고, 거기 주재하면서 이제 불란서 정부에 교섭하는 것과 또 영국 정부에 교섭하는 일을…. 런던도 많이 갔다왔다 하고, 내가 직접 들은 건 2차 대전 그 영국의 유명한 재상, 누군가 저… 그 불란서의 클레망소(Georges Clemenceau)와 저기서는,

민영규 : 로이드.

정석해 : 로이드 조지(Lloyd George). 로이드 조지하고,

민영규 : 조지 로이드던가, (웃음) 뭐 키 조그만 그…

정석해 : 그 수상하고 이제 무슨 저녁을 같이 한 얘기도, 그렇게 활동

한 사람이란 걸 알고. 한국 독립운동에 협조해달라고 하는 그런, 그렇게 그 활약을 참… 그리고 또 인품이 키도 크고….

민영규 : 황기환 씨.

정석해 : 예, 아주 점잖아요.

민영규 : 그리고 그 당시 구라파에서 독립투사들이 모이고, 정치적인 중심무대는 역시 파리였었죠? 영국도 아니고 독일도 아니고. 예, 역시 파리가….

정석해 : 예, 세계 강화회의가 거기서 열렸으니까. 각국 망명객들이 거기서 있고. 우리나라 파리위원부 안에는 돕는 사람이 이제 불란서 사람으로서의 국회의원 누구이던가 하는 것은 잊어버렸고, 그 한불친선회, 레자미 드 라 꼬레(Les Amis de la Corée, 한국의 벗)의 회장이 파리의 어느 고등학교 교수예요. 샬레(Félicien Challaye), 프로페서 샬레. 프랑스에서는 그 고등학교도 벌써….

민영규 : 프로페서인가요?

정석해 : 예, 프로페서예요. 그 대학교수 되기 전에 누구나 나가서 거기서, 아그레제(agrégés) 교수 시험에 합격된 사람들이 첫 번 시작하는데, 그이는 그때 나이도 많습니다. 하지만 교수로 있어요. 샬레라는 교수가 나오고, 국회의원 누구라고 하는 건 내가 이름을 잊었고, 또 이상스러이 거기에 있는 2세 중국인이 있어요. 사동파(謝東波)라고, '샤뚱파', 그 사례한다는… 그 감사한다는 사 자 하고 동녘 동 자 하고.

민영규 : 사 씨가 많죠, 중국에.

정석해 : 예, 또 그 물결 파 자든지 무슨 그런 샤뚱파라고 하는 이가….

민영규 : 그때 벌써 2세가 있었군요.

정석해 : 예, 2세가 있어요. 그 아버지는 중국 사람이고, 청조와 마찬

가지로 꼬리를, 머리, 그 뭐라고 하나, 변발인가? 변발을 그냥 가지고 있고, 그 어머니는 이제 불란서 사람이고. 그렇기 때문에 이제….

민영규 : 어머니가 불란서 사람인데 변발을 그냥 가지고 있어요?

정석해 : 그 아버지는 변발을 가지고 있고… 예.

민영규 : 아, 그리고 사 씨는 물론….

정석해 : 자식들은 뭐 파리대학 나온 사람이니까 뭐. 그래 그 중국말과 불란서 말이 다 능통해서 중국 그 고유균(顧維鈞)이라든지 그 대표 그때 간 사람들 다 도와주고, 역시 한국 친한파가 돼서 이 편 일을 모든 걸 그 사람이 많이 앞에 나서서 다 도와줬어요. 그건 우리가 독립운동에 잊지 못할 중국인 사람이오.

민영규 : 그런 분 지금 다 불란서에….

정석해 : 다 돌아갔어, 지금.

민영규 : 그 자손도 불란서 국적이겠지요?

정석해 : 그야 그렇지. 그런 사람들이 있었고. 그런 위원부에서 이제 우리는 한 1주간 거의 파리서 여기저기 다니면서 구경을…. 그래 또 구경할 때 어떤 때는 또 윤해 씨도 나와서 지도해주고 해서 뭐 베르사이유 구경도 나가고, 하여간….

민영규 : 하기야 그때 12월 달이니까 뭐 이제 학교도 없을 테고.

정석해 : 그럼. 그런데 파리 생활이, 우리 그때 뭐, 가는 사람에게는 비용이 과하거든. 파리에 그냥 호텔을, 물론 제3류, 4류 호텔에서 우리가 들어가 있지마는….

민영규 : 그래도 비용이….

정석해 : 그 비용이 견딜 수가 없어서 그 대다수가 우리 스물 한 사람 중에 몇 사람만이 파리에 그냥 남는데, 그 사람들은 장차 미국을 갈 작

정으로 이제 거기 간 것인데, 미국에서 비자를 주지 않아요. 그 한국인인 줄 알았어요. 우리 전에는… 뭐 여기 지금 시장했던 누구요? 저….

민영규 : 이범석?

정석해 : 아니, 저기… 그 후에… 기억이 또 안 나네.

민영규 : 예, 그것 다 생각하면 나오겠죠.

정석해 : 그이들도 이제 그 마지막 배로 갔는데, 즉 우리가 중국 여행권 가지고 가니까 중국 사람인 줄 알고, 중국 유학생인 줄 알고 미국 영사에서 비자를 줬던 것인데… 우리는 상해에서도 한국인으로서 미국, 즉 중국인으로 위장을 해 가지고 미국 유학을 온다고 미국 영사관에서 거절을 당했고, 파리에 가니까 그 전까지는 줬는데 또 우리 적부터 또 안 준다 그러니까….

민영규 : 그 미국 이민법이 까다롭죠.

정석해 : 네, 글쎄. 그래서 그 뉴욕에 있는 이민국에서 파리 영사에게 한국, 본시 한국 사람으로 오는 중국인들을 보내지 말라 해서 비자를 안 줬거든. 막혔는데, 그래도 우리 중에 몇 사람은 그냥 여기서 기다려 가지고 미국을 가겠다는 생각으로 떨어졌고, 또 몇 사람은 본시가 독일 가려고 했었으니까 독일로 가겠다고 한 사람이 아마 8, 9명이 독일로 떠났어요. 그래 또 우리 몇은 어떻게 할지를 방향을 못 정하고 있는데, 그 중에 여기 아까 영어 좀 낫게 한다는 이정섭 씨가, 자 우리가 뭐 파리대학도 들어가서 구경하고 그랬는데, 모든 문화와 시설 건물을 본즉슨 우리 배우기는 넉넉한 것이 있어. 뭐 독일 더 낫다고 독일 갈 것도 없고, 뭐 미국이 더 뭐하다고 해서… 또 그때는 미국이 아직도 이제 세계의 지배권을 못 가졌던….

민영규 : 아직도 그랬죠.

정석해 : 그 1차 대전으로서 동맹 지위에 올라왔다 뿐이지 1차 대전 전에는 불란서의 채무국이었거든요, 미국이. 그 우리가 다른 데 뭐 더 좋은 나라를 찾아서 유학 갈 것 없이 여기서 우리 배울 것은 충족하게 있으니까 여기 있자. 그래 만났어. 그래 다른 데 갈래야 지금 생활비라든지 그렇게 넉넉지도 않고 하니까 그래 여기 있자….

민영규 : 경제적으로는 독일이 제일 나았겠죠?

정석해 : 그때 독일이 글쎄 더….

민영규 : 인플레 때문에.

정석해 : 그럼, 인플레 때문에 뭐 불란서에서 사는 사분지 일 가지고 벌써 살 수 있을 정도지. 그거 지금 분명히 모르니까. 그래 불란서에서 있자…. 그럼 파리에서 우리가 이렇게 있으려면 이건 너무 비용이 과대하니까 지방학교로 가자, 기숙사 있는 지방학교로 가자. 그래 그 위원부에다가 황기환 씨한테다가 그런 말씀을 부탁했더니 우리가 주선해주마, 이제 그렇게 말씀을 했는데 더 며칠을 기다려도 아무 회답이 오지 않는다 그 말이오. 그래 14일에서 이제 23일 날 우리가 그 황기환 씨 말씀 가운데 보베(Beauvais) 같은 데 갔으면 좋으리라 하는 그런 말을 들어서 그 지명만은 기억을 했어요.

민영규 : 참 일찍 서둘렀군요, 그 열흘 두고.

정석해 : 그럼. 그 열흘 밤 된 날, 그래.

민영규 : 보베는 어느 쪽입니까?

정석해 : 그 이제 파리서 서북쪽이에요, 영국으로 건너가는.

민영규 : 아 브르타뉴 그쪽이로군요.

정석해 : 아니 그쪽은 서쪽이고, 서북쪽이에요… 거기로 가는. 그러나 그 어디로 가는지 뭐 알기나 하오? 그래도 듣기만 그저 보베란 지명만은

바로 들었지, 음(音)으로…. 어떻게 쓰는지도 모르지. 그래 둘이서 의논하길, 암만해도 이 뭐 우리 지금 독립한다고 하지만 벌써 우리 위원부만 와 봐도 이거 벌써 관료 냄새가 나. (웃음) 사무실에 들어가면….

민영규 : 양반 냄새가…

정석해 : 그럼, 양반 냄새가 나고 떡 그러니, 에이 그거 뭐 믿고 있을 수가 없다, 우리끼리 가자…. 자 그러나 어느 방향에 어느 정거장에서 차를 타야 할지 알 까닭이 있소? 그래 호텔 주인더러 올라오라고 했어.

민영규 : 그때 그 호텔 위치는 어디쯤? 세느강 파리대학 쪽입니까?

정석해 : 아니야. 그, 저 가르델 리옹에서, 리옹 정거장에서 그 조금 북쪽으로… 그 근처 북쪽일 거요.

민영규 : 벨르빌르(Belleville)군요, 그럼.

정석해 : 그럼. 그게 벌써 학생들은 있지 않는 곳이지, 그 구역은. 그래 호텔 주인더러 우리가 보베, 보베 그러니까 보베를 가겠다는 것으로 알아들었어요. 더는 다른 말은 할 수 없지. 그리고는 이제 무슨 그리는 거… 보베, 하고 이렇게 점을 치고 그러니까, 그 사람이 아마 그걸 생각을 해서 저놈들이 아마 지도를 보려는가보다 하고 지도장을 가지고 올라왔어요. 그 아주 영리한 사람이야. 그렇게 하고는, 보베 자꾸 그러니까 정말 그 지도에 보베를 가리켜줘요. 그러니까 그 다음에는 이제 뻥뻥, 붕붕하는 거외다.

민영규 : (웃음)

정석해 : 웅, 뻥뻥 하는 거이니까, 저 사람이 지금 어떻게 생각을 했는지, 정거장이 어디인가 아마 그렇게 생각을 했어요. 그래 사람이란 건 영물이오.

민영규 : 그럼요, 다 알아듣죠, 다.

정석해 : 이제 몇 시에 떠나느냐 이 말을 해야 할 텐데 이거 말이 통하나. 몇 시에 떠나느냐 하는데, 내려가더니 자명종 시계를 가지고 올라왔어요. 올라와요. (웃음) 그러더니 시계를 이렇게 빙 두르더니 이제 아홉, 그때는 우리는 지금 현재 아마 저녁 6시쯤일 터인데 9시를 가리켜요. 그리고는 그 위에는 이렇게 머리를 댄단 말이야.

민영규 : 아, 아침 9시로군요.

정석해 : 그럼. 자고 일어서는 이제 9시라는 거란 말이야. (웃음) 그래 가지고 이제 눈을 감고 이렇게 자고, 그 다음에는 깨서는 이제 9시라 그거야. 그러고는 정거장 어떡하느냐, 정거장이 어디냐, 하니까 거기서 지도에서 다른 정거장을 가리키는데 뭐 글자를 보니 우리가 무슨 뜻인지 모르고, 이제 그 북 정거장(Gare du Nord)에서 떠나요. 가리킨 곳….

민영규 : 그때 파리에 지하철이 다 돼있을 때 아닙니까?

정석해 : 다 돼있지만 지하철을 탈 재간이 있나. 들어갔다가는 뭐 방향 모르고 이렇게 될 텐데. 그 이튿날 아침엔 택시를 불러줍디다 그려. 택시를 불러주면서 택시꾼더러, 이거 북 정거장에 갖다 놔라, 내려놔 주라고. 그래 거기 가선 내려서는 이제 사람들에게 표 사는 데, 거기서 불란서 말로 기셰(guichet)라 그래요. 표 파는 데. 거기 가서는 또 그저 보베, 보베, 그럽니다. (웃음) 그러니까 알아듣고 보베 표를 줘서 그렇게 해서 갔어, 보베를….

민영규 : 몇 분이요? 정 선생님하고 몇 분이요?

정석해 : 정섭이하고 둘이, 단 둘이 갔지. 그러니까 뭐 이제부터는 그저 우리의 힘으로 개척하는 거죠.

민영규 : 끌고 나가는 거죠.

정석해 : 정작 처음 내리니 뭐 조그마한 2층인데, 그걸 파리에 며칠 열

홀을 살았다고, 또 상해에 있었다고 그런지 이까짓 것 같은 것은 단숨에 극복하리라는 그런 생각이 났어. (웃음) 아 이건 뭐 도회가 좁으니까 됐다, 이제 그러고 나갔는데, 내려서 그 정거장 앞에 호텔에 짐을 풀어놓고는 점심을 빵떡이랑 뭣이랑 좀 사서 커피랑 가져오라고 해서 거기서 먹고, 자 이제 학교를 찾자… 아 그래 나가서 학교를 찾는데, 자 어드메에 학교가 나오나. 서양은 대개가 글쎄 운동장이 따로 있는 데가 드물어요. 그런데 이건 어디 뭐 무슨 학교집인지 보통 상점집인지 무슨 집인지 뭐 알 수가 있어야지. 한 시간이나 넘어 돌아다녔는데 학교께는 아무것도 못 만났습니다. (웃음) 그런데 가운데, 즉 길 가운데에서 어떤 신부가 가는데 나이가 젊었어요. 아, 저 신부쯤이야 뭐 교육을 받았을 테니까….

민영규 : 영어도 이제,

정석해 : 그래 영어도 할 터이고, 우리 좀 어디 물어보자. 그래 그러니까 또 이 신부가 말을 건네니까 영어를 몇 마디 알아요, 거기도. 그래 우리 영어가 이제 부족하니까 됐지 그건 뭐. 우리 호텔로 가자 해서 데리고 왔어요. 와서 이제 그런 얘기를 했지. 우린 지금 학교에 들어가려고 한다(). 그러니까 그 학교가 어드메 있는지 소개를 해 달라. 이 사람이 마침 가톨릭 중고등학교의 선생이라, 가톨릭 중고등학교. 그러니까 아 그거 자기가 잘 소개해줄 수 있으니까, 내일 아침 뭐 다른 데 갈 것 없이 우리 학교로 오너라. 너희는 아무래도 말 배우겠다고 하는 거니까, 첫째 목적이 말을 배우겠다고 하니까, 그럼 뭐 아무데서건 불란서 말 배우면 되지 않느냐. 그러니 우리 학교 오너라. 그러면 학교 이제 내일, 교장선생님께 내 오늘 저녁 말하고 내일 아침 널 데리러 오마. 그래 그 약속대로 그 이튿날 아침 왔어요. 갔더니 그날이 크리스마스라. 24일 크리스마스인데, 그날 그 교장 신부가 계시더만. 뭐 참 아주 종교적 사람들이니까

아주 다정하게….

민영규 : 길은 옳게 들었군요.

정석해 : 예, 그래 이제 들어주면서 그런 뜻을 말했더니, 마지막 결론으로는, 우리는 너희를 받고 싶지만 너희가 어떤 사람인지 우리가 알아야 겠는데, 파리에 동양선교부가 있으니까 가톨릭 동양선교부에 가서 허락을 맡아가지고 오면 우리는 너를 입학을 하겠다, 그러면서 편지를 하나 써줘요, 동양선교부에…. 그래 그걸 받아가지고 오고, 또 거기서 이제 편지를 주면서 무슨 커피와 크리스마스에 학생들 준다고 하는 그 초콜릿을 또, (웃음) 한 조각씩을 또 줘요. 이제 그걸 먹고…. 그래 호텔에 와서 생각을 하니, 둘이 의논을 하니, 그 이정섭 씨는 기독교 교인이 아니라. 본시 그 종교가의 뭐 지도자들이란 거 그 위선적이고, 그래 아주 난 그 보기도 싫다고, 그 꺼먼 가운 입은 것도 보기 싫다고…. 그까짓 것 뭐 이제 우리가 여기까지 왔는데 다시 파리에 가서 또 그거 또 허락을 맡고, 그 뭐 선교부 그놈들한테 뭐 가서 뭐,

민영규 : 여기서는 그 천주쟁이들이죠? (웃음)

정석해 : 그럼. 그걸 뭐, 그러니까 비난을 하고… 에이 됐다 그만두자고 까짓것. 그래 그만두자, 또. 그래 뭐 아무래도 여기 보베, 보베 하고 위원부에서 그랬으니까 여기 큰 학교가 있긴 있는 모양인데, 이 시가를 두고서 이제 변두리로 둘러 나가보자고. 그래 좀 더 멀리, 이제 멀리 외곽으로 도니까 아 운동장이 나오거든. 큰 운동장이 있고 그 뒤에 또 큰 집이 있단 말이지. 뭐 저거야말로 참 고등학교인 게 분명하거든. 그래 그 불란서는 학교 들어가는 데 다 뭔가 수위가 있어요. 문을 딱 닫고서는 수위가 있어서 들어오고 나가는 것을 허락을 얻고 들어가는데, 들어가서 수위더러 교장을 보자 그러니까, 그 사람이 역시 또 뭐라는고 하니

교장이 있지 않다고 하는데, 뭐라는지 우리가 모르니까, 이 사람이 또 하는데 뭔 시계를 자명종을 났는데, 자명종을 떡 놓고서는 귀에다 손을 갖다 대고 눈을 감고 자는 시늉을 하고는 10시를 가리킨단 말이야. 그건 내일 아침에 10시에 오라는 걸로는 알아들었단 말이야. (웃음) 뭐 더 말은 안 통하니까 뭐 어쩔 수 없어. 그래 내일 아침에 오라고, 얼굴이 웃는 얼굴로, 아주 이제 오라고 하는 그 ○을 비치는 것이 됐어. 그래 그 이튿날, 그날은 지나고서 그 이튿날 10시에 갔습니다. 10시에 갔더니 교장실로 직접 우리 둘을 불렀어요. 그런데 그 교장은 이제 그때에 아마 근 60이 된 사람인 것 같아요. 나이 많은데, 거 뭐 불란서식 사교 타입에 아주 능란한 사람입디다. 그런데 영어를 유창하게 하는 거예요, 그이는. 뭐 우리 영어는 당최 뭐…. 유창하게 하는데, 먼저 자기가 참 너희들이 잘 왔다고 그래요. 너 위원부에서 우리에게 편지를 해서는 너희 입학을 허락해달라고 하는 편지가 왔는데, 아 내가 회답을 쓴다는 것이 자꾸 일이 바빠서 늦었구나. 아 아무래도 뭐 예스로 회답할 것인데 너희들이 이미 왔으니 더 잘됐다. (웃음) 그래서 우리가 그 위원부의 황기환 씨에게 투정을 했던 것이, 일찍 안 해준다고 했던 그것도 오해가 풀리고, 우리가 좀 다시 그때….

민영규 : 그건 그렇게 늦은 것도 아닌데….

정석해 : 늦은 것도 아닌데.

민영규 : 거 참 일이, 황기환 씨가 자상한 분이로군요.

정석해 : 그럼. 그래서 이제 황기환 씨한테 오히려 우리가 선생을 오해했고, (웃음) 참 참을성 없어서 미리 왔는데 일이 이렇게 잘 됐습니다 하고 회답을 해드렸지. 그래 교장이 너희들 짐을 어디에 가지고 있느냐 그래. 여기 어디 호텔에 있다고 하니까 벌써 그 하인들 부르더니, 이 사

람들 따라가서 이 사람들 짐을 다 가지고 여기 기숙사에 둬라. 그런데 그때가 겨울방학이니까 기숙사는 텅 비었어요. 학생은 다 가고. 겨울에 그 농촌 사람들, 무슨 그 특별 실습과 무슨 그런 가르치는 것이 있어서, 농민의 젊은 사람들 한 30 미만 사람들이 와서 그 특별 훈련을 이제 몇 시간 받습디다.

민영규 : 하긴 크리스마스가 지나고 그랬으니 뭐 완전 겨울방학이고 누가 있었겠어요.

정석해 : 그래, 겨울방학이지. 그래 뭐 주로 이제 거기서 있는데, 자 그 식을 알 까닭이 있소. 기숙사 학생 보고…. 이거 군대식이외다, 불란서 고등학교라는 게.

민영규 : 엄격하군요.

정석해 : 엄격이 뭐 한이 없어. 아침에 척 6시가 되니까 어떤 사람이 하나 우리보다 일찍 일어나요. 그런가보다 하고 우리는 그동안 여행에 지쳤으니까 이제 잠자려고 하는데, 아 손뼉을 치잖아요. 그건 일어나라는, 이제 기상이란 말이에요. 그래 또 일어나니까 세수하는 데로 우리를 데리고 가고, 그리고 뭐라고 하는데, 자기는 이제 그 빨리 세수해야 된다는 얘기예요. 그러니까 벌써 30분 이내에 전부 세수하고 옷을 갈아입어야 돼요. 아 그래 또 30분 뒤에 또 손뼉을 치잖아요? 그럼 데리고 내려가는 게외다. 문 잠그고 다 나가라는 거예요 이제. 자, 이건 미처 뭣도 못했는데, 뭐 이건 뭐….

(녹음 중단 후 재개 30:11)

정석해 : 우리 둘에게 두 사람을 배치해놨거든. 하나는 미국 가서 미

국 칼리지를 졸업한 교수예요. 그 학교의 영어교수더만요. 미국 가서, 그래서 그 사람은 자기 다니던 대학에서 한국 유학생이 있던 것을 자기 만나봤노라고 하는 젊은 선생이고, 글쎄 또 1차 대전 적에는 미국 군인에, 군대에 소속돼서 통역장교로 있었고…. 그래 그이가 벌써 우리에게 이제 번역 같은 것을 해줄 수 있도록 (그의 중계를 통해) 불란서 말을 가르치는 선생이 또 하나 있지. 그 다음엔 또 영어 모르는 선생, 불어로만 똑 가르치는 노인 선생을 하나 배치했어.

민영규 : 계획적으로 배치를 했군요.

정석해 : 그럼, 특별히 우릴 위해서 그렇게 특별히.

민영규 : 그런데 그 이정섭 씨는 그때 학력이 어땠습니까.

정석해 : 학력은 그이는 이제 보성중학교를 나오고, 아마 거의 한 3년 됐는지 이태 됐는지 YMCA의 그 영어학교를 아마 이태 이상 한 것 같아요.

민영규 : 그럼 영어가 뭐 그러면 부족한 게 없었겠군요. 의사소통하고 생활하는 데는.

정석해 : 의사소통은 넉넉히 잘했어요. 그래 이제 거기서 그렇게 배웠는데. 그 얼마 있으니까 학생들이 돌아오잖아요. 돌아온 후에 그 참, 식당에 올라가지 않겠어요, 12시면? 이제 아침에는 그 빵떡만 먹고 있다가 12시면 점심…. 거기 떡 올라가니까, 그때는 학생이 많으니까 그 뭐 서양 애들이 나이야 지금 열일곱, 열여덟이지만, 고등학교 다니는….

민영규 : 크죠.

정석해 : 아 뭐 우리보다 큰 애들이 수염이 뭐 가득 난 애들이 다 있고. 그래도 우리 외국 학생이 이제 왔다고 해서 가운데다가 앉히고, 식당에서도요. 그리고는 서비스를 손님이라고 먼저, 그 불란서는 아직도 그

때 고등학교에도 제가 가서 먹을 음식을 가져다 먹는 것이 아니라, 꼭 줄지어서 앉아있으면 웨이터들이 와서 이거 서비스를 왼손에 수건을 감고 이걸 음식그릇을 이렇게 두고, 우리 왼쪽에 와서 이렇게 음식그릇을 들이대는 겁니다. 그러면 우리가 아주 그건 귀족의 삶과 꼭 같은 걸 그대로 연습해요. 그 생활을 조금도, 상류 생활을 벌써… 그 고등학교서는 생활하는 방식이 다 그래요. 아 그런데 우리에게 떡 먼저 가져오잖아요? 자, 그러면 그 음식에 우리가 무얼 무얼 뜨는지 모르고, 어느 것을 뜨고는 소스를 뜨고, 어느 것을 뜨고는 채소를 뜨고… 뭐 다 이런 게 있는데, (웃음) 우리는 지금 생각으로 그 사람들이 먼저 하면 그걸 잘 봤다가 따라하려고 하는데….

민영규 : 오히려 거북하게 됐군요. (웃음)

정석해 : 그럼, 아이고. (웃음) 그 고기를 주면 그 고기에 어떤 소스를 놓는 것이고, 그 뭐 한두 가지가 있는데, 그저 할 수 없으니까 그거 자꾸 그걸 뜨라고 그러니까 그저 한 숟갈 떠놓고 그러고 있죠. 뭐 많이 먹어도 되는 걸 많이도 못 먹고 있고. (웃음) 며칠 동안은 거기 저 먹는 걸 배우는 게외다. 아 그러니까 처음에 우스운 건 말이오, 그건 저 얼마 후외다마는… 뭐인가, 아스뻬르지(asperge)라고 하는데 영어로는 뭔가, 아스파라거스?

민영규 : 아스파라거스.

정석해 : 그걸 이제 몇 달 지나면 4월인가 되면 아스파라거스가 나오죠. 그러면 그 마요네즈 같은 걸 해서 찍어먹는 것인데, 이거 또 보니 말요, 그거 뭐 허연 거 그 밑이 좀 있단 말이야. (웃음) 그 위에 파란 순만 먹고 허연 것은 그건 빨아먹고 내놓는 것인데, 이놈 거꾸로 먹습니다. (웃음) 그러니 이놈이 질기지 않을 리가 있나. (웃음) 그래도 다 걔들도

234

저희야 속으로야 우스웠겠지마는 말이오.

민영규 : 체면 닦느라고 그 사람들도 애를 썼겠구만요. (웃음)

정석해 : 그럼. (웃음) 그런 일도 있고, 또 우리 편에서는 또 이제 먹지 않고 가만히 앉아서 저편에 다 먹기 시작하는 걸 보면, 그건 뭐 여러 가지 음식이 아주….

민영규 : 처음이면 누구나 다 경험하는 일이죠, 그거 뭐. (웃음)

정석해 : 촌놈 티를 안 낼 수가 있나. (웃음) 모든 일이, 우리가 거기까지 갔으니.

민영규 : 그래 거기서 얼마동안?

정석해 : 나 개인으론 아마 내가…

민영규 : 곧 클래스에 접속은 안됐을 텐데요, 어학 때문에.

정석해 : 아 못하지. 못하고, 난 그냥 이제 있는 동안에 나는 6월 달까지 있었는가, 그 학기 조금 전에…. 원 학생들은 이제 7월 달에 시험에 들어가지만 우린 그럴 수 없으니까.

민영규 : 그래도 참 그 학교에서 특별히 아주 손님으로다가, 예, 참 특별히 대접을….

정석해 : 그렇지. 아마 두 달 있노라니까, 이 우리와 같은 배에 갔던 사람으로서 이제 서영해가 역시 또 거기로 오겠다고 해서, 그럼 내려오라고 해서…

민영규 : 서영해 씨가 그 다음 해에 이제 선생님 떠난,

정석해 : 아니야. 같은 배에 갔는데…

민영규 : 아 그래요?

정석해 : 파리에서 돈이 좀 있으니까 파리에서 아마 놀고 있었는지 무슨 그런 모양이고, (웃음) 그 다음에 이제…

민영규 : 역시 그 어드벤처리스트로 왔고. (웃음)

정석해 : 우리는 뭐 그저 우리가 피차 뭐 없는 거이니까 저 막 뚫고 나왔고.

민영규 : 서영해 씨도 그리로 왔어요, 그럼?

정석해 : 그럼, 서영해도 그리로 오고, 그 다음에 한 달 있다가 이득종(李得鐘)… 이범승(李範昇) 씨 조카 이득종 씨가 또 그리로 내려왔어. 이득종 씨는 후에 이제 그 법과에서, 법과에서 학위논문까지 다 냈습니다. 그런데 폐병에 걸려서 할 수 없이 학위논문까지 다 써놓고서 할 수 없이 우리나라로 나왔어요. 그이가 우리 중에 있었다면 학위를 제일 먼저 받는 사람입니다.

민영규 : 그때만 해도 폐결핵이란 게 무서웠을 때죠. 그때만 해도…. 해결이 안됐을 겁니다.

정석해 : 그래서 내 해방 후에, 45년 해방 다음 해인가 여기서 서로 만나는 봤어요. 그리고 그 이듬해인가 돌아갔지요. 그래 참 아까운 이가 그렇게… 이득종 씨가 왔고, 그 후에 또 이제 한 달쯤 있다가인지, 백성욱….

민영규 : 그 이듬해, 그러니까 어느 달쯤?

정석해 : 글쎄, 뭐 4월쯤 될지 3월쯤 될지, 그렇게 될게요.

민영규 : 그러니까 백성욱 씨는 중앙불전(中央佛專)을….

정석해 : 4학년을 그 이제 채 못 마쳤지. 그때 아마 그네도 또…

민영규 : 그때 중앙불전은 3년 아니었을까요?

정석해 : 나 그건 제도는 몰라.

민영규 : 여긴(연희전문) 문과가 4년.

정석해 : 예, 여기만 4년이었던지…. 그리고 그때 들으니까 이제 김법

린(金法麟) 씨가 다른 배로 와서 다른 지방 학교에 내려갔어요.

민영규 : 아, 김법린 씨가 그 무렵이었습니까?

정석해 : 그럼, 우리보다 후에 왔지.

민영규 : 그럼 그 다음해에요?

정석해 : 그러니까 21년, 아마 2월이나 3월 달에 왔을 게외다. 불란서에 오길….

민영규 : 그러면 그분은 그럼 중앙불전 다녔다는 얘기를 못 들었는데?

정석해 : 같이.

민영규 : 백성욱 씨랑 같이?

정석해 : 예, 그럼. 같이.

민영규 : 그분은 유학생으로 갔었겠죠?

정석해 : 상해에 파견을 하기를,

민영규 : 아, 백성욱 씨는 상해를 지나서 온 거지요?

정석해 : 그 이제 여기 상해 정부가 된 소식이 들어온 후에 불교 대표로, 분명한 이름이 안 나갑니다마는, 김상호 씨….

민영규 : 김상흡 씨 아닙니까?

정석해 : 아니 김상… 자 이거 내가 어드메 적어까지 놨는데, 김상….

민영규 : 그것, 그만하면 조사하면 다 나오니까요.

정석해 : 예, 내가 해방 후에 돌아와서 만나봤습니다. 김상호 씨하고 김법린이가 불교 대표로 나오게 됐어요, 상해에. 그 정식 대표로 나온 사람입니다.

민영규 : 백성욱 씨는 거기에,

정석해 : 백성욱 씨는 그때 다른 길로 해서, 뭐야 또…

민영규 : 하여튼 중국 사람 여권 가지고 저 구라파 가신 건 분명한데, 백성욱 씨도.

정석해 : 그럼. 그분이, 민범식(閔範植), 민장식(閔章植)이 그이의 할머님이….

민영규 : 할머님이라니, 저 충정공(忠正公) 민영환(閔泳煥) 씨의?

정석해 : 충정공 어머님이 자기 맏손자와 둘째 손자를, 독립운동이 되니까… 본시 맏손자에게는 늘 집에서 영어만 가르쳤었어요, 그이가. 그이는 벌써 견해가 넓었습니다. 그래서 독립운동이 나니까 손자 둘을 국외로 보내겠는데, 믿을 만한 사람이 같이 가주기를 바랬던 모양입니다. 그래서 아마 백성욱 씨하고 인연이 돼 가지고서는 백성욱 씨는 그 두 범식이, 장식이하고를 같이 해서 상해를 나왔다가, 그 다음에 이제 또 유학 오는 길들은 상해 임시정부에서 주선해 가지고 강소성(江蘇省) 유학생 여권을 우리와 같이 얻어가지고 오는 거죠. 배만은 우리보다 나은 배들을 탔을 게외다. 우리는 검학회 학생으로 왔었으니까 아주.

민영규 : 그런데 그 당시에….

정석해 : 범식이가 그때 올 적에, 글쎄 그전부터 그 여행권에… 하가입니다, 하가예요. 아니 가만, 하가가 아니라 백성욱 씨는… 응, 하(何)가예요.

민영규 : 황하강 하 자?

정석해 : 아니 어찌 하 자 하가일 거예요.

민영규 : 어찌 하 자. 하○○이겠구만. 그런데 저 우스운 이야기인데, 해방 후에 이제 백성욱 씨가 내무부장관 하고 동국대학 총장 할 때, 이 김교헌이란 사람이 재장스럽게(짓궂게) 그 뒷조사를 이제 독일대사관으로 했던 모양입디다, 정말. 그러니까 헤르츠(Richard Hertz) 대사인데, 아

무리 찾아봐도 그 당시에 학위한 사람 중에 백이란 사람은 없거든.

정석해 : 그것도 이제,

민영규 : 나올 리가 없죠. (웃음)

정석해 : 그럴 만한 경우가 두 가지 이유가 있어요. 우리가 중국인으로 가서 중국 성명을 가진 사람이니까 백성욱이가 나올 리도 없고….

민영규 : 나올 리 없죠, 예.

정석해 : 또 이제 그 학위를 마지막에 다 찾고 이러려면 거기도 돈을 내고 그래야 될 터인데, 내 생각에는 백성욱 씨가 그 학교에 그 의무금 다했던가 안 했던가 하는 건 내 좀 의심이 돼. (웃음) 그때는 우리가 곤란할 때이니까니. 그 독일 돈이, 그 돌아온 후에 그 난관이 있었어요. 그러나 그이가 논문, 썼던 논문은 있거든.

민영규 : 그렇죠, 여기서 다 발표하고 그러지 않았어요?

정석해 : 예.

민영규 : 그리고 또 독일 학위라는 게 또 기계적으로 나오고.

정석해 : 그럼, 그거 뭐, 예. 그거 내 또 우스운 얘기를…

민영규 : 그런데 그 뒷조사를 한다는 게 그 저 우스운 얘기거든요. 듣기를 직접 본인이 나한테 얘기를 해서 내가 아는 얘기거든요.

정석해 : 그걸 내가 어느 좌석에서 내가 또 그 내력을 말한 적도 있어요. 바로 백성욱 씨 있는 데서. 저 사람이나 내가 중국 여행권을 가질 땐 본명이 아니다, 나는 물론…

민영규 : 선생님은 두양인가 뭐 그랬다면서요? (웃음)

정석해 : 정 자를 써서 이제 그걸 [중국어] 발음으로 또 이제 쭝(鄭), 하는 걸 또 불란서 글자로 하는 데는 또 ng가 아니라 n자만 쓰니까니… Tsen을 쓰니까 다른 데 가선 전가가 됐어. (웃음) 그래 전가 노릇을 또 하

고, 첸 그러는 사람도 있고, 그거 뭐 다 우스운 얘기들도 우리 하고…. 그래서 법린이는 거기 가고, 또 저 백성욱 씨는….

민영규 : 보베로.

정석해 : 그럼. 두 민을, 민장식이 민범식이를 데리고서 또….

민영규 : 아, 두 민 씨도 보베로 갔었군요.

정석해 : 그럼, 보베. 오겠다고 그래 편지가 왔더라고. 다 내려오라고. 그래서 거기 우리 고등학교에 우리나라 사람이 여섯이 있었어. 그러는 동안에 중국 사람이 넷인가 왔어요. 그래서 동양 사람이 열하나, 한 (열)둘이 있었어. (웃음)

민영규 : 그 학교 교장이 아주 그 자랑스러웠겠어요. 특수한… 예.

정석해 : 그 할 적에 그걸 아주 참 좋게 여기고….

민영규 : 그 학교로서도 하나의 자랑이죠.

정석해 : 그래서 이제 거기서 불란서 말, 뭐 아, 베, 쎄, 데에서부터 시작해가지고….

민영규 : 그럼 뭐 할 수 없죠. (웃음)

정석해 : 아이고 참, 그 우스운 걸 몇 달 동안을 지냈죠.

민영규 : 아까 그 저 서울 뭐뭐한 집안에서는 어려서부터 영어만 가르쳤다, 외국어만 했다는 거… 우리 그 연척 중에서도 먼저 말씀드린 원식 씨요. 그 어려서 어느 시기인지는 모르겠어요. 상해로 해서 불란서로 갔거든요. 내가 아직 소학생 때 그분이 돌아왔는데, 몇 십 년 만에…. 한 마디 한국말을 몰라서, 시골 해남까지…. 그분 그 형님이 백 씨, 그때 승지라고 그랬죠. 그 형제분이, 그 형님이 통역을 해서 얘기를 통했어요. 그 어려서부터….

정석해 : 우리가 지금 사실 보면,

정석해 : 그래 그, 가지고 간 돈이라는 건….

민영규 : 그런데 그동안의 그 학비는 다 어떻게 됩니까?

정석해 : 그건 이제 가지고 가서 몇 달 먹을 거 있을 거 그저 그걸로, 그러니까 한 5, 6개월 당한 셈이지. 그런데 우린 아무래도 고학으로 들어가야겠다….

민영규 : 그리고 그 당시 그 고등학교 기숙사는 상당히 비싼 것 아닙니까?

정석해 : 비싼 건 아니야. 비싼 건 아니고 뭐 그 굉장히 헐한 셈이지. 불란서가 원체 그 학교에 내는 거, 불란서는 뭐 공립이니 국립이니 뭐 이럴 것 같으면 거기서 다 대고, 학생이 그저 먹고 자는 거 그건 최하의 돈을 받는 것뿐이니까. 그리고 또 학교에 으레히 병원이 거기 붙어있어서, 보건소가 붙어있어서, 또 그 병실이 몇 개 있고 해서 아프면 들어가서 눕고, 간호원이 거기 있고 의사가 매일 있고. 내가 거기서 보베 생활 가운데 하나 잊히지 않는 얘기를 하나 해야겠구만. 불란서는 가톨릭 아니오? 그러니까 가톨릭은 이제 도회마다 삐죽삐죽한 집이 보여요. 그래 나는 신교인데 신교 교당을 찾겠다고 거기서 아마 한 달을 지냈던 모양이지. 물으니까 가르쳐줘요. 그래 이제 거기 교당을 예배 시간에 찾아갔습니다. 그때 예배를 다 본 다음에 신교 목사가 나왔어요. 어디 있느냐고 그래서, 고등학교 와서 유학하고 있다고 그러니까 참 반갑다고 그러데요. 며칠 뒤에 우릴 찾아왔어요. 찾아와서 이제 총장실에서 우리를 부르길래 가니까, 총장실에 목사님이 와 앉아서 서로 이제, 총장은 이제 우리를 소개하고, 목사는 저의 교회에 왔던 사람이라고 그래. 교인으로 이제….

민영규 : 그 당시 보베의 고등학교, 그 선생님들 일행 얘기는 아마 그 시골 일원에서 유명해졌을 겝니다. (웃음)

정석해 : 거기선 동양사람 처음 봤어. 애들이 그 동양사람 보겠다고 앞뒤로 와서 이렇게 따라다니는 건, (웃음) 우스운 얘기도 많지요. 그래 목사님이 그러더니, 사흘인가 무슨 얼마 후에 자기 집으로 차를 먹으러 오라는 거예요, 오후에. 그래서 그 정한 날에 갔습니다. 가니까 벨을 누르니까 문을 나와서 여는데, 그 서양 여자애들이니까, 나이는 실상 얼마 났는지 모르지만 키가 나보다 크고, 그때 역시 정섭이랑 둘이 갔던 것 같수다. 목사님이 악수를 하고는, 그 목사님 딸인데 저의 딸더러 뭐라뭐라 그래요. 우리는 알아듣지 못할 말인데, 뭐 쓱 오더니 안고 볼에다가 저기를, (웃음)

민영규 : 뽀뽀를 하는군요. (웃음)

정석해 : 그럼. 그 서양처녀 뭐 열다섯 살이라도 우리보다 더 크고 그렇잖아요. 아, 이거 또 끌어안고는 그저 입을 맞추는데 참 이건 뭐…. (웃음) 받아보지 못한, 우리 얼굴이 새빨개지지 않았소? (웃음) 공연히 가슴이 두근두근하고. (웃음)

민영규 : 거기서는 최상의 환영을 표시한 건데. (웃음)

정석해 : 그래 들어가 앉아서, 살롱에 들어가 앉아서 이제 커피 가져오고 무슨 과자 가져오고 해서 그 뭐 얘기가 서로, 이제 기쁜 얼굴로 얘기하지마는 피차 말이 통하지 않으니까. (웃음) 뭐라고 저, 그래서 거기 교회에 갔던 일과 서양 사람의 그 포옹하는 방식이라든지 그런 것도….

민영규 : 선생님, 그때보담도 그러니까 한 40년 뒤가 될까요? 우리 그 때 처음에 미국 갔을 때요. 포틀랜드 거기 갔을 때….

정석해 : 어, 그렇지. 우리 같이 갔지.

민영규 : 같이 갔죠? 일본 동대[東京大] 교수랑 너덧이 갔을 때 우리 식당에 들어가지 않았어요? 포틀랜드. 그러니까 그 주방에서 모두 우리

를 구경하러 죽 늘어서고. 선생님 그때 아셨어요?

정석해 : 아, 나 그건 얘기로 들었지, 지금.

민영규 : 그게 54년 겨울인데 그때 모두 동양사람 처음이라고… 미국 저 서북도 아직 그랬거든요? (웃음)

정석해 : 아니, 그게 포틀랜드?

민영규 : 네, 포틀랜드에서.

정석해 : 아니 서북부라니, 저…

민영규 : 아참 동북이지, 예.

정석해 : 동북인데 뭐, (동양 유학생들이) 아래 큰 대학에 다니지 그 위에까지는 안 가니까.

민영규 : 거긴 동양 사람이 그렇게 가지 않아서 그랬던지, 주방에서나 모두 죽 늘어서서 우리를 쳐다보고 식사하는 걸 보고…. (웃음)

정석해 : (웃음) 그러나 그때는 우리가 다 이젠 서양 생활에 익숙해서 아무렇지도 않았지만, 아 그래도 처음에는 또 서양 레스토랑에 들어가면….

민영규 : 모두 구경했죠.

정석해 : 아, 그 큰 방에다가 큰 홀에다가 테이블을 연해가지고 있으니까, 또 그리고 파리에는 담벽에 유리를 많이 붙여놨어요. 그래 그 거울 같아서 이리서도 보이고 저리서도 보이고… 사방에 내가 지금 12개가 되는지 6개가 되는지, 이런 데 들어가면 황홀해서 이리 봐도 나요, 저리 봐도 내가 보이고. 아이 참, 공연히 참 뭐랄까.

민영규 : 그 지방에서야 아마 아주 진귀한 손님으로 다 모두 여겼겠죠.

정석해 : 그리고 그때도 참 이렇게 날 좋은 날이면 교외 산보를 나가는데, 우리끼리 나가는 거지요. 그런데 내가 어디만큼 나가면, 우리는 지

금 생각에 나무가 많다면 산에 있을 걸 생각하지 않소? 아 이놈 대평원에 산이 있나, 아무것도 없지. 다 평야인데. 그런데 나무가 많단 말이야. 그래 그 안에 들어가면 그 사람들은 뭐 말 타고 사냥하는 재미인데, 그 안에 들어가면 당최 방향을 모르겠어. 만약 날이 조금 흐리기만 하면 뭐 어떻게 해야 찾을지, 그 평야 그 삼림 가운데서 방향 못 찾아서 그 우리 헤맨 적이 여러 번 있어요. 그런 데에 우리 생각으로 말하면 좋은 평야를 개발해서 뭘 할 터인데, 아 그런 데에 간간히 몇 십 리 밀림이 그저 있거든. 그거 다 이상한, 우리나라 풍경과 다른 풍경을 보는 거지.

민영규 : 그러니까 그 보베에서 몇 해 가량 계셨어요?

정석해 : 아니 몇 해라니, 이제도 말한 것처럼….

민영규 : 아, 6월까지만 계셨군요.

정석해 : 그러니까 만 여섯 달이나 그저 만 여섯 달이 채 못 돼서 나왔지.

민영규 : 그러고서 어떻게?

정석해 : 그 다음에는 그저 고학을 하려니까 파리로 오는 것이지. 일은 파리로 와야 무슨 일이든지 노동을 할 수 있으니까. 결심은 했으니까 이젠 파리에 와서 그땐 어디다 물었는지, 직업소개소란 말은 알아들었어요. 그때 그 물으니까, 어디 가니까 직업소가 가면 있다고 해서 거길 갔었는데, 그래 그때는 그쪽 사람들이 우릴 보기를요, 내가 지금 스물 두 살인가…?

민영규 : 그러니까 스물 셋이죠. 거기 나이로 하면 이제 스물 둘, 만.

정석해 : 그런데 그 사람들이 보기를 14살, 15살로 봐요. 그 뭐 조그만 거 뭐 어떻게 여기로 왔는지 아주 가상하게 여기는 게외다. 뭐 그 학생들도 저보다 다 나이 어린 줄로 그렇게 생각을 하고. 그런데 그 직업

소개소를 떡 가니까, 얘 네가 무슨 직업을 하겠니? 불란서에서는 무슨 뭐 몇 살 이상이래야 직업 한다, 이런 소리만 하고. 그래 네 나이는 안 맞 노라고…. 그래 이제 여행권을 척 보여주지 않겠소? 그럼 나이는 들었거든. (웃음) 일 해본 경험이 있느냐고. 경험이 없다고, 공부하던 놈이 지금 일하겠다는데 뭐…. 그랬더니 그 직업소에서 그 일 보는 사람이 며칠 동안 와보라고 그래요. 그래 며칠 갔더니, 참 저, 하루는 내 헐한 일을 하나 얻었다, 그래 거길 가봐라…. 그래 갔더니, 약국인데 참 여기도 그 뭐야, (웃음) 약국 그, 그런 이들이 다 위풍이 좋지 않소? 그이도 허연 수염이 이렇게 난 노인인데, 뭐 참 겉치레만 봐도 인자스러워 보여요. 그러더니 다 묻고는, 너 하려던 일이다, 이거 뭐 힘들지 않으니까 너 꽤 할 게다 하는데, 그놈을 이제 진단이라든지 뭐 오는 사람 이제끔에 메모 조각 하나 하나 있지 않아요. 메모 조각이 한 가득 들었는데, 그것이 1, 2, 3번 번호 치는 도장이 있어요. 그거 하나 여기 착 내리누르면 1번이 나오고, 그 다음에 종이 넘기고서 그 다음 페이지에 내리누르면 2번이 나오고, 잘깍잘깍 이제 이렇게 나와요. 그걸 치는 거외다. 그러나 그 기계 조정은 지금 모르고 그저 치는 거외다. 그래 가다가 한 페이지에 두 번이 찍히는 적도 있고, 가령 그래서 4번 5번이 한꺼번에 떡 찍어서 이렇게 될 적도 있고. 또 그 다음에 또 이제 뒤에 칠 것 같으면 6번이 나올 것 아니오? 그래 그걸 한번 해서 그걸 써봤던 모양이에요. 그거 며칠만인지는 모르지만 하루는 가니까, 얘, 너 이거 치는 거, 이거 차례를 알아야 네가 될 텐데, 차례를 어겨서 어떤 때는 번호가 둘도 되고 어떤 때는 뛰어넘어가기도 했고, 그 왜 그걸 1, 2, 3, 4를 고대로 잘못, 제대로 못하느냐. 가만히 보면 내게 선입견인지 그 사람의 선입견인지, 저놈 저 아마 미개한 놈들은 저 순서도 모르는가보다 하는, 이런 이제 그렇게 느낌이 내게 들어요. 아 그런데 사실은 실수는 했는데, 그러면서 참 불쌍히 여겨서, 그이가 이걸 이렇게 하면 된다, 그 기계를 뒤집어엎고서는 그거 잘못됐으면 그 번호대로 이거 뒤로 밀거나 앞으로 밀거나 하면 제 옳은 번호가 나오는 거야. 요 손으로 밀면, 짤깍짤깍 밀면 돌아가게 됐어요. 그걸 여기로 밀면 뒤로 가는 것이고, 이리로 밀면 한 번호가 더 나오는 거니까, 잘못한 다음에는 그걸 착 지우고서는 거기에 바른 번호를 맞춰서 치면 되지 않느냐… 그래 거기서 그 간단한 그것도, 나는 지금까지도 선생님이 미국 유학할 적에 내게 사진기기 빌려줘서 가지고 갔다가 그….

민영규 : 아 군자(君子)는 불기(不器)죠. (웃음)

정석해 : 현상하라고 해서 현상하게 떡 가져가니까 그 사람이 마지막에,

민영규 : 기계 다루는 건 다 소인들이 하는 거지. (웃음)

정석해 : 흰줄 하나만 딱 나왔는데, 내 사진은 잘 찍는다, (웃음) 그것과 마찬가지로, 아유. 그래 그걸, 아마 그래도 그거 뭘 갖다가 하려나 그런지 메모를 그렇게 담벽으로 이거 하나 올려쌓았는데, 그걸 한 두어 달 했어요. 두어 달 하곤 그 일이 다 됐으니 이제 다른 일을 얻어라, 이제 그래. 그래서 이제 벌써 여름을 그렇게 지냈고 이제 가을이지. 내 첫 일한 것이 그 번호 찍는 것 그거였어.

민영규 : 그러니 여름방학 아르바이트는 됐군요.

정석해 : 그것도 그 가지고 나오면 호텔에 조그만 방 얻고, 그거 뭐 하루 한 끼는 사먹고, 그 다음엔 그저 빵떡이나 하고 그저 또 맹물만 또 마시고 그저 그러면, 그렇게 해서 그것대로 (끼니가) 됐어요.

민영규 : 자, 그러면 예. 오늘은 여기서 그만….

IV

정석해 선생에 대한 회고

잊을 수 없는 인물들—
전 연세대 교수, 정석해

장덕순

정석해 선생의 호는 '서산'이다. 당신이 지은 것은 아니다. 우리 젊은 또래들이 그를 모시고 있을 때 다른 어른들은 모두 호가 있어서, 예컨대 외솔 선생이니 한결 선생, 포명 선생이라고 호칭에 편리한데 정석해 선생만 호가 없어서 항상 호를 지으라고 졸라댔다. 그때마다 선생은 웃기만 하면서 "좋은 호를 하나 지어주지" 하고 웃었다. 옆에 있던 포명(抱溟 권오돈) 선생이 '당나귀야 서산이지'[한자 鄭 자가 당나귀를 닮았다 해서 나귀가 많다고 알려진 중국 西山을 빗대는 농담—엮은이] 이렇게 농담 삼아 던진 말이 그 후부터 우리도 서산 선생이라고 불렀는데 이 역시 노는 자리에서 웃음과 함께 부르곤 했다. 그런데 이젠 고인이 된 백영(白影) 정병욱 교수가 공식 석상에서 정중하게 "이 자리에는 한결 김윤경 선생님, 서산 정석해 선생님…" 한 후부터 정식 호가 되어 버린 것이다.

등산길에서 혹은 교외의 산책길에서 우리들은 곧잘 '다리가 아픈데 뭘 타고 갔으면' 하면, 서산은 서슴지 않고 '여기 있지 않은가? 나를 타지!' 하고, 농담을 거는 젊은 우리와 대뜸 응수하는 노교수의 폭소가 반공(半空)에 메아리치곤 했다.

내 나이 금년에 예순셋, 정 선생은 아마 여든넷인가 다섯쯤이니 옛날 같으면 깍듯이 아버님 대접을 해야 한다. 나는 30대 후반부터 정 선생을 알게 되었고, 직접 같은 직장에서 모시기는 1950년 후반부터였다. 연세대학교의 교무, 학생처장, 문과대학장 등 요직을 맡고 계실 때에는 직무에 전념하여 자주 뵙기도 힘들고, 혹시 사무적으로 만나면 면도날처럼 날카로운가 하면 돌덩이처럼 무거운 분이어서 접근하기가 어려웠다. 별명이 '석두'였었다. 실은 '돌대가리'인데 존칭이랍시고 '석두'였다.

보직을 내놓고 평교수가 되면서 동료들과 한담을 나누는 여가가 있었고, 삼삼오오 선생을 모시고 맥주집도 양식집도 드나들면서 우리는 버릇없이 선생에게 어리광도 부리고 또 서산이니 노마(老馬)니 농담도 마구 했다. 이런 자리에서 선생의 성품과 인간미를 발견할 수 있었다. 만일 선생이 오래도록 보직을 맡고(,) 격무에만 동분서주했다면, 나는 선생의 진면목을 찾아보지 못한 채 '석두선생'으로만 인식했을 것이고 '서산'이란 아호도 부르지 못했을 것이다.

선생은 독일 프랑스 등에서 30여 년을 유학하면서 철학을 전공했으나 그에게서 서구적인 냄새를 느끼지 못했다. 영어, 독일어, 프랑스어를 자유롭게 구사할 수 있는 실력이 있으나 30년을 가까이 모셨어도 그의 입에서 이런 외국어를 들어본 일이 없다. 또 유럽 유학시절의 이야기 같은 것을 꺼내어 외유(外遊)의 자랑도 들어본 일이 없다. 언제가 나는 "선생님이 유럽 유학을 하셨다고 하나 그것이 거짓말이지요? 유학 시절의 이야기나 좀 들어 봅시다"라고 졸랐다. 하도 조르니, 맥주 기운으로 유럽으로 가게 된 동기와 프랑스에서 처음 당한 망신담을 겨우 들을 수 있었다.

그는 연희전문학교 문과에 재학 중 3·1운동이 벌어졌다. 학교를 중퇴하고 중국으로 망명했고, 그곳에서 배를 타고 마르세유에 상륙, 기차로 파리에 도착해서 여관에 투숙했다. 당시 한국인 학생들은 파리에서 좀 떨어진 보베라는 작은 도시의 학교에서 어학공부를 해야 하는데 지도를 놓고 아무리 찾아보아도 보베라는 지명이 발견되지 않았다. 여관주인을 보고 우선 정거장이 어디 있는가를 영어로 물었더니 전혀 알아듣지 못해서 "칙칙… 폭폭…" 하니, 그때서야 지도를 꺼내놓고 역을 가리켜 주고, 또 보베를 물으니 또 지도 위에 손가락으로 가리키는데 영어식 발음으로는 보베가 아니라 뷰벨트가 되더라는 것이다. 기어코 손짓 발짓으로 묻고 물어서 보베의 학교를 찾아가니, 그 학교의 교장을 영어를 잘해서 '정말 살았다'라고 탄성을 냈다는 정도의 이야기는 들었다. 외국 유학 가서 망신당하지 않은 사람이 없을 것이라면서 당신의 첫 망신의 이야기를 재미있게 들은 기억이 있다.

연세대학교의 초창기(해방 후 전문학교가 대학으로 승격할 때)에는 교수가 부족하였다. 그때 선생은 전공인 철학은 물론이고 프랑스어, 수학과의 수학까지 강의하였다. 이것도 선생의 입에서 나온 말이 아니고, 모두 그에게서 배운 제자들을 통해서 소문이 난 것이다. 지금 파리의 소로본느 대학에서 한국학을 강의하고 있는 이옥 교수는 "나의 프랑스어는 정석해 선생에게서 배운 것이오"라고 늘 자랑하곤 하는데 정 선생은 "초등 프랑스어 정도 배웠겠지" 하고 겸손했다. 침소봉대는 강단에 선 사람들에게 흔하다. 나 자신도 이 과장된 강의를 반성하고 있다. 아는 지식은 한 되[升]밖에 안 되는데 발표는 한 말[斗], 섬[石]으로 확대하는 경우가 있는데, 선생은 그렇지가 않다. 아는 것 이상으로 현학적인 표현이 없다. 그래서 그이 학문적 깊이에 비해 논저가 적다. '무밭에서 무 뽑듯이' 논문을 발표하지 않는다. 그러나 발표된 글은 알차고 논리가 정연하다는 것이 그의 제자들의 말이다. 서울대학교의 대학국어(교양)에는 연연세세

(年年歲歲) 선생의 글이 실려 있다. 선생은 수철학(數哲學)을 전공했다고 하는데 나는 이 방면엔 전혀 무식하지만 선생의 글을 학생들에게 강의할 때마다 느끼는 것이 논리의 정연, 어휘의 적확한 선정, 내용의 깊이이다. 선생은 한 섬[石]의 지식을 갖고 있으면서 발표는 한 되로 압축시키는 능력이 있다. 이는 평소의 과묵과 일치한다고 생각된다.

선생의 직계 제자(철학 전공)는 선생 앞에서 벌벌 떨 정도로 무서워한다. 그러나 나같이 열외제자(사실 나는 선생의 강의를 들은 일이 없지만, 은사와 다를 바 없다)는 버릇없이 무서운 줄을 몰랐다. 오히려 하루 종일이라도 그 앞을 떠나고 싶지가 않다. 그만큼 자상하고 다정한 선생이었다. 직계 제자들은 강의실이나 학장실, 학과장실에서만 대했기 때문이리라. 그러나 열외의 제자들과 선생과의 대화를 들은 직계 제자들은 선생의 또 다른 일면을 알고 우리와 함께 선생을 웃기고 또 우리도 함께 웃었다.

선생이 서울에 계실 때엔 정월 1일 아침에 댁을 찾아 세배를 했다. 짓궂은 친구들은 "세배 받으러 왔습니다"라고 첫 인사를 한다. 어느 해인가 나는 몸이 불편해서 초하룻날 세배를 못 갔고, 미적미적해서 초닷새날까지 못 가뵈었다. 정월 5일이라고 기억한다. 지금 내가 살고 있는 집이 약간 언덕배기인데 아침에 선생님이 찾아 오셨다. 나는 어찌나 당황했는지 허둥지둥 뛰어나가며 "선생님, 웬 일이십니까?" 했더니 "나 세배 받으러 왔소이다"라며 선뜻 들어서신다. 정초에 노인들이 젊은 사람, 손아랫사람을 찾지 않고, 보름까지 집에 앉아서 인사를 받는 것이 우리의 풍속이다. 한데 선생은 해마다 정월 초하루면 빠지지 않고 오는 제자가 안 보이니 퍽이나 궁금하였을 것이다. 그래서 관습이나 어른의 위신도 돌보지 않고 찾아온 것이다. 선생께서 이런 파격이 많다. 옛 노인이면서 젊은이도 착상하지 못하는 엉뚱한 말씀—행동이 많았다. 언제가 나에게 전화를 주셨다. 선생은 전화의 첫 말은 꼭, "나 정석해외다"이다. 다음은 용건인데, "언제 경로회라는 것 안하오?" 나는 당황했다. "왜 안하겠습니까? 그러지 않아도 하려고 연락중입니다."

경로회란 한해 두 번 정도 노교수들을 모시고 천렵(川獵), 산행(山行) 혹은 회식을 하는 우리의 모임이다. 주최는 우리 젊은 사람들인데 그 실무랄까 주관을 주로 내가 맡아했다. 그 멤버는 이제 고인이 된 영문학자 오화섭 교수, 역시 고 정병욱 교수, 그리고 시인 박두진 교수, 영문학자 이군철 교수, 독문학자 장기욱 교수, 그리고 나인데, 경로의 대상은 작고하신 김윤경 선생, 생존하신 포명 권오돈 선생, 그리고 서산 정석해 선생들이시다. 한결 선생 재세시(在世時)엔 행주산성에서, 또는 용문산에서 청유(淸遊)한 것이 기억난다.

이밖에도 불고기 회식, 포명 댁에서의 보신탕 회식(한결, 서산은 보신탕을 안 하기에 이 회식에서 제명) 등등 심심치 않게 노소가 동락한 일이 많았다. 오화섭 교수는 그 특유의 웃음소리와 익살스런 몸짓과 말이 항상 좌중의 꽃이었다.

그런데 이 모임이 뜸해지니 정석해 선생이 나에게 전화로 '경로회 件'을 물으신 것이다. 이것 역시 파격이다. 과연 경로회(이 명칭도 우리가 만든 것이다)가 모이자 젊은이들은 "경로는 우리가 자진해서 잔치를 하는 것인데 영감들이 해달라고 하니 이것 주객이 바뀌어도 이만저만한 것이 아니외다"라고 정 선생의 사투리인 '아니외다'를 강조하여 어떤 친구가 말을 하면, 정 선생은 "내가 선생들이 보고 싶어서…" 하고는 히죽 웃는다. 얼마나 정이 담긴 대답인가.

경로회의 멤버에 연전 문과 출신의 군인이 하나 있다. 박병권 장군이다. 박 장군이 사단장 때에는 일선을, 논산 훈련소장 때엔 훈련소를, 군

단장 때엔 동해안 일대를 연전 동기와(오화섭 교수는 동문도 아니면서 번번이 동참) 함께 꼭 정석해 선생을 모시고 다녔다. 박 장군이 국방장관을 할 때엔 주로 서울에서 회식을 했는데, 그 주빈은 항상 정석해 선생이었다. 우리들의 이 모임은 학술의 모임도 아니다. 각각 전공이 다르니 그럴 수도 없다. 또 어떤 공통의 목적을 위해 모이는 것도 아니다. 종교적 의의도 없다. 그냥 정 선생이 좋아서, 또 정 선생이 우리를 좋아해서 모이고 여행하고 있다. 이럴 때마다 철학자인 정 선생은 철학에 관한 학설이나 당시의 주장을 내세운 일이 없다. 평범한 우리의 주변의 이야기인데, 그의 생각을 집약해서 한마디로 정리하면 인간 존중과 동시에 인권의 존중, 그리고 철저한 민주사상이었다. 그리고 대주제는 '眞實'이다. 이것도 논리적으로 학술적으로 이야기 한 일은 없다. 우스운 이야기, 옛 어른의 일화, 당신의 체험담에서 추출된 것이 곧 진실에 귀결된다는 것이다.

6·25 동란 때에 선생은 후퇴를 못했다. 연세대에 남아서 공산당의 억지를 대학에서 감내했다. 공산당들은 남아있는 교수, 직원들의 신상을 조사하기 위해 문서에 일일이 종교, 교육, 경력 등을 써내야 했다. 종교난에 기독교라고 쓴 사람은 목사나 신학교수이고, 일반 교수로는 정 선생만이 기독교로 썼다는 것을, 역시 당신이 아닌 실무자에게서 들었다. 그는 진실한 기독교인이었다. 그러면서도 크리스천의 위선적 태도를 매도했다. 서슴지 않고 '예수쟁이'의 위선을 맹렬히 비판했던 것이다. 그는 성서를 믿고, 또 성서를 생활화한 사람이다. 그러나 교회에 열심히 나간다거나, 부흥회 같은 집회에 빠지지 않고 나가는 일은 없다. 크리스천이 아니라는 말이다. 4·19 학생의거 후, 4·25의 교수데모를 정석해 선생이 주도했다는 것은 이미 알려진 사실이다. 4월 25일 아침에 선생은 식구들을 모아놓고 성서를 읽었다(어느 부분인지는 지금 기억에 아물아물하다).

계엄령 하에 교수들과 함께 '학생의 피에 보답하라'는 구호를 앞세우고 교수데모를 감행하려고 결심한 4·25의 아침에 식구들 앞에서 성서를 읽었다는 것은 죽음을 결심한 선생의 엄숙하고도, 의연한 태도를 짐작케 하거니와 기독교적인 신념의 발현이라고 생각된다.

선생은 철학자이면서도 학자인 체하는 냄새가 없는 것처럼 진실한 기독교인이면서 '예수쟁이'의 냄새가 없다. 오직 '정석해'라는 인간일 뿐이다. 선생은 태극기를 몹시 아끼고 사랑했다. 6·25 동란 때에(선생은 신촌에 있는 연세대의 사택에 사셨다) 공산당에게 태극기를 뺏겨서 욕보일까 싶어 제일 먼저 국기를 감추었다. 그러다가 9·28이 되자 그 마을에서는 제일 먼저 태극기를 내걸었다. 프랑스에서 오래 생활한 선생은 태극기를 프랑스식으로 창문에 드리운다. 국기 게양대가 따로 필요하지 않다. 그래서 선생의 태극기는 가정용보다 큰 것이 특징이다. 4·25 교수데모 때에 앞세웠던 태극기도 역사적 의의가 있다고 해서 한국연구원(서대문에 있는 것으로 기억한다)에 영구 보존시켰다고 언젠가 선생이 얘기했다. 일제시대에 중국으로, 유럽으로 유학할 때에도 태극기는 꼭 지니고 다닌 애국자이나, 그는 이를 자랑한 일이 없다. 하두 자주 만나 뵈니 대화 때에 토막토막으로 들은 것뿐이다.

서울에서 논산으로 갈 때이다. 아마 박병권 장군이 훈련소장으로 있을 때였을 것이다. 차가 논산 근처의 두계(豆溪)를 지날 때에 선생은 일제시대에 이것을 다녀갔다는 것이다. 그 이야기는 이렇다.

20대에 3·1 운동 후 연전을 중퇴하고, 상해로 망명하여 독립운동에 가담하여 어떤 방법으로든지 구국의 일군이 되려고 했다. 그때에 선생에게 맡겨진 임무가 무기를 국내에 반입하는 일이다. 선생은 '피스톨'이라고 발음하며 권총 일곱 자루인가를 심양(당시는 봉천)에서 인수하여 국내에 잠입하는 어려운 일이다. 심양에서 권총을 받아가지고 기차에 몸을 싣고 국경을 넘어야 하는데 큰 걱정이었다는 것이다. 트렁크에 권총을 넣고 국경(그러니 중국 땅의 안동) 가까이 와서 어떻게 권총을 숨길 것인가를 생각하다가 같은 차내에 중년쯤 되어 보이는 한국 아주머니를 알게 되었다. 그 아주머니에게 딱한 사정을 말했더니 선뜻 무기 가방을 자기에게 맡기라는 것이었다. 그 아주머니는 트렁크를 들고 열차내의 변소에 갔다 와서 태연히 자리에 앉아 있었다. 국경에서 일경의 조사를 무사히 통과하여 선생은 그 무기를 무사히 충남 두계(豆溪)의 어느 분에게 전달하는 데 성공했다는 것이다.

국경에서 이름도 모르는 그 아주머니는 무기를 치마 속 배 아래에 숨겨서 국경을 건넜다는 것이다. 필부도 조국의 독립을 갈망하여 독립운동에 도움이 된다면 이렇게 위험한 일도 도와주더라고 선생은 감격어린 과거를 이야기해 주었다. 내가 좀 자상하고 또 역사에 깊은 관심이 있었다면 당시 권총의 입수 방법, 무기를 받은 인물, 그 무기가 뒤에 어떻게 쓰이는 가를 자세히 들었을 것인데, 선생의 이야기만 흥미 있게 들었지 그 역사적인 자료는 하나도 묻지 못했다.

백영 정병욱 교수는 카메라의 명수였다. 언젠가 삼복중에 계룡산 갑사에서 선생을 모시고 청유(淸遊)한 일이 있었다. 그곳 연못에서 우리 일행은 훨훨 옷을 벗고 물속에서 신나게 멱을 감았다. 정병욱 교수는 어느새에 카메라에 정석해 선생의 나신(裸身)을 포착했다.

또 겨울철이었는데 유성 온천의 어느 여사(旅舍)에서 하룻밤을 선생과 지냈다. 그때에도 정병욱 교수가 카메라를 갖고 있었다. 하룻밤을 자고 나서 이튿날 아침 우리는 세수를 마치고 거울 앞에서 머리를 매만지고 있을 때, 마침 당번인 젊은 여인이 방에 들어섰다. 우리는 그 여인에게 선생의 머리를 빗기게 하고 또 카메라에 담았다. 선생은 물론 모르고 있었다. 그 후의 경로회 때에 그 사진을 공개했다. 나신과 그 여인과의 장면을 말이다. 이것을 본 일행은 가가대소(呵呵大笑)했다. 그때 선생은 "악동(惡童)들이군. 그 사진 이리 줘" 하기에 "사모님에게 야단맞을라구요?" 하니 그런 걱정은 말라며 사진을 보고 웃으며 수첩 속에 채곡채곡 넣었다. 그 사진이 정말 사모님이 보았는지는 모르나 그만큼 선생은 탈속한 데가 있었다.

사모님 얘기가 나왔으니 한 마디 해야겠다. 선생은 40대에 결혼하였는데 그 배필이 되는 사모님은 개성인으로 음식 솜씨가 보통이 아니었다. 정초는 물론이요 아무 때나 예고 없이 가도 정갈한 음식을 내놓곤 했다. 정 선생은 집안 살림에 대해서는 무관심했다. 사모님이 피아노 개인교수로 들어오는 수입으로 집안 살림을 꾸려 나갔다. 선생은 자기 집도 없이 연세대의 사택에서 살다가 그 사택이 도시계획으로 없어지자, 신촌 역전에 한국기와집을 샀는데 이것도 사모님의 힘이 컸다. '갓 마흔에 첫 버선'이라더니 선생은 50대에 겨우 집 한 채를 마련한 셈이다. 그때에 선생은 나에게 "나는 내 집이 있어" 하고 당신의 명의로 등기가 나왔다고 자랑한 일이 있다. 이렇게 집을 마련하게 된 뒤에는 사모님의 노력이 있었다. 선생은 거리를 함께 가다가도 걸인과 마주치면 호주머니에서 손에 잡히는 대로 내주었고, 집에 드나드는 집배원, 청소년들에게 때때로 후의를 베풀었다. 나는 이 이웃돕기에서 실로 배운 것이 많다.

선생은 항상 19세기에 태어났음을 강조했다. 포명 선생이 1901년인가 2년생이요, 정 선생은 1898년생인가 7년인데 포명을 보고 "당신은 20세기에 태어났고, 나는 19세기 사람인데 상대가 되나요?" 하곤 했다. 19세기 사람으로 자처하면서도 그 사고는 이미 말한 바와 같이 평등, 민주를 신조처럼 여겨왔다. 자유당이 집권하고 있을 때엔 그 독재에 항상 불만을 갖고 있다가, 마산에서 3·15 부정선거 규탄의 데모가 일어났다. 서구의 민주사회에서 30년을 산 선생에게 부정선거란 생각조차 할 수 없었다.

"표를 바꿔치기 하다니, 한 표 한 표가 민주주의의 원동력인데, 천벌을 받아야 하지"하고 개탄했다. 대학 캠퍼스에서 자주 선생과 거닐었는데 선생은 "서울의 대학생들은 모두 피가 식었나봐, 마산의 의거를 피안의 불처럼 느끼고 있는 것 같아…"이렇게 중얼거리며 부정을 좌시하는 학생과 시민에 대해 불평이 많았다.

4·18 고대 데모가 났고, 이어서 4·19 의거가 일어났다. 선생은 이때부터 흥분했고, 독재정권에 향한 분노는 더욱 심했다. 계엄령이 선포되며 서울시는 잠시 조용했다. 자유당 정권은 여전히 물러나지 않고 있었다. 이때 선생은 몇몇 원로교수들과 교수들의 궐기를 계획하고 있었다. 그것이 4·25의 교수데모였는데, 이때 정 선생은 교수회의 의장이 되었다는 것은 주지의 사실이기에 여기서는 더 얘기하지 않겠다. 4·25 아침에 선생은 두툼한 내복을 입고 나섰다고 한다. 검거될 것을 각오했고, 이미 말한 바와 같이 식구들 앞에서 성서를 읽었다는 것은 죽음까지 예상했던 것이다. 마침내 자유당 정권이 무너지고 말았다. 민주주의를 신봉하는 정 선생은 개선장군과 같은 위치에 있었으나, 끝까지 민주시민의 한 사람으로 자처하면서 오히려 혼란한 사회의 현실을 개탄하였다. 정국이 하루 빨리 안정되기만을 걱정하였다.

연세대학교에서 교수를 부당하게 파면한 데 항의하는 학생들의 운동, 이에 이어 교수들의 농성 등등이 있었는데 이에 관해서는 다른 기회에 쓰기로 하고 여기에서는 오직 정 선생이 한결 김윤경 선생과 함께 교수농성을 주도하면서 '학원민주화운동'에 앞장섰었다는 것만을 얘기해 두겠다. 교수의 농성데모는 한국 대학사에서 처음이며 또다시는 없어야 할 역사라고 생각한다.

정 선생은 술과 담배를 즐겨하지 않았다. 그러나 젊은 교수들을 위해 담배도 지니고 다녔고, 술좌석에도 자주 출입했다. 환갑이 지나면서도 건강에는 별 변화가 없었다. 한데 20년 전이라고 기억한다. 서울대학교 국문과에서 덕적도(德積島) 답사를 가게 되었는데, 나는 선생께 동행할 것을 말씀드렸더니 선뜻 승낙하고 나섰다. 심악(心岳) 이숭녕 선생이 해군의 배를 알선해서 동행하게 되고, 백사(白史) 전광용 교수와 나 그리고 국문과 학생들과 덕적도 여행을 했다. 퍽 재미있고 인상적인 여행이었다. 선생도 건강하게 2, 3일을 지냈는데 귀로에서 선생은 몸이 불편하다는 것이다. 나는 그때서야 선생이 혈압이 높아서 약을 지니고 다니는 것을 알았다. 풍랑이 좀 심할 때여서 배 멀미도 있었으나, 끝내 무사히 인천에 상륙했고, 서울까지 무사히 귀가했다. 선생은 건강하였으나 혈압으로 한때 입원도 하였고, 5, 6년 전 도미하기 전까지 해소병으로 여러 번 입원한 일이 있다. 겨울이면 더 심했던 것이다. 선생의 맏아들이 미국의 나성(羅城)에 있는데 그곳에서 겨울을 지내면 해소병도, 혈압도 안정된다는 것이다. 이제 선생은 나성(羅城)에 있는데 건강하다는 소식이다. 작년인가 재작년인가, 누구에겐가 편지 왔는데, "매우 외롭노라"라고 했다는 것이다. 여기에 있으면 이젠 육순이 넘는 우리들의 '경로회'라도 하여 모실 것이다. 미국 땅에 그런 사람도 많지 않을 것이니 외로울 수밖에 없을 것이다. 여기에 있는 우리들은 만날 때마다 정 선생의 얘기를 하곤 한다. 그럴 때마다 "정 선생은 조국을 사랑하는 분이니 돌아가실 때엔 귀국하실 거야"라고.

그러나 자식들은 모두 외국에 있으니, 그렇게 쉽게 귀국할 처지도 못 된다.

나는 이 글을 두서없이 썼다. 이러한 글이 인간 정석해를 이해하는 데에 더욱 도움이 될 것 같아서였다. 그는 학자이며 의사(義士)의 기질을 갖고 있는 인간이다. 의사의 개념을 어떻게 규정하느냐가 문제인데, '정의의 선비'가 바로 정석해이다. 주정엔 손톱만큼의 양보도 없다. 그는 평생 옳지 않은 일, 옳지 않은 생각은 물론 없고, 옳지 않은 자의 편에 선 일도 없었을 것이다. 나는 정 선생과 사귄 것이 그의 후반생부터인데 약속한 시간, 장소를 추호도 어긴 일이 없었다. 선생을 모시고 국내 여행으론 안 가본 데가 없다. 여관에서, 혹은 민박에서, 비행기, 기차, 자동차 등등에서도 젊은 우리들에게 누를 끼치지 않았다. 빈틈없는 사람이 까다로운 데가 있는데, 정 선생은 풍성한 휴머니티로 이 까다로움을 넉넉히 덮어버렸다.

그가 연세대학교 문과대학장 시절의 일화를 부연하면서 이 글을 마무리 짓겠다. 나는 연세대학교 부산 분교에 남아있을 때이다. 학기 초에 서울에 왔다가 백영 정병욱 교수와 영문과의 이군철 교수와 함께 밤새도록 술을 마시며 놀았다. 이튿 날 아침 10시가 훨씬 지나서 정병욱 교수와 함께 연세대학교로 갔다. 당시 정병욱 교수는 국문학과장으로 학장인 정석해 선생을 보필하고 있었다. 정병욱 교수는 평소 정석해 선생의 성격을 알고 있어서 학기 초에 늦게 출근하면 야단맞을 것을 알고 나를 앞세우고 학장실로 들어갔다. 학장은 나에게 악수만 청하고는 국문 과장 앞에 회중시계(정석해 선생은 회중시계, 그것도 일제시대 역장이 갖고 있는 큰 시계였다)를 내놓으면서 "지금이 몇 시입니까? 학생들은 등록으로 일찍이 기다리고 있는데, 학과장으로 이렇게 늦으면 어떻게 하겠소? 빨리 나가 보시오"라고, 정병욱 교수는 학장실을 나가며 나에게 혓바닥을 두세 번 내보이며 나갔다. 정 학장은 나에게 카멜 담배(당시는 양담배를 피울 수 있었다)를 내놓으며 부산 분교 소식을 물으며 잠시 환담했다.

내가 서울로 전근될 때엔 정석해 선생이 보직이 없이 평교수로 있었고, 정병욱 교수는 서울대로 옮겼다. 그런데 이미 말한 '경로회' 때엔 함께 모여서 이런 이야기를 하면서 웃었다. 그럴 때마다 "악동들. 악동들이야" 하고는 웃어넘기는 정석해.

공과 사를 엄격히 구별하는 평범한 인간이면서, 평범한 사람이 쉽게 지킬 수 없는 일을 선생은 너무도 잘 지켜온 분이다.

거듭 말하거니와 ' …체' 하지 않는 사람, 지킬 것을 지키면서도 자랑하지 않는 사람, 민주주의의 신념이 철저한 사람, 역시 그는 '정의의 선비'요, 그래서 우리는 학자요, 의사(義士)라고 평하고 있다. 부디 건강하시라.

『주간조선』, 1983. 7. 24.

나의 스승, 정석해 선생님

박상규

오늘날 우리 사회에서는 산업발전을 위한 전문인의 수요가 급증하여 고등교육기관이 그 양산에 박차를 가해가고 있다. 다른 한편, 혼돈스럽고 복잡하기 이를 데 없는 사회 속에서 빈발하는 각종 범죄, 폐단, 도덕성의 상실 등을 개탄하며 인성교육의 활성화를 요망하는 소리 또한 매우 높다. 고등교육은 물론 이 전문교육과 덕성의 함양을 동시에 추진하여 그 형평을 유지해 가야겠지만, 아무래도 우리 교육은 전자에 역점을 크게 두고 있다는 게 부인 못할 실정이다.

따라서 사회악의 증폭·확산은 위험수준이요, 심지어 교육받은 지식인의 부정, 부도덕한 행실마저 자주 눈에 띄어 우리의 마음을 어둡게 한다. 이런 상황 속에서도 우리에게 이런 세상, 이런 국가의 현재와 미래를 진심으로 걱정하고, 그 치유와 개선의 방책을 생각하여 제시하는 이가 없는 것은 아니다. 하지만 그간에 기형적으로 변모·고착된 현 구조는 쉽사리 일신되어 건전한 삶의 틀로 개조될 것 같지가 않다.

이러한 때, 자연 우리는 비록 가난하고 어려운 문제가 산적했다고 해도 그 악조건 속에서나마 의연한 자세와 기품, 정열을 지니고 이 사회의 '어른'의 본을 보인 분들을 머리에 떠올리지 않을 수가 없다.

서산(西山) 정석해 선생이 바로 그런 분의 하나이다. 요즘 젊은 세대는 물론이려니와 우리 사회의 웬만한 이들도 거개가 그 이름조차 기억치 못한다는 게 사실일진댄, 이런 훌륭한 분이 어떻게 그토록 잊혀지고 있는가 하는 데 이르러서는 후진으로서 그저 부끄럽고 가슴이 아플 뿐이다. 정석해 선생의 행적과 인간에 대한 회고는 그 복잡다단한 긴 생애만큼 단순화를 불가능하게 하며 또 우뚝우뚝한 골격만 제시하기에는 너무도 사단이 많은 복잡성을 안고 있다.

　　필자가 선생을 만난 것은 한국전쟁이 진행되고 있던 1953년 봄, 연세대학교(당시 명칭은 연희대학교) 철학과에 입학해서이다. 선생의 생년이 1899년이니까 선생의 나이 54세 때였다. 당시 선생은 문과대학장이었으며, 아직 신입생이 선생의 강의는 들을 수가 없었으니까, 주로 부산 영도의 가교사 이곳저곳을 분주히 왔다 갔다 하는 모습만 보았는데, 늘 입을 꽉 다물고 뭔가 불만스런 표정에 매우 냉엄하고도 활기찬 걸음걸이가 특히 돋보였다. 어린 학생이 교수의 실체를 단번에 알기가 어렵지만, 어쨌든 학교에서 매우 중요한 분이리라는 짐작이 갔다. 그 후 서울로 환도하여 신촌캠퍼스에서 2학년 때부터 대학원까지 선생의 강의를 수강하면서 선생의 인물에 대한 파악이 조금씩 이루어져 갔다.

　　서산 정석해 선생은 국운이 기울어 가던 19세기말 평안북도 철산에서 태어나 선천 신성학교와 서울의 연희전문학교 문과에서 수학하던 중, 기미년 3·1 만세운동에 참여한 관계로 학업이 중단된다. 중국 망명의 길에 오른 선생은 그 뒤 독립운동에 가담, 위험을 무릅쓴 비밀 활동을 전개하다가 유럽 유학의 길을 택해 20년이라는 긴 세월을 학문을 하며 조국광복의 날을 기다린다. 1939년 제2차 세계대전의 발발로 귀국하기에 이르나, 곧 일인들에게 붙들려 5년간의 세월을 연금, 여행 통제 하에 보내게 되며, 해방이 되어서야 겨우 연대에서의 교수 생활을 시작한다. 천신만고 끝에 대학교수로서 강단에 섰지만, 선생의 교수 생활은 5·16 군사쿠데타에 의해 종지부를 찍고, 다시 험난하고도 곤고한 만년을 보내게 되었고, 1996년 여름, 이국 땅 미국 LA에서 사연도 많고 한도 많은 그의 일생을 마감하였다.

서산 선생은 우리가 잊을 수 없고, 또 잊혀져서도 안 될 분이다. 그 이유는 분명하다. 선생은 이 민족의 현대사의 자랑스런 오대 사건—기미년 3·1 독립만세운동의 학생시위 주모자의 한 사람이요, 4·19 혁명 당시 자유당 독재정권의 붕괴에 결정타가 된 '4·25 교수데모'의 주도적 인물이었기 때문이다. 뿐만 아니라, 선생은 20년대에서 30년대에 걸친 긴 세월을 유럽에 유학하여, 일본 학계를 경유하지 않고 서양철학을 본바닥에서 수학한 후, 해방된 조국의 대학 강단에서 강론한 우리 철학계의 원로이며, 근 40년 전 대학 민주화 운동을 선도한 장본인이기도 하다. 실로 선생은 순수한 학자요, 민족독립 운동가이며, 반독재 민주화 실천운동의 투사이셨다.

선생의 인간됨을 잘 이해하기 위해서는 그의 청소년기로부터 장년에 이르는 국내외에서의 학생시절, 기미년과 독립운동, 광복 후의 교수생활 등 긴 서술이 필요하겠으나, 지면상 필자는 이 모두를 생략하고, 필자와의 만남이 이루어진 후 선생의 후반 인생 40여 년의 일을 소재로 회고해 볼까 한다.

필자도 어언 정년을 바라보는 나이가 되었지만, 학생시절과 교수시절을 통틀어 아직껏 스승 정석해 선생만큼 냉철하고 결연하며, 또 무서운 원칙의 화신으로 비친 인물을 대해 본 적이 없다. 이건 그 동안 살아오면서 국내외 어디에서건 그런 인물을 보지 못했음을 고백하는 말이다.

선생이 이토록 쉽게 범접할 수 없는 인물임은 그의 과거 행적—기미년 때의 학생운동과 항일독립운동, 그리고 오랜 외지에서의 고학 생활 등에도 기인하겠지만, 어쨌든 그의 확고한 소신과 자신감이 웬만한 일에 단호하고 당당한 기세를 품게 한 데 연유한 것이 아닌가 한다.

선생은 불의와 불합리성엔 아예 역겨워 참지를 못할 만큼 기개와 의리의 인물이었던 만큼 교수로서 학내외 어디에서고 정당화될 수 없는 관행엔 늘 저항했다. 이 올곧은 선생의 성품이 저 유명한 '4·25 교수데모'의 거사를 추동시키고 이 나라 민주화의 횃불을 들게 했던 것이나 선생은 나라의 한 양심, 학계의 원로로서 그 당시의 상황을 대하여 심각한 고뇌와 번민에 휩싸여 있었음을 알 수 있을 것 같다. 이때의 심경을 선생은 이렇게 진술하고 있기 때문이다.

"… 20일, 각 병원에 입원된 학생들의 소식이 전달되어 왔다. 나는 우울한 마음을 금할 수 없었다. 독재자로부터 자유와 민권을 회복하려고 학생들은 자기의 피와 생명을 희생하였구나 하고 생각하면 할수록 나는 선생이라는 자신이 부끄러웠다. 이날 11시경, 서울역 앞에 있던 세브란스 병원에 입원한 학생들을 찾아가 보니, 인간으로서 차마 보지 못할 가련한 정경이었다. 집으로 돌아오는 길에 우울한 기분으로 혼자 생각하니, 부상하여 신음하는 학생들의 모습이 눈앞에 어리면서 '너는 무엇을 하고 있느냐' 하는 소리 없는 양심의 소리가 나를 괴롭혔다."

선생 일생일대의 가장 중요한 행적으로 여겨지는 이 4·25 교수데모는 선생의 이 억누를 수 없이 끓어오르는 의분과 동지 이상은 선생(당시

고려대학교 교수)의 깊은 생각이 모체가 되어 성사한 것이다. 그 뒤 선생은 한 공식 석상에서 4·19를 혁명으로 규정하고 이 정권의 중심세력이 아직 남아 있는 데 이 혁명 최대의 비극이 있다고 갈파했는 바, 시간이 흐른 오늘에 봐도 선생의 이런 통찰은 정말 정곡을 찌른 예리한 판단이었음이 입증되고 있다. 선생은 위험한 모험을 다하면서도 그걸 자신이 했다고 말하는 적도 없으려니와, 그 보상과 대가를 기대하는 이도 전혀 아니었다. 사실 정부의 어떤 자리에 천거된 적이 없지 않았지만, 선생은 일언지하에 거절했다. 이런 점에서 교수를 하면서 또 학자의 생애를 산다고 하면서 늘 바깥 벼슬자리에 마음과 눈을 빼앗기고 기회를 보는 상당수 교수 학자연하는 이들과는 아예 그 유가 다른 분이 선생이었다.

그러나 이렇게 학내외 일에 성실하게 열중하던 선생이 학원에서 떠나야만 할 사건이 일어났다. 1961년 5·16이 나고, 그해 가을 군사정권은 교육에 관한 임시특례법이란 걸 발표했는데, 이에 의하면 교원의 정년제를 60세로 하고, 교수회의 동의를 필요로 하던 총학장 및 교수의 임면절차를 개정, 교수회의 동의권을 삭제해 버리고 만 것이다. 교수회의 기능을 인정치 않음은 학원민주화에 쐐기를 박은 처사였을 뿐 아니라 정년을 65세에서 60세로 끌어내린 처사는 당장 선생과 같은 분의 퇴임을 선고하는 것임에 다름 아니었다.

이와 같이 하여 당시 양식 있고 기개 있는 학계 원로들, 우리 역사에서 항일독립운동의 뚜렷한 공로가 있는 투사·학자들, 어디에 내놓아도 자랑스런 인격자들은 졸지에 학원 밖으로 몰려나고 말았다. 선생은 나라와 민족을 위해 하고 싶은 일을 젊은 학생들을 상대로 학원에서 성취해 보고자 자신의 모든 것을 바쳐 왔기에, 이 돌연한 퇴직은 천만 뜻밖의 일이요 따라서 심각한 유한을 간직케 했을 것이다.

선생은 자신의 맡은 바 책무에 너무도 열중하는 성품이라 연대 이외의 어느 다른 학원이나 이권과 관련을 가져본 일 없었으니, 청빈한 선비의 예고 없던 이 퇴임은 청천벽력과도 같은 것일 수밖에 없었다. 이런 일엔 너무도 준비가 없었던 분이었기 때문이다. 외지에서도 나라를 찾기까지는 결혼 않겠다는 신념으로 버텨온 선생이 45세에야 만혼을 한지라, 이때 자제들은 아직도 어려서 그 애들 학교 교육시킬 일도 문제였다. 선생이 전임 시절보다 길게, 퇴임 후 강사 생활을 20년이나 하게 된 것도 이러한 가정형편 때문이었다고 여겨진다.

그러나 이런 어려움 속에서도 선생은 대의를 저버리는 이가 아니었다. 그래서 그 후, 선생은 대일굴욕외교반대 재경교수단 선언문 채택과 시위를 주도하고 민주수호회, 민족정기회, 민족통일촉진회 등에 참여, 민주 조국의 정도를 지키도록 하는 데 여력을 쏟으며, 한편으론 예리한 정치비평문을 통해서도 민주주의의 수호에 전력을 기울였다. 이 중에서도 특히 1964년 6·3 사태 이후, 소위 '학원보호법'이 국회에 상정되기에 이르렀을 때, 이를 학원의 존재 이유를 뿌리째 위협하는 음모로 간주한 선생은 그해 『신동아』 9월호에 '학원 감방화의 망상—학원보호법안은 철회되어야 한다'는 표제로 매우 힘차고 조리 있는 명문을 발표했으니, 그 일부를 여기 인용해본다.

"학원보호법안이 실시된다면 학원의 분위기는 어떻게 될 것인가. … 어떤 우둔한 제자로 하여금 스승을 무고할 수 있는 기회를 조장하는 것이니, 그 결과는 사제 간의 경애심을 깨트리고, 서로 불신과 두려움이 가득 차게 될 것이다. 따라서 학원이 도의에서 떨어진 변질적 사회가 될 것이다. 이러고서야 학원에서 어찌 인격도야의 올바른 교육을 기대할 수 있으랴! 인격 형성을 목적하는 학원마저 사제 간 서로 불신의 가시밭이 되어야 하겠는가….".

"사상의 자유와 결사의 자유를 절규하는 오늘날의 학도에게 이런 보호법안 같은 선물은 도리어 그들을 자극할 뿐이요, 아무 효과도 없을 것이다. 이 법안은 마치 아들이 떡을 달라는데 돌을 주며 생선을 달라는데 뱀을 주는 것이다."

"법이 국민의식의 찬동을 받지 못하면 필경 사문화되는 것이다. 학원에서는 권력의 시대가 가고 도의의 시대가 오기를 기다린다."

학생을 믿고 사랑하는 선생의 마음 그대로이다. 대학과 학문, 그리고 학생의 고귀함을 이보다 더 웅변으로 표현하기란 어려울 것이다. 선생은 학문의 자유와 또 거기에서 커가는 학생의 무한한 가능성을 확신하고 있었을 뿐더러 이러한 이상의 전제로서 정치적 독재의 타도와 민주주의의 확립이 무엇보다도 요구된다고 보았다. 선생은 언제나 젊은이들하고 같이 앉아 학문을 담론하는 것을 최상의 낙으로 여겼던 만큼 그들에 대한 신뢰는 전적이고 절대적이었다.

대학 강단이나 회합에서와 같은 공석에서만 본 선생의 면모는 너무나도 엄격하고 진지해서 대개의 사람은 선생이 늘 그런 분이려니 하고 착각하기가 쉽다. 선생의 한 생애가 조국의 독립, 반독재·민주화 운동으로 점철되는 만큼, 그 과제와 사명 때문에 선생의 풍모 또한 여지없이 무겁게 보이는 것도 사실이다. 그래서 선생에 관해 사생활을 말하는 것이 다른 이들보다도 어렵다는 것 또한 사실이나, 이는 선생이 무슨 비밀을 많이 가지고 있고 또 그것을 지키려 해서가 아니라, 도대체 사소하고 구차한 화제를 꺼내 놓기 싫어하는 선생의 성벽 때문이었다.

그래서 집 안팎 어디에서고 선생 댁에 관련된 정보를 얻기란 매우 힘들고, 그래서 그런지 어쩌면 주변사람들로서도 그런 것을 알려는 생각을 별반 지니지 않고 지냈다는 편이 옳을 것 같다. 선생은 생활에 어려움이 이만저만하지 않았을 것이나, 그런 걸 내색한 적이 한 번도 없다. 개인의 문제는 그 개인의 해결 사항이라 여기는 게 선생의 굳은 신조였다. 이런 기미를 잘 알기 때문에 제자들도 선생과 대좌하여 개인 신상 얘기를 화제에 올리지 않는 게 상례가 되었다. 어쨌든 선생은 신변잡기를 펴놓는 흔한 사람들과 다른 데가 있었다. 생각이 크고 깊은 사람들이 가정에서 사소한 화제로 가족과 시간을 보내지 않는다는 건 우리네 전통적인 생활 문화에 비추어 볼 때 거의 상식에 속한다.

사사로움에 매이는 일이 그 생활에서 그리 중요시되고 있지 않은 선생은 그렇기 때문에 정말 공사를 엄격히 가릴 줄 아는 분이었다. 자신만이 이 점을 지키는 게 아니라, 다른 이가 이를 어길 때도 그것을 용서치 않았다. 추상같은 힐책이 따라 나왔다. 그렇다고 해서 선생에게 인간적인 부드러움이 없었다고 여긴다면 그건 큰 오해이다. 공적인 일을 떠나 회중과 같이하는 자리에서 선생이 쏟아 놓는 해학과 위트는 정말이지 멋있는 작품이었다. 이럴 때 함께 먹고 마시는 이들에게 선생은 무한한 즐거움을 선사했을 뿐 아니라 두고두고 잊지 못할 인상을 지워 주었던 것이다.

선생은 일생의 좌우명을 '성실'에 두었다. 학교 밖의 형편이 선생을 늘 필요로 했을망정 학생들과 가져야 할 시간을 축낸 적이 한 번도 없다. 그뿐이 아니었다. 학기말 리포트나 논문을 제출하면 밤을 새우면서까지 읽어 일일이 교정하고 보완점을 지적해 주는 성실한 배려를 잃지 않았다.

선생에겐 보통 과묵한 이에게서 볼 수 있는 무게가 있지만, 필요한 때엔 자신을 표현하는 걸, 그것도 아주 적극적으로 표현하는 걸 주저치 않았다. 선생은 유가적 명분과 서구의 개인주의적 자유주의 내지 합리주의 정신의 훌륭한 복합을 이룬 인물이라고 할 만하다. 구한말에 태어난 선생은 어쨌든 유가적 기풍을 담지 않을 수 없었을 것인 바 그렇기 때문에 서양에서 20년을 살았으면서도 우리네 옛 선비의 기품을 그대로 간직하고 있었던 것이다.

하지만 선생이 유교사회의 영향을 입었다 해서 그저 고식적이고 제도화된 유가풍을 그대로 답습한 것은 결코 아니다. 선생의 생각과 행동에서 우리는 파격적인 면을 꽤 자주 목격했는데, 이는 선생이 바로 형식에 매이지 않는 분임을 잘 말해주는 예일 것이다. 그저 추상적인 명분에 얽매여 아무데서나 요지부동의 경직된 자세를 취하는 게 아니라 문제 자체의 해결을 위해선 오히려 격식이 없이 편의 위주라고 해도 무방할 정도로 자유롭고 개방적인 방식으로 처리하는 게 선생이었다. 쓸데없이 버티고 앉아 어른행세 하려는 일도 없고 격식에 맞춰 일을 해야 한다는 허례허식이 전혀 없었다. 필요하면 손아랫사람도 찾아가보고 일을 처리했다.

선생은 불합리한 제도나 불법적인 힘의 남용을 준엄하게 비판하고 대항하는 용기 있는 사람이었음에도, 한 번도 그와 같은 일을 무리하게 또 떳떳치 못하게 행한 적이 없었다. 실천적 행동인임을 그렇게 적시에 증명하면서도 조금도 거칠거나 사리에 어긋나는 방식에 의존한 적이 없었다. 아무리 위험이 따르는 일을 하더라도 정정당당한 일임을 자각한다면 용기를 가지고 소신 있는 표현에 의지해야지, 비열하게 또는 컴컴하게 흉계, 음모, 무법한 폭력 등에 의지해서는 안 된다는 것을 철칙으로 여긴 선생의 인간됨을 잘 알게 한다. 올바른 일을 생각하는 일에서 시작하여 그 일을 시행하는 것도 인격의 표현임은 물론, 이와 같은 일이 요청될 때 주저하지 않고 표현하는 것도 역시 인격의 완성엔 필수적이라 여겼던 것이다. 그렇기 때문에 선생은 인격에 훼손이 되도록 하는 어떠한 변칙적인 사고도, 또 그 실행방식에도 동의하지를 않았다. 무슨 일이건 그 사람이 왜 그런 일을 하는가가 분명해야만 했다. 그래서 젊은이들을 책망하는 경우 선생은 격앙된 어조로 "젊은 사람이 왜 분명치가 않느냐" 혹은 "현대인이 그렇게 불분명해서야 되겠는가"라는 표현을 자주 썼다.

그러므로, 선생이 제자들에게 지나칠 정도의 강훈과 질책을 서슴지 않은 것도 그 이유는 분명하다. 다른 이들에겐 그렇게 관대한 선생이 제자들에겐 양해나 용서를 빌 수 없는 무섭기만 한 존재로 보였던 것도 그들의 분발을 촉구하는 선생의 기대이다. 사람이 되는 길이 뼈를 깎는 아픔과 한쪽의 희생이 없이 거저 되지 않는다는 사실을 깊이 새겨두도록 하는 그 무엇이었다고밖에 볼 수가 없다.

선생이 자기의 제자를 어디 추천하지 않은 것은 널리 알려진 얘기다. 밖으로 천거하지 않을 뿐만 아니라, 학교 안에서도 다른 학교 인사가 천거해 온 이의 큰 흠이 없는 한, 그것부터 고려의 대상이 되는 수가 종종 있었다. 이런 점에선 선생의 직계는 항상 손해를 볼 각오가 되어 있어야 했다. 웬만한 상식으로는 도무지 납득이 가지 않을 일이다. 그러나 선생은 그와 같은 인생관을 지니고 있었을 뿐만 아니라 많은 비난과 비판의 소리를 들었을 것임에도 그 같은 자세를 평생 고수했던 것이다.

오늘날 우리 사회에선 '제 사람 만들기'에 혈안들이다. 제 자식, 제 계통 사람, 무리를 해가며 밀어 넣는 일은 고사하고, 어디서 흘러 왔건 온갖 수를 다해 자기 쪽 사람으로 만들고자 경쟁적이다. 선생은 그 자신의 장래 문제와 결부시켜 자기 울타리를 만들어간 이도 아니며, 또 그 같은 옹졸하고 꾀죄죄한 생각을 속에 품은 적도 없었다.

선생은 분명히 자신의 후일을 편하게 하고자 그 생활을 전략화하는 요즘의 '똑똑하고 현명한' 인사들과는 유를 달리하는 이였었다. 나라의 일, 민족의 문제가 우선하던 시절을 살아온 지금 90세 후반 이전의 이들에서 흔히 보이는 사소한 일로부터의 초탈, 개인적인 비운을 굳이 도모하기라도 하듯, 늘 '오늘'의 일에 전념하는 학생적인 몰입을 선생에게선 쉽게 감지할 수가 있는 것이다. 현실을 살면서 그것을 무사 공정하게 보고자 하고, 이 세상을 열심히 산 탈속의 경지를 선생의 생애에서 직시할 수가 있는 바, 그래서 우리는 선생 앞에선 머리를 숙이게 되는 것이다.

우리 사회에서 지양되어야 할 병폐 중의 하나는 더러운 '정분의 덕'이다. 정당성 여부가 새김질되고 확증되기도 전에 서둘러 모두들 제 '울타리'를 짓기에 바쁘고, 또 그렇게 해서 '국지화된 논리'의 조작에 광분하고들 있는 시점에서 선기(禪氣)를 느끼게 하는 선생의 고고한 삶의 자세는 오히려 후학이 두고두고 되새길 올바른 지침의 값을 하리라고 믿는다.

선생에게 있어 개인의 완성이란 과제는 개인의 문제 영역 안에서 처리될 수 없는 그 이상의 것과의 관련성을 지닌다는 것은 너무도 명백하다.

선생은 늘 '개인보다 큰 것', 이를테면 사회, 국가, 대의명분, 이상 등과 하나가 되지 않는 자신을 용납조차 하지 않았다. 소시에 이미 항일독립운동에 투신함이 이 때문이었으며, 귀국 후 반독재·민주화 운동에 뛰어

들지 않을 수 없었음이 또한 이런 연유에서였다.

이러한 숭엄한 이상에 헌신하려는 데서, 가사를 윤택하고 안녕되게 꾸리지도 못했으며 부모 형제를 돌보지도 못했다. 선생은 광복 후 고향 철산의 부모를 서울에 모셔 오지도 못하여 이산가족의 아픔을 지녔었을 것임에도 평생 집안 얘기를 꺼내는 걸 보지 못했다. 집안일보다는 학교 일이요 학내에서도 학과 일보다는 대학 전반의 일, 또 대학보다는 나랏일, 이렇게 선생의 관심사는 항상 대사(大事)를 우선하여 살아왔기 때문에 그 앞에서는 많은 작은 일들이 뒤로 물려지지 않을 수 없었던 것이다.

이를 두고, 혹 자신의 기반이 주축되지 않은 환상가의 작태라고 비난할는지 모른다. 그러나 그건 오늘의 병폐인 '이익사회'의 잡념이요 편견이다. 간계를 지혜로 착각하고, 참다운 지혜와 신성한 희생을 우둔시하며 우롱하는 썩은 사회의 눈이다. 남이 두려워하고 몸을 빼는 일에 대신 나서고 그러고도 아무런 보상과 논공행상을 기대하지도 않으며, 잘 한 일을 감춰 두고 본무에 성심성의를 다하는 선생의 의연한 태도에서 우리는 실로 '초절의 숭고함'마저 느낀다. 선생의 심금을 울리고 일생을 좌우한 동력은 그렇기 때문에 이같이 참으로 크고 위대하며 숭고한 것의 존재에 대한 경외심이 아니었는가 한다.

연세대학교에는 일찍이 석두(石頭)라는 별명이 학생들 간에 떠돌아다녔다. 세 사람을 가리켜 '3석두'라 했다. 한결 김윤경 교수, 서산 정석해 교수, 그리고 매당 심인곤 교수. 더러는 심 교수 대신 외솔 최현배 교수나 또는 수학자 장기원 교수를 드는 이도 있지만, 세 분의 인격성을 감안할 때 심 교수가 의당 적절하다. 마치도 성자 같은 용모에 온유하기가 이를 데 없으며, 그러면서도 학생 단 하나라도 데리고 강의를 강행하는 한결의 성실성. 불같은 성격에도 뒤가 없으면서 대의원칙에 철저한 서산의 냉엄함. 동서명구를 대치시키며 유려한 강론으로 청중을 매료하는 단아한 매당의 고고한 멋. 이들이 교단을 지키던 시절의 연대 학생이라면 누구도 학창시절의 이 세 사표를 생각지 않는 이가 없을 것이며, 또 그들에게 붙어 다니는 '석두'의 별명을 잊지 않고 있을 것이다.

그들은 그 강한 개성에도 불구하고 원리원칙의 사람들이요, 작은 일과 큰일을 구별할 줄 알고, 매사에 철저하면서도 큰 그릇에서나 풍기는 그윽한 인간미를 품고 있는 이들이었다. 그러므로 '석두'란 피상적으로 머리가 나빠 '석두'가 아니라, 속된 사람의 속된 방법으로 뚫리거나 넘어가지를 않는 중심이 있다는 의미의 '석두'들이었던 것이다. 이런 뜻에서, 그들은 흔한 돌이 아니라 정말 기품 있는 금강석과 같은 돌이었다. 공교롭게도 이 세 분은 연희강단에서 5·16 후 함께 같은 날 떠나게 되고 물론 그들에 어울리는 행복한 만년을 보내지 못했던 것 또한 공통된 점이기도 하다.

『나의 선생님』, 인간과자연사, 1997.

274

정석해 선생의 『진리와 그 주변』

박상규

정석해 선생님은 금년 봄 『진리와 그 주변』이란 제하에 주로 현대철학 사상을 정리 소개한 자그마한 책자를 펴내었다. 1951년에서 1977년에 이르는 4반세기 동안 잡지관계자들이 힘들여 얻어낸 16편의 글을 한데 모아 놓은 것이다. 평소에 워낙 글쓰기를 꺼려한 분이라 이 이외에 어딘 가 몇 편 더 있을 것을 제외한다면 80평생 활자화한 바의 거의 전부에 해당하리라 본다.

사상의 명석성과 독창성을 중시하고 표현 스타일에 있어서까지 까다 롭기 이를 데 없었던 선생이 웬만해선 자기를 글로 나타내려 하지 않았 음은 '글이 곧 사람'이라는 옛말에 너무도 충실했던 것이 아닌가 한다. 그러기에 부끄럼 없이 자기과시를 능사로 하는 오늘의 현실에서 선생의 글은 특히 값진 바 있는 것이요, 따라서 이 조그마한 책자의 발간에 우 리는 특별히 반갑고도 다행스런 마음을 숨길 수가 없다.

『진리와 그 주변』은 두 가지 종류의 글로 분류된다. 하나는 선생께서 강단에서 학생들과 서로 토론한 문제와 현대철학사상을 소개하기 위해 행한 강연 내용을 정리한 논문들이요, 다른 하나는 선생께서 한평생 외 면할 수 없었던 현실참여의 체험을 회고하는 역사적 자료들로서 그간

몇몇 잡지에 발표되었던 것들이다.

일찍이 1920년대에서 30년대에 걸쳐 프랑스와 독일에 유학, 수학과 철학, 경제학과 심리학 등 현대 학문에 대한 폭넓은 지식을 흡수하여 2차 세계대전 종료 직전부터 근자에 이르기까지 삼십 수년 동안 연세대학 학생들에게 깊고 큰 영향을 끼쳤던 선생의 중심 과제는 물론 논리학과 인식론에 있었던 바 본서에 수록된 「변증법의 거류」 「시간과 자유」 「인식론」 「학문과 진리의 문제」 「도식과 형상」 「인식으로서의 역사」 등은 바로 그와 같은 사실을 확증해 준다. 주의 깊은 독자는 이들 논문 가운데서 선생이 칸트와 베르그송의 영향이 특히 크다는 것을 발견할 것이다.

그러나 또 하나의 관심사였던 현실적 부정에 대한 탄핵과 투쟁 등 '앙가쥬망'의 일생은 선생의 논리적이고 과학적인 철학의 배경과 어떻게 연결지어질 수 있는지 가끔 후학들에 의해 의문시되어 왔다. 그럴 때마다 럿셀의 경우와 선생이 유사한 점을 지니고 있다는 것, 즉 전자가 수학과 논리 및 인식론에서 출발, 빛나는 업적을 쌓아 가면서도 한편으론 세기의 이슈를 놓치지 않고 발언을 계속, 과학적인 정신에 입각한 비판적 태도가 학문으로서의 철학과 생활로서의 철학에 다 같이 관철되어야 함을 보여준 예를 상기케 한다.

우리는 『서양철학사』의 역자이기도 한 선생께서 이성과 양식에 입각한 자유사상가로서의 전자의 스타일을 같이 나누고 있는 바를 분명히 보고 있으며, 이 점 「사회와 개인」, 「현대위기와 휴머니즘」, 「현대의 한 자아관」, 그리고 「참다운 인간상의 모색」, 「역사의 운명」, 「서양인의 인간관」 등 사회와 인간에 대한 현대철학적 조명 속에서 명쾌하게 드러나고 있음을 간파할 수가 있다. 이와 아울러 "사람은 자기의 결정과 행위에 따라 자기를 '도척으로도 불타로도' 만들 수 있다. 여기에 인간의 자유와 가능성이 있는 것이다"(p. 26), "자유라는 것은 절박한 상황에서 회피하려는 것이 아니라, 반대로 현실에 참여하고 미래를 건설하는 힘이다. 각 개인의 인격은 행동하는 데서 이루어지는 것"(p. 145)이라고 하는 대목은 또한 싸르트르적인 '결단'을 촉구하는 것이라고도 하겠다.

철학은 이미 그 초기단계에서부터 '지'(知)와 '행'(行) 즉 이론과 실천(테오리아와 프락시스)의 통일과 합일을 이상으로 여겼거니와, 그럼에도 불구하고 이 양자의 괴리가 두드러지고 있는 현대적 상황에서는 그들의 조화와 통일을 이룩한 철학자의 상이 못내 아쉬운 터이다. 이런 점에서 선생의 저서는 고뇌와 갈등을 안고 있는 젊은이들에겐 이 가을에 더없는 값진 선물이 되리라. 선생은 책명을 『진리와 그 주변』이라 이름 했다. 과연 진리는 선생의 책 속에서 '지'의 부분인가, '행'의 부분인가? 진리의 주변에 지나지 않는 것은 그의 지일까 아니면 행일까? 선생에겐 이런 문제가 있을 수 없을 것이다. 왜냐하면 선생과 같이 학문과 생활이 인격화한 분에게는 주변적인 현상마저도 결코 중심에서 벗어나고 있지를 않을 것이기 때문이다. (1981)

『영혼과 상처』, 동과서, 1999.

인물의 재발견: 정석해

박의수

『흥사단 인물 101인』을 발간하는 과정에서 피상적으로 알았던 인물들에 대해서 새롭게 알게 되었다. 특히 서산 정석해 박사의 삶은 필자에게 큰 행사가 있을 때 먼발치에서 몇 번 뵌 적이 있으나 늘 조용한 학자풍의 모습에서 많은 원로 단우 중의 한 분으로만 생각했었다. 그분이 돌아가셨을 때는 단에서조차 『기러기』에 몇 줄의 기사로 부음을 알렸을 뿐이다. 지금이라도 정석해 박사의 삶과 정신을 재조명하는 계기가 되었으면 하는 바람에 이 글을 올린다.

서산은 1899년 4월 24일 평안북도 철산군 여한면 문봉리에서 태어나 고향에서 소학교를 마치고, 선천의 신성중학교에 입학했다. 어려서부터 특별히 수학을 좋아했던 그는 실력 있는 교사로 바꾸어 달라고 학교에 건의했으나 받아들여지지 않자 학생들과 시위를 했고, 3학년을 수료하고 결국 소요사태의 주동자로 퇴학당하고 말았다. 그 후 상경하여 1917년 3월 연희전문학교(연세대학교 전신) 수학·물리학과에 입학했으나 강의 수준에 실망하여 곧 문과로 옮겼다.

3·1운동이 일어난 1919년 3월 서산은 연희전문학교 2학년이 끝나가고 있었다. 당시 유일하게 인정된 학생자치단체인 YMCA학생회 회장

을 맡고 있던 그는 파고다 공원에서 독립선언이 있을 것이란 연락을 받고 현장으로 가서 만세 운동에 참여했다. 다음날 아침 학교에 가서 학생들과 앞으로의 전략을 논의하고, 친구 2명과 함께 학교에서 등사기와 종이를 가지고 자신의 하숙방에 가서 독립선언문 4,000매를 인쇄했다. 그 중 몇 매를 자신의 고향 철산의 유지 유봉영에게 우편으로 보내 만세운동을 독려했다. 그리고 3월 5일 서울역과 남대문 일대에서 독립선언문을 배포하며 만세운동에 앞장섰다.

삼엄한 경찰의 검거와 감시망을 피하여 은신해 있다가 서산은 고향을 거쳐 3월 18일 압록강을 건너 중국 안동현으로 갔다. 그 후 서산은 1920년 6월 상해에 가서 고향 친구 임득산의 소개로 도산을 만나 흥사단에 입단했다. 민족운동을 하더라도 늘 자아의 성장을 위한 공부를 게을리 해서는 안 된다는 도산의 말씀을 듣고 중단했던 학업을 계속하기로 결심하고 11월에 상해에서 배를 타고 프랑스로 갔다. 마르세유에 도착하여 기차로 파리에 도착한 것이 12월 14일이다.

그로부터 10년 동안 서산은 고된 노동으로 생활비를 벌면서 프랑스어를 공부하고 독일의 뷔르츠부르크와 베를린 대학에 갔다가 다시 파리 대학에 입학하여 1930년 10월 철학박사 학위를 받았다. 졸업은 했으나 오갈 데 없는 망국인의 한을 안고 파리에서 연구 생활을 계속해야 했다. 1939년 제2차 세계대전이 일어나 파리의 상황도 불안하게 되어 귀국을 결심하고 12월 21일 부산에 도착했다. 그러나 3·1 운동의 전력 때문에 일경의 감시 하에서 아무 일도 할 수 없었다.

1945년 8월 15일 꿈에 그리던 광복을 맞았다. 바야흐로 50여개의 정당이 난립하는 '정치의 계절'이 되었다. 서산은 친분 있는 정치지도자들의 유혹을 뿌리치고 교육자의 길을 택했다. 고려대학교로 오라는 김성수의 간곡한 권유를 뿌리치고, 흥사단 동지 김윤경의 권유로 모교인 연세대학교 철학과 교수로 부임했다. 교수 인력이 부족했던 시절이라 학과장, 학생처장, 교무처장, 문과대 학장 등의 보직을 맡아 보면서 교육에 전심하는 동안 교환교수로 미국 하버드대와 예일대를 시찰하고, 한불협회 초대 이사장을 맡아 프랑스와 민간외교에 선구적인 역할을 했다.

격무에 시달리면서도 그는 언제나 사명감을 가지고 원리원칙에 충실했다. 그러나 그를 더 괴롭히는 것은 총장의 독단과 재산관리자의 부정, 학생의 부정입학 등 불합리한 학교 운영과 맞서 싸우는 일이었다. 서산은 1949년 교무처장 재직 당시 학력을 속이고 부정입학한 31명을 퇴학시켰고, 그로 인해 생명을 위협받기도 했다. 1960년 4월 19일 서산은 시위 학생들과 함께 경무대 앞까지 갔고, 경찰의 총격에 피를 흘리며 쓰러지는 학생들을 목격했다. 자칫 독재정부가 전력을 정비하여 반격을 가하면 피가 헛되이 돌아갈 수 있다는 위기감에서 서산은 고려대학교 이은상·이종우 교수와 은밀히 대책을 논의했다. 그 결과 4월 25일 서울대학교 교수회관에서 200여 명의 교수가 모여 시국선언문을 발표했고, 사상 유례 없는 교수들의 가두시위가 이루어졌다. 그것은 다음날 이승만 대통령이 하야성명을 발표하고 자유당 독재를 종식시키는 결정적 계기가 되었다.

그 후에도 서산은 대학 내의 비민주적 요소를 개선하기 위하여 연세대학교 학원민주화 투쟁에 앞장서기도 했으나 5·16쿠데타로 뜻을 이루지 못했다. 1961년 9월 '교육에 관한 임시특례법'에 의하여 60세가 넘은 이용설, 김윤경과 함께 그 역시 퇴직을 당했기 때문이다. 학문적으로는 유럽 철학을 한국에 소개한 선구자요 개척자로 평가된다. 번역서로 러셀의 『서양철학사』와 무어의 『윤리학 원리』 그리고 저서로 『진리와 그 주변』을 남겼다.

"사적인 대담에서는 호방하리만치 인간미 넘치는 선생이 싸늘하고도 차디찬 모습으로 일변하는 건 공적인 일에 임할 때이다. 변칙을 싫어하다 못해 거기에 대해 억누를 수 없는 혐오감을 갖는 선생은 때가 어느 때건 자리가 어디건 간에 주위를 경악케 하는 언설을 쏟아 놓는다." 평생을 가까이 한 제자의 말이다.

4·19 직후 프랑스 대사로 거론되었을 때, 그는 "프랑스 유학시절의 나는 거지나 다름없었소. 대사란 그 나라의 얼굴인데 거지가 대사로 왔다면 그 나라 사람들이 대한민국을 어떻게 생각하겠소?" 하며 거절했다는 일화가 있다. 작은 공도 침소봉대하여 과실을 챙기려는 자들이 귀담아 들어야 할 것이다.

서산 정석해! 그의 파란만장하고 드라마틱한 삶을 통해서 '행동하는 지성인'의 참모습과 '선비 정신의 계승자'의 면모를 보게 된다. 시대를 초월하여 흥사단이 추구해야 할 이상적 인간상이 아닐까?

『기러기』 526, 2016년 1, 2월호, 흥사단 본부

V

추도사

은사 정석해 선생님의 서거를 애도하며

박상규

지난 5월, 사모님의 타계소식을 듣고 놀라움이 채 가시기도 전에 선생님마저 이승을 등지셨다니 이 무슨 말인가? 도무지 믿어지지가 않는다. 석 달 전 국제전화로 조문을 할 때만 해도 듣기가 어렵다 하시면서도 변함없는 그 건강한 음성을 들려주시더니 도대체 어찌된 일인가? 그토록 개인적 곤경에는 의연함과 강인함을 보이시던 선생님도 '자연'의 섭리 앞에선 어쩔 수 없었던 말일까? 7년 전 선생님의 『전기』[『서산 정석해: 그 인간과 사상』을 말함―엮은이]를 마련하여 90회 탄신 기념으로 헌정할 때에도 비행기로 태평양을 가볍게 넘나드시는 모습을 보고 백 세를 넉넉히 살아내시리라고 여겼었다. 구십팔 세의 천수를 누리셨다면 사람들은 더 바랄 게 뭐냐고 할는지 모르나, 선생님은 그래도 '더 사셨어야 하는 건데' 하는 아쉬움과 허전함이 떠나지를 않는다. 참다운 어른의 모습이 사라진 요즘, 선생님의 존재는 남다른 데가 있기 때문이다.

한 사람의 기구한 운명은 본인의 책임인가 아니면 그 시대와 사회의 조화인가? 훌륭한 인물의 고난의 역정을 곱씹어 볼 때마다, 이는 늘 불가사의한 의문으로 남는다. 서산 정석해 선생님은 이제 이 세상을 떠나셨다. 굳이 세인의 관심과 주의를 따돌리고 스스로 은둔의 자리를 원하

신 선생님이지만, 잠시 추념의 기회를 갖는 것은 마땅히 해야 할 우리의
의무이다.

　선생은 지난 세기 말인 1899년, 평북 철산에서 태어나 선천 신성학교
를 거쳐 서울의 연희전문학교에서 신학문을 닦던 중 기미년 독립만세
운동에 연루되어 부득이 20년이란 기나긴 망명생활의 고초를 겪게 되
었다. 이 동안 선생은 독일과 프랑스에서 정치·경제·사회학·심리학
은 물론 수학과 철학 등 광범위한 분야의 학문을 연구, 후일 일본을 경
유하지 않고 서양 학문을 이 나라에 수입한 최초의 인물 중의 한 사람이
되었다 그러나 유럽에서 설령 학생의 신분이었다고 해도, 단순히 학생
일 수만은 없는 비애를 지니고 있었던 것은 기미년 독립운동의 연전 학
생시위 주모자의 한 사람이었던 선생의 머릿속에선 항일 민족독립운동
의 과제가 지워지지를 않았기 때문이다. 유럽에 제2차 세계대전의 전운
이 감돌던 1939년 귀국 길에 올랐으나, 상해에서 변절한 옛 동지의 밀
고로 체포되어 국내에 압송된 후 해방이 되기까지 불온 인사로서 만 5
년 이상을 연금 및 여행통제 조치에 얽매여 갖은 고초를 다 겪었다. 광
복 후엔 어지럽던 이 사회의 재건이 무엇보다도 미래를 젊어질 청년교
육에 있다고 보고 연세대학교 강단에 서게 되었지만, 자유당 정권과 박
정희 정권의 독재는 선생의 의분을 다시금 부채질하게 되어, 4·19혁명
당시 독재정권의 붕괴를 앞당긴 4·25 교수데모에서의 주도적 역할, 또
5·16 이후 박 정권의 대일굴욕외교 반대 재경교수단 선언문 채택과 시
위를 주도하고 민주수호회 결성에 참여하는 등, 선생은 정치비판 활동
의 제 일선에 나섰던 것이다. 그러나 학계 원로 등의 이 같은 의기를 꺾
고자 박 정권은 돌연 교수 60세 정년제를 발표하였으니 졸지에 강단을
잃은 선생의 심정은 참담하기 그지없었다. 선생은 오랜 망명생활에서

귀국한 후, 일제가 요시찰 인물로서 취급했으므로 취업도 못하고 해방이 되어서야 겨우 교수생활을 시작하였는데, 61년 박 정권의 출현과 함께 나온 이런 조치는 그토록 오랜 학문의 연구에도 불구하고 선생이 기껏 15년밖엔 교직에 있을 수 없게 한 결과가 되었으니, 얼마나 허무하고 애석한 일인가? 게다가 선생은 40대 중반에야 만혼을 한 형편이니, 아직 어린 세 아이의 양육 문제도 없지 않았다. 워낙 원칙대로 살아오신 선생인지라 생업을 위해 다른 일을 한다는 건 생각도 못했으니 얼마나 난감했을 것인가?

선생은 60년대 초 학내외로 아주 많은 활동을 하셨는데, 그 와중에서 고혈압으로 쓰러지시고, 그 뒤에도 몇 번 더 어려운 고비를 맞으셨으나 그럴 때마다 다행히 그런 위기를 극복하여 얼마 전까지도 철학의 전문서적(양서)을 읽어나가는 시력을 과시하셨다. 쩌렁쩌렁한 음성과 활기찬 걸음걸이 등 정말 천혜의 건강을 지녔던 분이다.

학생 비위 잘 맞추는, 요즘 흔히 볼 수 있는 선생이 아니라, 정말 무서운 선생, 그러면서도 사석에서 노소동락할 줄 아는 기품 있는 인간미, 좌중을 흔드는 의미심장한 해학, 신중하고 깊이 있는 생각과 과단성 있는 실천력 등 선생 특유의 미덕은 시간과 거리를 두고 음미하면 할수록 아름답기만 하다.

옛것의 고결함을 지니면서도 창발적인 신선함을 높이 산 선생의 품격과 멋은 가히 이 나라 어른 중의 어른이었음을 의심치 않게 한다. 이제 선생은 우리와 유명을 달리했으니, 저승에서 공정한 평가와 복락을 길이 누리소서. (1996. 8. 19.)

『영혼과 상처』, 동과서, 1999.

고 서산 정석해 선생님 추모사

박상규

연세대학교 철학과 창설 50주년 기념을 당하여, 그 창설에 초석을 놓고 전임 15년, 강사 20년, 도합 35년 동안 연세 철학과의 실질적인 주역으로서, 또 그리고 상징적인 인물로서 우리에게 깊은 족적과 영향을 미친 서산 정석해 선생님을 잠시 추모하도록 합시다.

우리의 큰 스승이며 참 스승이셨던 선생님은 전세기 말인 1899년 평북 철산에서 태어나, 선천 신성학교를 거쳐 서울의 연희전문학교에서 신학문을 닦던 중 기미년 독립만세운동에 연루되어 부득이 20년이라는 기나긴 망명 생활의 고초를 겪게 되었습니다. 이 동안 선생은 독일과 프랑스에서 정치, 경제, 사회학, 심리학은 물론 수학과 철학 등 광범위한 분야의 학문을 연구, 후일 일본을 경유하지 않고 서양 학문을 이 나라에 수입한 최초의 인물 중의 한 분이 되셨습니다. 그러나 유럽에서 설령 학생의 신분이었다고 해도 단순히 학생일 수만은 없는 비애를 지니고 있었던 것은 기미년 독립운동의 연전 학생시위 주모지의 한 사람이었을 뿐 아니라 탈출 후에도 중국과 고국을 넘나드는 한 독립운동 조직의 일원이었던 때문입니다. 선생의 머릿속에선 항일 민족독립운동의 과제가 지워질 리가 없었던 것입니다.

유럽에 제2차 세계대전의 전운이 감돌던 1939년 귀국길에 올랐으나 상해에서 변절한 옛 동지의 밀고로 체포되어 국내에 압송된 후, 해방이 되기까지 불온인사로서 만 5년 이상을 연금 및 여행통제 조치에 얽매여 갖은 고초와 수모를 다 겪었습니다. 해방 후엔 어지럽던 이 사회의 재건이 무엇보다도 미래를 젊어진 청년 교육에 있다고 보고 연세대학교 강단에 서게 되었지만, 자유당 정권과 박정희 정권의 독재는 선생의 의분을 다시금 부채질하게 되어, 4·19혁명 당시 독재정권의 붕괴를 앞당긴 4·25 교수 데모에서의 주도적 역할, 또 5·16 이후 박 정권의 대일굴욕외교 반대 재경교수단 선언문 채택과 시위를 주도하고 민주수호회 결성에 참여하는 등, 60년대 초 선생은 정치비판 활동의 제 일선에 나섰던 것입니다 그러나 학계 원로들의 이 같은 의기를 꺾고자 박 정권이 돌연 교수 60년 정년제를 발표하여, 이 나라의 애국적인 원로교수들을 실직케 했음은 우리가 익히 알고 있는 일입니다.

졸지에 강단을 잃은 선생의 심정은 참담하기 그지없었습니다. 선생은 오랜 망명생활에서 귀국한 후, 일제가 요시찰 인물로 취급했으므로 취업도 못하고, 해방이 되어서야 겨우 교수생활을 시작하셨는데, 1961년 박 정권의 출현과 함께 나온 이런 조치는 그토록 오랜 학문의 연마에도 불구하고 선생이 기껏 15년밖엔 교직에 있을 수 없게 한 결과가 되었으니, 이 얼마나 허무하고 애석한 일입니까? 게다가 선생은 40대 중반에야 만혼을 한 형편이니 아직 어린 세 아이의 양육 문제도 없지 않았던 것입니다. 워낙 원칙대로 살아오신 선생인지라 생업을 위해 다른 일을 한다는 건 생각도 못했었을 것이니, 이 얼마나 난감했을 것입니까?

선생은 60년대 초 학내외로 아주 많은 활동을 하셨는데, 그 와중에서 고혈압으로 쓰러지시고, 그 뒤에도 몇 번 더 어려운 고비를 맞으셨으나, 그럴 때마다 다행히 그런 위기를 극복하여 얼마 전까지도 철학의 전문서적을 읽어 가는 시력을 과시하셨습니다. 쩌렁쩌렁한 음성과 활기찬 걸음걸이 등 정말 천혜의 건강을 지녔던 분입니다.

선생이 연세대 철학과에서 맡아 온 과목은 논리학, 인식론, 형이상학 등 이른바 순수철학 분야였는데, 그 어느 강좌도 관계 문헌으로서 원전의 인용 없이 이루어진 것은 없었습니다. 대학원에서도 마찬가지여서 인식·논리의 주제는 말할 것도 없으려니와 새로운 심리학적 성과와 과학철학 상의 쟁점들, 형이상학과 인간학의 여러 양상들을 무수한 관계 학자들의 논리를 통해 같이 논의함으로써 선생 자신이 1920~30년대에 유럽에서 흡수한 모든 것을 아낌없이 후학들을 위해 털어놓았습니다. 선생의 문제 취급은 너무도 다양해서 서로 엇갈려 정리하기가 쉽지 않고 갈피를 잡기가 어려운 면도 없지 않지만, 선생은 이 서로 모순되고 상치되는 학설과 방법들을 던져서 학생들 사색의 실마리를 제공하고자 했음이 분명합니다. 서로 상충하는 대립적 견해들을 헤치고 학생 스스로가 정리된 생각을 갖추도록 하는 여백과 자유의 허용, 이는 곧 사상의 강요나 정신적 세뇌를 경계하고 자유로운 사고의 실험을 존중·중시하는 '철학하는 것' 바로 이것의 본뜻에도 부합하는 것입니다.

선생의 정신은 자유로웠고 선생의 철학 또한 자유의 철학이었습니다. 언젠가 선생은 "철학은 자성을 하는 것인데, 이 자성을 위해 의식계 깊이 들어가는 것은 결국 직관, 감성의 철학이라고 함으로써 인간 자신의 심층부를 관통해야 한다고 주장한 파스칼, 베르그송의 철학에서 많은 영향을 받았노라"고 술회한 적이 있습니다. 이는 선생을 이해하는 데 매우 중요한 대목입니다. 질적인 것의 양화·공간화를 가져 온 과학적 기계론을 거부하고 순수 지속의 '참자아'의 배경을 드러내는 베르그송의 사상은 이론적 개념들을 미리 설정하여 현실적 구조를 해명하는 것이 아니라, 생동하는 현실을 직관적 명증성에 자리 잡게 함으로써, 결정론으로부터 자유를 구제하고 주체적 실천 내지 행동에의 문을 열어 놓고 있는 것입니다. 이것은 미래에 대해서 열려 있는 자유로운 자아가 참된 인격을 창조하면서 정의로운 행동에의 투신을 가능케 하는 근거인 것입니다.

근대 이후 철학은 의식의 심화 작업에 여념이 없을 정도로 의식화되었음이 사실이지만, 선생은 인간 정신과 의식의 이 같은 추상화, 허구화가 아닌, 인간적인 체취와 숨결이 담긴 의식, 즉 인간주의적이고 리얼리스틱하며 창발론적이기도 한 살아 있는 의식에 이끌렸다고 하는 사실을 알게 합니다.

따라서 선생은 순수수학의 '환영'을 찬탄하면서도 그것이 한낱 허구로서 존재하는 게 아니라 우주의 경이를 드러내는 인간 정신의 노력이라는 것을 확신했으며, 철학적 이론의 세계가 아무리 준엄하고 냉정하려고 해도 그것이 육화된 인간 정신의 성과임을 잊지 않았고, 사회와 역사의 진로가 아무리 질곡과 모순으로 점철되었다고 해도 인간적 노력에 의한 장애의 극복과 창조의 길이 있음을 의심치 않았습니다. '실재'를 대면한 인간적 겸허와 적극적인 '희망'의 '포즈'를 우리는 선생의 자태에서 놓칠 수가 없을 것입니다.

그러므로 선생은 노경에 들어서면서 (특히 1970년대 연세대에서 「인문과학 개론」을 강의하면서) '이론의 자기 논리', '이론을 위한 이론', '이론에 이끌려 노예화된 인간적 궁경' 등에 경종을 울리며, 인간과 학문을 밑받쳐 주고 있는 거대한 현실, 세계, 자연에 대해 더욱 더 깊은 관심을 나타냈던 것입니다. 아무리 의식의 깊은 심연을 내려간들, 인간 의식의 사실이라고 하는 것이 엄연한 진실일진대 사상과 실천적 삶이 자유로운 자아의 약동하는 두 측면에 지나지 않을 것이며, 그런 의미에서 양자는 사실상 서로 대치·상극하는 것이 아니라 제휴·삼투함으로써만이 정당한 사상이요, 실천이 된다고 생각하였던 것입니다. 사상과 실천적 행위가 선생에게서는 근본적으로 불가분리의 하나였던 것입니다.

하나의 사회·역사 철학이 있고 인간학이 있음으로 해서 실천적 행위의 근거가 주어지며 그 연계가 이루어진다고 볼 것이 아니라 이것들이 한 자유로운 인격적 자아의 표징이라는 점에서 불가분리의 것이라고 본 것입니다 이를 분리시켜 생각할 때, 그것은 실천의 이론화일 뿐 실천 자체는 아니요, 오히려 실천에의 이행을 가로막는 장애가 된다고도 여겨집니다. 그것은 단순히 추상적 관념으로서의 '실천'에 머무는 까닭입니다. 과거 우리의 대표적 철학자라는 이들의 경우, 그토록 '현실'을 주제로 하면서도 사실상 이론과 실천의 불통일성을 노정한 예를 목적하면서, 산 경험을 떠난 공허한 관념, 도식적 체계의 맹종적인 수용이 어떠한 오류를 빚는가를 알게 합니다.

요컨대 철학은 다른 학문보다 종당엔 인간 그 자신과 그의 삶에 귀착하는 것인 만큼, '잘한 철학'과 '잘못한 철학'의 외부 세계에 미치는 각각의 영향은 실로 엄청난 것일 수가 있는데, 최근 100년간의 한국 사회와 역사의 과제로 보아 선생은 이 점에서 분명 우리의 모범이요 귀감이 됩니다. 향후 우리 학계를 비롯한 이 사회 전반에 걸친 정통성 시비를 가늠하는 데 있어 선생은 반드시 참조되어야만 할 인물입니다. 오늘날 철학에 있어서도 자생적이고 주체적인 문제와 그 해결을 요구하는 소리가 드높아지고 있는 바 이런 시점에서 볼 때, 선생의 학문과 생애는 이 나라 철학계의 대선배로서 우리의 철학적 정통성 수립에 있어 긍정적인 수용이 있어야만 할 것입니다. 학문과 실천의 관계 수립이 좀 더 확고히 되어야 함은 오늘날 우리 철학계의 지상의 과제인 바, 여기에서의 선생의 위상은 실로 뚜렷하다고 하겠습니다.

선생은 우리 사회에서 학생의 위치와 역할이 역사적으로 얼마나 중요했던가를 알고 있던 귀중한 분입니다. 기미년 3·1 독립만세운동 이래 우리 사회에는 한 잠재세력으로 '학생층'이 출연했는 바, 이들 학생층은 적수공권으로 불의에 대항하되 무기로는 사상이요 이념이라는 것을 강조하시고, 그러나 그들을 움직이게 한 것은 공허한 관념이 아니라 절실한 현실에 근거한 사회적 요구가 신념이 되어 정열적 행동으로 나타났다고 선생은 확신했던 것입니다. 빵만으론 만족치 않고 이념을 먹고 사는 존재로서 학생층을 규정한 선생은 이 학생 세력의 동향이 사회적 진로에 있어 선구적 임무를 다하여 왔던 것이 사실임을 술회하셨습니다. 그런고로 거의 희망이 없어 보이는 좌절과 환멸을 당해서도 "교육이 무엇보다도 가장 중요합니다. 교육밖에는 남는 게 없어요" 하는 가르침을 잊지 않으셨습니다.

유가적 기풍과 사상의 세례를 받은 구시대 사람이면서도 서구적 개인주의와 자유주의적 사상의 긍정적 측면을 배합하여 자유롭고 개방적인 태도로 매사를 처리해가면서도 항상 개인보다도 큰 실체로서의 사회, 이웃을 우선시하는 명분과 이상을 평생 저버리지 않으신 분이셨습니다.

선생은 고난과 역경에서나마 순수한 학자로, 민족독립 운동가이며 반독재·민주화 실천 운동의 투사로서의 한 생애를 멋들어지게 사신 분입니다.

요즘 대학의 중심이 교수에게서 꽤 멀리 떠나 있는 듯한 감을 받는 기이한 상황에서, 선생과 같은 존재는 새삼 그리워집니다. 원칙을 존중하는 엄격성을 지녔으면서도 사석에서는 노소동락할 줄 아는 기품 있는 인간미, 좌중을 흔드는 해학, 신중하고 깊이 있는 생각과 과단성 있는 실천력 등 선생 특유의 미덕은 시간과 거리를 두고 음미하면 할수록 아름답기만 합니다.

옛것의 고결함을 지니면서도 창발적인 신선함을 높이 산 선생의 품격과 멋은 가히 이 나라 어른 중의 어른이었음을 의심치 않게 합니다.

이제 선생의 파란 많은 한 생애의 단변을 되새기면서, 한 사람의 역경과 고난이라는 것이 얼마나 그의 품격과 전체적인 인간상을 아름답게 만드는가 하는 것을 보고 배웠습니다. 우리는 또한 이 같은 역경과 고난이 빚어낸 훌륭한 인간이 우리의 역사와 사회의 진보에 얼마나 필수적인가를 터득할 수가 있었습니다. 선생의 생애가 보여주듯이 현실이 아무리 암담해도 낙관적 전망을 잃지 않고 성심성의로 미래를 개척 · 창조하는 일이 우리 후학들에게도 요구된다고 하는 것, 오늘 이 자리에서 선생을 추모하는 의의도 여기 있다고 보는 것입니다. (연세대 철학과 창설 50주년 기념 학술발표, 1996)

『인문과학』 75, 1996.
『영혼과 상처』, 동과서, 1999.

서산 정석해 선생 1주기 추도사

박상규

서산 선생님이 타계했다는 소식을 들은 게 엊그제 같은데 벌써 1년이라는 시간이 흘렀습니다.

오늘, 우리는 선생님이 생전에 열성을 다하여 그 혼을 불사른 연세대학교 철학과의 후학들로서 선생님을 위한 추도식에 참여하고 있습니다. 이 자리에 있는 이들이 선생님 생전의 어느 시기에 인연이 지어졌건, 또 그래서 선생님에 대해 품고 있는 상이 어떤 것이건, 우리는 모두 연세 철학과의 큰 스승임을 넘어 한 시대 모든 이의 참 사표였던 선생님의 모습을 다시 떠올리며 그리워합니다.

서산 정석해 선생님은 우리나라에서는 그분의 전공분야인 철학에서의 선구적인 학자였고, 사명감에 넘친 투철한 교육자였으며, 항일독립운동가로 시작하여 광복 후엔 반독재 · 민주화운동가로 이어지는 열렬한 애국 · 애족의 실천가였습니다.

우선, 우수한 학자로서 그리고 탁월한 교육자로서의 선생님을 잊을 수가 없습니다. 기미년 만세사건 이후 약관 20세에 부득이 중국을 거쳐 유럽 망명길에 오르게 된 선생님이 낯선 이국땅에서 노동을 해가며 면학에 힘써 1920년대 프랑스와 독일의 찬란한 학적 결실을 흡수해 후일 조국의 대학 강단에 이를 모두 풀어놓았습니다. 8·15 직후 우리나라 식자들은 비록 대학 강단에 섰던 이들조차도 벼슬자리 얻어 하자고 혈안이 되어 있었는데, 대학의 공동화가 생기는 이런 위기에서 선생님은 일인수역의 짐을 지고 진정한 대학교수상을 심어주는 데 모범을 보이셨습니다. 마침 선생님은 유럽 수학시기에 철학은 물론 수학, 사회학, 심리학, 정치·경제 등, 다방면의 학문을 섭렵했던 만치 이런 난국을 헤쳐 나가는 데 있어선 아주 다행스런 구원의 손이 되었던 것입니다. 대학에 교수가 모자라던 시기라, 연대 학생들뿐이 아니라 고려대학교 학생들까지도 두루 폭넓게 선생님의 가르침을 받았습니다. 선생님은 영·독·불 3개 국어에 능통한 어학실력을 이미 갖추고 있었던, 그 당시론 매우 보기 드문 국내학자의 한 분이기도 했습니다.

강단에 선 선생님은 17년이나 체재한 프랑스 학문만을 쏟아놓는 게 아니라 독·불·영·미 등 소위 선진학문을 골고루 균형 있게 소개하여 학생들에게 선택의 폭을 넓혀 주었습니다.

당시 선생님이 다루신 자료는 Decartes, Kant, Bergson, Husserl, Russel1, Bradley, Heidegger, Merleau-Ponty, James, Cassirer 등 매우 다채로웠고, 국내에선 처음으로 소개되는 학자가 꽤 여럿 있었던 것을 기억합니다. 선생님은 달변이 아니어서 언술적 표현에선 힘들게 들릴 수도 있으나, 경청을 요하게 만들고 주의를 집중시키는 마력을 지니셨으며, 내실이 꽉 찬 분명한 지식의 소유자였음을 곧 알게 했습니다. 선생님은 사실 수재였습니다. 근대철학 강의에서 실제로 Kepler와 Newton에 이르는 천체물리학의 원리를 도형과 수식으로 나타내며 강의하시던 그 명강이 지금도 머리에 떠오르곤 합니다. 선생님의 강의는 선생께서 문제를 해결점에까지 이끌어가는 체계적 정리는 결여하고 있었다고 하지만, 문제 상황을 훤히 드러내어 학생들로 하여금 철학에서의 문제성 부각과 거기에 대한 천착에 임하도록 유도했을 뿐만 아니라, 이렇게 해서 학기말 과제에선 학생의 독자적 견해가 피력되기를 권장, 독창성의 발휘를 무엇보다도 요구하셨습니다. 선생님이 매사에 아주 높은 기준과 최고의 질을 확보할 것을 요망하는 이 가혹성은 제자들에게 있어서만이 아니라 선생님 자신의 처신에도 무거운 부담이 되었던 것입니다. 선생님의 글모음 『진리와 그 주변』이 보여주듯, 선생님은 아주 밀도 있고 조리 있는 훌륭한 글을 쓸 수 있었음에도 다량의 글을 생산치 않은 것도 이 같은 높은 수준의 것을 항상 지향한 선생님의 완벽주의의 단편을 잘 나타내 주고 있습니다.

또 선생님은 유난히 책임감, 사명감이 강한 분이라 맡은 바 책무를 하나도 소홀히 하지를 못하는 분이셨습니다 그러니 학교에서의 보직수행과 강의를 다 같이 만족시키기가 그리 쉽지 않다는 게 문제였던 것 같습니다. 하나에 집중하다 보면 다른 것을 잊기가 쉬운 까닭입니다. 선생님이 한 가지 일에 얼마나 집중하는가는 대학 강의 모습에서도 쉽게 목격되고는 했습니다. 선생님은 무슨 일에도 골몰하면 주위 사정이 완전히 차단된 그 자신만의 세계에 침잠합니다. 한 예로, 선생님은 50년대 말 연대 문과대학장직에 있었는데, 학장직에 너무 충실하다 보니 강의시간에 대 오는 법이 별로 없었습니다. 뒤늦게 알고는 부랴부랴 강의실에 들어오시면, 예의 그 명물인 회중시계를 끌러서 탁상 위에 올려놓지만, 이것은 그저 습관이실 뿐 강의가 언제 끝날 건지 누구도 예측할 수가 없었습니다. 한 시간짜리가 두 시간도 세 시간도 되는데, 겨울철 냉방에서도 학생들은 이런 일을 늘 겪어야만 했습니다. 그때 선생님 강의는 주로 맨 마지막 시간에 들어 있었고, 또 오늘날처럼 대학이 규격화되지 않은 자유로운 기풍이 그래도 남아있을 때의 풍경입니다. 선생님이 한 몸으로 너무 많은 것을 한꺼번에 짊어지고 고투하셨던 때입니다.

일제 하, 취업이 금지되어 있던 선생님은 8·15광복과 더불어 비로소 연희 강단에 서게 되었지만, 당시 거의 공동화되어버린 대학의 재건을 위해 너무 많은 일을 맡아 볼 수밖에 없었던지라, 선생님 자신의 학문 연구와 교육의 시간은 극도로 제한되어 있었음은 이미 말씀드린 바와 같습니다. 이런 이유로 대학의 행정보직을 벗어난 것이 12년이나 지난 1957년에 이르러서요, 그나마 5·16 군사쿠데타로 1961년엔 퇴직을 강요당했으니까 불과 4년밖엔 학구적인 생활을 영위치 못한 셈이니, 선생님의 순수한 지적·정신적 자산을 생산적이고 창조적으로 활용하여 큰 성과를 기대할 수 없게 한 아쉬움은 결코 지워지지를 않습니다. 이 황금 같은 시기에 제가 선생님의 지도하에 있었음을 늘 감사하며 축복으로 여기는 이유도 여기에 있습니다.

선생님의 높은 식견과 안목은 사리를 바로보고 그릇된 것에 대한 철저한 비판정신으로 이어지는데, 선생님이 국권을 상실한 일제하에서의 항일·독립 운동과 광복 후 반독재·민주화 운동에 주저 없이 뛰어든 것은 모두 거기에 근거가 있다고 하겠습니다. 자유·평등··박애의 근대적 이상의 실현이 인류 역사의 진전과정에서 순탄한 진척을 보지 못하고 여기저기에서 음험한 저해요인과 만나 난항을 거듭하는 작금, '사회정의'의 기치가 오늘날 양식 있는 모든 이의 사회적 덕목으로 공인되고 있는 바, 선생님은 이 세계사적이고 민족적인 과제를 안고 괴로워했으며, 또 단순히 괴로워한 데 머물지 않고 행동했던 분입니다.

선생님은 안목만 가지고 있는 그저 초연한 선비가 아니라 비리와 부정을 가차 없이 질타하는 용기의 사람이었습니다. 식견과 용기를 겸비

한 사람은 물론 흔치 않은 존귀한 인물임에 틀림없으나 우리 역사에서 이런 분들이 얼마나 험한 생애를 살았는가는 굳이 말할 필요가 없을 것입니다. 학내에서건 사회에서건 독선과 독주가 행해지는 곳이면 어디에서고 선생님은 수수방관하는 입장이 아니라 민주화의 명분하에 그 폐해를 타파하고자 하는 투쟁에 늘 선봉이셨습니다. 글과 행동, 가능한 모든 방법을 통원하여 이 사회 민주화에의 길을 타개해 보고자 혼신의 노력을 기울였습니다. 투쟁하는 이에겐 적이 생기며, 그들의 적의는 곧 개인적으로 선생님의 나날의 삶을 여러 모로 고달프게 해 갔습니다.

특히 선생님은 무슨 일이고 자신의 성찰을 통해 옳다고 결론하면 즉시 개인적으로 실천에 옮기지, 무슨 조직을 해 가지고 투쟁하는 이가 아니어서 어려움에 봉착하면 그 어려움을 타인과 나누어 갖는 고통분담이 없이 늘 단신 괴로워하고 홀로 난관을 헤쳐 나가고자 하는 힘든 길을 걸었습니다. 그토록 건강하신 분이 60년대에 들어서부터 몇 차례 혈압으로 쓰러지시게 된 것도 이런 과로의 집적, 그러고도 어려움을 남에게 떠맡기지 않고 혼자서 스스로 해결하려고 하는 선생님의 천성에 기인한 바 크다고 할 수가 있을 것입니다

생전에 선생님을 대해본 이들 가운데엔 선생님을 불같은 사람, 얼음같이 찬사람, 엄격하고 무서운 사람 등의 인상평을 하고 있으나, 그런 면이 없지 않으면서도 불같은 유연함, 자연인다운 여유, 부당한 고통과 의로운 희생에 대한 따뜻한 보살핌과 눈물을 감추지 않는 소박한 인간미, 그리고 주위의 무지와 세상의 몰이해에 오히려 깊은 연민을 지녔던 분이십니다.

간혹 선생님이 제자건 동료건 타인의 장한 일에 상찬의 말을 선뜻 하지 않는 인색함을 지적하는 이가 있지만, 이건 그만치 선생께서 마음에

품고 있는 품평의 기준이 높고 신중해서인 것입니다. 선생님은 사실, 특정인과 특정사항에 대해 칭찬을 아끼지 않는 분으로, 경우에 따라선 감탄을 금치 못하실 때도 있는데, 이때의 그 평가는 지극히 공정하며 적확함을 확인할 수가 있었습니다. 선생께서는 늘 차원 높은 경지에서 만사를 조감하며 철두철미한 검토, 판단을 내리고자 했음이 확실합니다.

요즘 우리는 탈근대니 탈이성이니 하는 명분 하에 일체를 탈가치화하고 모든 '의미'의 희석화, 분산, 파괴 풍의 작태가 만연되고 있기는 합니다만, 여전히 '의미'를 씹고 살아가야 할 철학도들에게 있어선 선생님의 말씀, 행동, 표정 등에 대한 남다른 주의를 돌려야 할 것입니다. 선생님의 한 생애는 이럴 때라야 비로소 그 참된 모습이 드러날 수 있을 것이기 때문입니다.

우리 사회에선 그간 국가와 사회 각 기관에서 이러저러한 공헌을 기려 많은 표창과 훈장, 포상이 남발되었는데, 그 흔한 표창, 포상 하나 받은 게 없는 것이 선생님이셨습니다. 포상이 자랑이 아니라 오히려 그 적법성이 문제되고 있는 오늘날, 차라리 그 같은 무관심과 냉대가 선생님의 명예를 구한 것이라고 해야 할는지 모르겠습니다. 일생을 후학들의 정신적 각성과 성장을 위해, 그리고 걷잡을 수 없이 퇴조하는 '사회정의'의 실현을 위해 그토록 헌신했으면서도 현실적으로 아무런 보상도, 혜택도 받지 못했다고 하는 점에서 흑 삶의 실패자로 비추이고, 또 혹 불우한 운명의 인물로 평가될는지는 모르겠으나, 그것은 오히려 속기를 벗은 큰 인물들의 운명과 같이하는 것이라고 보아 뒤에 남은 우려에게는 따라갈 길이요 한 줄기 빛이 된다고 하겠습니다.

이런 의미에서 선생님의 고초는 우리에게는 하나의 채찍입니다. 현실의 얼룩을 지우고 깨끗한 거울이 돼야 한다는 준엄한 교훈을 담고 있습니다. 그러므로 선생님은 우리를 떠났으나 선생님이 간직했던 그 순결하고 고귀한 정신은 우리들 모두를 통해 이 땅에 구현되어야만 할 것입니다. (연세대학교 루스채플, 1997. 8. 23.)

『영혼과 상처』, 동과서, 1999.

정석해 연보

1899년 3월 평안북도 철산군 여한면 문봉리에서 정주언과 노신언의 장남으로
　　　　　출생
1904년 아버지가 세운 인화재에서 천자문과 「사략」을 배우고, 증조부에게 「대
　　　　　학」을 배움
1907년 명흥소학교 입학
1911년 4월 명흥소학교 졸업
1914년 11월 평북 선천 신성학교 입학
1916년 8월 가을 스트라이크 주동 혐의로 출학
1916년 8월 소학교 교원자격시험 합격. 창성 대유동 소학교 교원으로 부임
1917년 4월 연희전문학교 수물과 입학, 5월 문과로 옮김
1919년 3월 3·1 독립만세 운동에 참여
1919년 3월 일경의 감시를 피해 고향 철산을 거쳐 만주 안동으로 감
1920년 6월 도산 안창호, 춘원 이광수의 권유로 흥사단에 가입
1920년 11월 중국 유법검학회(留法儉學會)의 주선으로 유럽 유학의 길에 오름
1920년 12월 프랑스 보베의 국립고등학교에 입학
1922년 10월 독일 뷔르츠부르크 대학 정치경제학부 입학
1923년 10월 베를린대학 정치경제학부 입학
1924년 11월 프랑스 파리대학 철학과 입학
1930년 10월 프랑스 파리대학 철학과 졸업
1939년 12월 부산에 도착, 일경에 의해 억류

1940년 1월 고향 철산에 통제 생활

1942년 2월 개성의 진상길과 혼인

1945년 9월 연희전문학교 교수 취임

1954년 9월 1955년 7월까지 미국 스미스먼트 법안에 의거, 교환교수로 미국행

1956년 한불문화협회 초대 이사장 취임

1959년 한국철학회 회장

1960년 4월 4·25 교수데모단 참여

1960년 10월 '교육에 관한 임시특례법'에 따라 교수 정년이 60세로 조정되어
　　정년퇴임

1962년 3월 연세대학교 시간강사

1963년 8월 고려대학교 명예철학박사

1965년 3월 대일굴욕외교 반대 재경교수단 시위 참여

1972년 2월 민족통일촉진회 최고위원

1981년 7월 병환으로 미국 이주

1996년 8월 미국 로스앤젤레스에서 작고, 로즈힐 기념공원 묘지에 모셔짐

Ⅰ. 정석해의 유고

1. 민족과 국가

「홍사단과 민족 주체성 문제」,『기러기』32, 1967. 3, 홍사단본부

「사회정화와 홍사단」,『기러기』40, 1967. 11, 홍사단본부

「어디로 가는 조국인가」,『동아일보』, 1965. 8. 26

「조국의 등대지기가 되라」,『연세춘추』, 1971. 1

「고종황제는 아직 생존해 계시냐?」,『뿌리깊은나무』, 1980

2. 대학 교육과 연세

「최근의 미국교육제도」,『연희춘추』, 1955. 9. 16

「인간적 자유의 한계」,『연희춘추』, 1960. 1. 11

「데카르트 선집」,『연세춘추』, 1970. 11. 9

「내가 본 한결 김윤경」,『기러기』56, 1969. 3, 홍사단본부

「연세 위해 헌신한 원두우」,『연희춘추』, 1975. 5. 26

「연세는 미래사의 이정표」,『연희춘추』, 1977. 5. 9

「나의 스승」,『기러기』141, 1977. 1, 홍사단 본부

「부유층 자녀 호화판 유학 자제를」,『동아일보』, 1981. 1. 5.

「강의노트: 역사철학」

Ⅱ. 정석해 선생과의 대담

「불의에 항거한 정석해 교수」,『동아일보』, 1961. 10. 26

「이옥 선생이 정석해 선생에게 올린 편지」, 1970. 1. 6

「월요 아침의 대화」,『연세춘추』, 1979. 3. 12

피세진,「스승 정석해 교수와」(『연세대동문회보』, 1980. 10. 15) : 박이정,
『배부른 소크라테스』, 2007

「8·15 42주년을 맞으며 — 8·15와 분단의 민족통일론」,『민족통일』7·8,
1987, 민족통일촉진회

박영식,「항일·반독재의 사표 서산 정석해 선생을 모시고」,『진리·자유』
1989, 가을호

Ⅲ. 육성 증언

「민영규 교수와 정석해 선생의 대담」, 언더우드관 213호, 1974. 8. 26 / 8. 30
/ 9. 9, 연세대 학술정보원 국학자료실 소장 '민영규 기증도서'

Ⅳ. 정석해 선생에 대한 회고

장덕순,「잊을 수 없는 인물들 — 전 연세대 교수 정석해」,『주간조선』1983.
7. 24

박상규,「나의 스승, 정석해 선생님」,『나의 선생님』, 인간과 자연사, 1997

박상규,「서산 정석해 선생의『진리와 그 주변』」,『영혼과 상처』, 동과서,
1999

박의수,「인물의 재발견: 정석해」,『기러기』526, 2016. 2, 흥사단 본부

V. 추도사

박상규, 「은사 서산 정석해 선생의 서거를 애도하며」, 『영혼과 상처』, 동과
서, 1999

박상규, 「고 서산 정석해 추모사」(연세대학교 철학과 창설50주년 기념 학
술발표장에서, 1996) : 『인문과학』 75, 1996 : 『영혼과 상처』, 동과서,
1999

박상규, 「서산 정석해 선생 1주기 추도사」(연세대학교 루스채플, 1997. 8.
23) : 『영혼과 상처』, 동과서, 1999

찾아보기